教育部首批国家级职业教育教师教学创新团队电子商务专业领域实践课题
（跨境电子商务核心课程新形态教材和教学资源建设，项目编号：SJ2020110102）建设成果

国家级“跨境电子商务综合服务应用技术协同创新中心”建设成果

中国特色高水平高职专业群（国际贸易实务）建设成果

跨境电商通关（含活页练习册）

微课版

主　编　**韩　斌**

副主编　**王恩江**

中国人民大学出版社

·北京·

首批国家级职业教育跨境电子商务教师教学创新团队
跨境电子商务系列新形态教材建设委员会

总序 PREFACE

随着科技和互联网信息技术的发展，全球商业、外贸和物流行业的跨境电商新业态发展迅猛。由于国际贸易形势错综复杂，因此跨境电商市场和各国的贸易政策、业务模式、监管制度等也发生了深刻的变化，行业发展急需跨境电商人才，同时，行业对跨境电商相关人才的综合素质与能力要求日益提高。跨境电子商务专业是2019年电子商务大类的新增专业，市场上十分缺乏适应新专业、体现“岗课赛证”要求的系列核心课程的模块化、新形态、活页式教材和共享型网络教学资源，这类教材和教学资源因便利与适时更新等特点，被师生们寄予厚望，有着独特的、巨大的市场应用价值。

2018年1月，中共中央、国务院印发《关于全面深化新时代教师队伍建设改革的意见》。2019年1月，国务院印发《国家职业教育改革实施方案》(简称“职教20条”)，提出集中力量建设50所引领改革、支撑发展、中国特色、世界水平的高职学校和150个骨干专业（群），带动职业教育持续深化改革，强化内涵建设，实现高质量发展。2019年6月，教育部印发《全国职业院校教师教学创新团队建设方案》，提出分专业建设一批高水平、结构化的国家级职业教育教师教学创新团队，教师分工协作进行模块化教学。首批国家级职业教育跨境电子商务教师教学创新团队经过公开遴选，于 2019 年 8 月 8 日成立。2020 年 7 月 3 日，教育部公布首批国家级职业教育教师教学创新团队专业领域实践课题研究项目，本系列教材即为教育部公布的专业领域——电子商务实践课题“跨境电子商务核心课程新形态教材和教学资源建设”（SJ2020110102）建设成果。本系列教材依据“职教 20 条”、国家高水平专业群建设、国家级电子商务教师教学创新团队对于“三教改革”等文件的要求，致力于通过校企合作组建国家级教学创新团队，建设高职跨境电商模块化核心课程、系列化“活页式＋新形态”教材和共享型网络教学资源，填补市场空白，推进跨境电商新专业建设和紧缺人才培养。

本系列教材作为首批国家级职业教育教师教学创新团队跨境电子商务专业领域实践课题研究成果之一，具有以下 4 个突出优势：（1）集中体现了教师教学团队的建设成果；（2）实现了在线开放课程与新形态一体化教材的“互联网＋”互动；（3）建设了内容优质、类型丰富、形式新颖、紧贴实践的数字化教学资源；（4）“以学生为中心”，探索了财经类教材在活页式、工作手册式、项目式教材等形式方面的创新，助学利教。

期待本系列教材成为学生进行跨境电商学习的乐园、教师分工协作开展模块化教学改革创新的平台、企业跨境电商培训的课堂；期待本系列教材助力全国高职院校应用型跨境电子商务紧缺人才培养，并助推跨境电商及其综合服务行业转型升级。

首批国家级职业教育跨境电子商务教师教学创新团队

2022 年 1 月

前言 FOREWORD

跨境电子商务是中国对外贸易的新业态、新模式，也是全球贸易中最具发展活力的组成部分。2020年疫情期间，我国跨境电商进出口贸易额不降反升，成为稳外贸的重要力量，全年跨境电商业态进出口1.69万亿元，同比增长31.1%。

与此同时，跨境电商人才供应缺口却愈显突出。根据《普通高等学校高等职业教育（专科）专业设置管理办法》，在相关学校和行业提交增补专业建议的基础上，教育部确定了2019年度增补高职跨境电子商务专业，自2020年起执行。在高职跨境电子商务专业建设中，教材建设是跨境电商专业课程建设的核心，是进行课程教学、提高专业教学质量的重要保证。在目前跨境电商专业教材中，跨境电商通关教材滞后于其他各课程的教材建设，有鉴于此，依托首批国家级职业教育跨境电子商务教师教学创新团队课题研究项目，我们编写了本教材。

首批国家级职业教育跨境电子商务教师教学创新团队，由教育部于2019年8月8日立项。教育部于2020年7月3日公布了首批国家级职业教育教师教学创新团队专业领域实践课题研究项目，本教材即为教育部公布的专业领域——电子商务实践课题“跨境电子商务核心课程新形态教材和教学资源建设”（SJ2020110102）建设成果。本书特色如下：

第一，重点突出，层次分明。教材涵盖了跨境电商通关课程标准全部知识点和技能点，从通关基础知识起步，以一般进出口货物通关流程为铺垫，重点介绍海关保税物流监管政策、海关对跨境电商各模式的监管政策和申报要点以及进境物品和跨境电商零售进口税费的计算，辅以相关的示意图和流程图，逻辑清晰，易于掌握。

第二，任务引领，多管齐下。每一个项目均由一个统领本项目三个任务的案例导入，并引导学生带着问题进行沉浸式学习。每一个任务中都设置了“课堂讨论”“实例分析”“实战训练”供课堂互动、讲练结合，激发学生的思考潜力，做到学以致用。在配套的活页练习册中，每一个项目的结尾均有“项目总结”，要求学生在回答案例提出的问题后，进行学习总结，在教学安排上做到了首尾呼应；此外还附有“知识目标训练”和“能力拓展训练”，供学生检验本项目的学习效果，并举一反三解决新问题。

第三，紧贴实际，校企合作。本书紧跟包括海关在内的国家各主管部门出台的跨境电商监管政策法规，如项目四根据商务部等六部门 2021 年 3 月发布的通知更新了跨境电商零售进口试点城市范围，根据海关总署公告 2021 年第 70 号增加了跨境电商零售进口退货中心仓模式的内容。在教材编写过程中，跨境电子商务教师教学创新团队贯彻产教融合的育人机制，由“双高计划”高水平学校建设单位校内教师与行业专家合作编写，确保了教材的实用性和创新性。

第四，教学资源立体化。本书体现了数字技术对教育教学的强大支撑，改变了原有纸质教材信息承载有限的不足，以满足“互联网＋”时代移动学习的需要。学习者使用本书时，扫描封底二维码即可进入在线开放课程平台，灵活使用课程资源；也可直接扫描教材里标注的二维码，快捷获取对应知识点、技能点的优质数字化教学资源。此外，部分“课堂讨论”和“实战训练”所需的海关政策依据可以直接扫描题目右侧的二维码直达官方网址进行查找。

本书参考了近年来出版的多种相关论文、著作、教材、文件，已在参考文献中列出，正文中使用的案例均来源于新闻媒体的公开报道（部分案例做了技术处理），难以一一列举，在此一并表示衷心的感谢！由于时间仓促，加之水平有限，疏漏、不妥之处在所难免，恳请专家和读者批评指正，今后将在再版过程中不断改进。

编　者

2022 年 1 月

目 录 CONTENTS

项目一

海关与报关管理

学习目标

知识目标

1. 了解海关的性质和职责
2. 熟悉各种类型的报关方式
3. 掌握报关单位报关准备工作流程

能力目标

掌握报关单位备案技能，能进行报关单位备案操作

思政目标

认识海关在全面落实总体国家安全观，坚决维护国家主权、安全、发展利益上所发挥的重要作用

案例导入

2020年6月4日，山东德新国际贸易有限公司在菏泽海关顺利完成海关备案，成为青岛海关所属菏泽海关辖区内首家从事跨境电商业务的企业。这一份备案证书也标志着菏泽市已经有真正意义上的专业性跨境电子商务企业。

该公司主要经营进口预包装食品、化妆品、保健品等，产品主要来自德国。由于跨境电商业务在菏泽市属于贸易新业态，该企业首次办理，一时摸不着头脑，因此很是着急。

菏泽海关了解到企业需求后，在该公司申请办理备案的过程中，提供“介入服务”，安排专人全程指导，及时解答企业难题，确保企业第一时间通过备案的各项审核，为开展实际业务打下坚实的基础。

下一步，菏泽海关将大力支持跨境电子商务，不断释放改革活力，让政策利好惠及更多企业。

阅读以上案例，思考以下问题：

1. 案例中菏泽海关履行的是什么职责？体现出海关是什么性质的机构？

2. 山东德新国际贸易有限公司经营进口的预包装食品、化妆品、保健品等是否在报关范围内？为什么？

3. 山东德新国际贸易有限公司属于哪种类型的报关单位？应如何办理报关单位备案？

思维导图

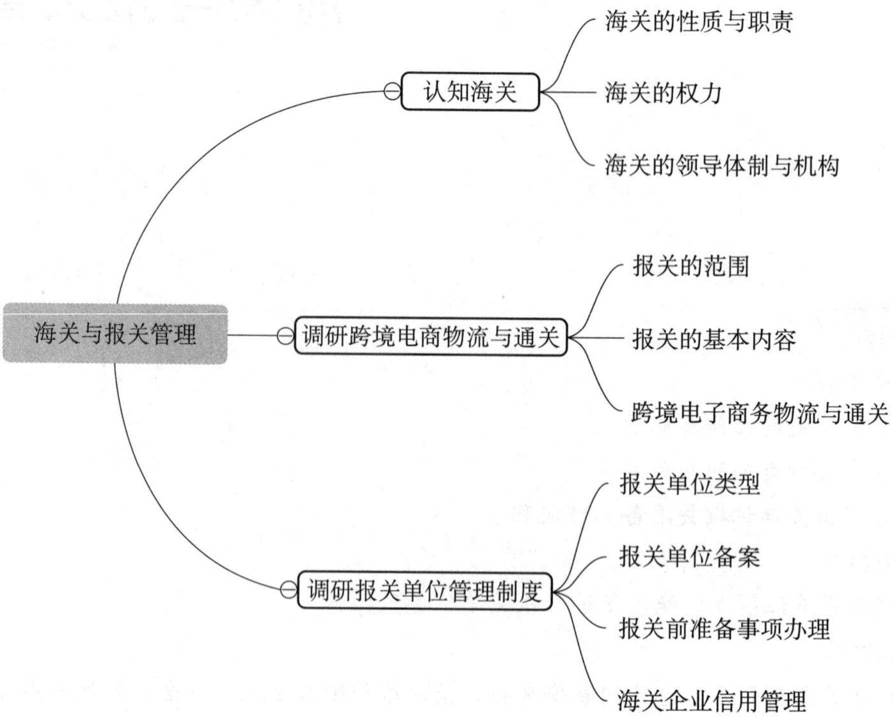

任务一 认知海关

【任务分析】

查询《海关法》，了解海关的性质和职责，并分析海关权力的特点，掌握海关权力的具体内容，熟悉我国海关的领导体制。

一、海关的性质与职责

（一）海关的性质

《中华人民共和国海关法》（简称《海关法》）第2条规定："中华人民共和国海关是国家的进出关境监督管理机关。"这一规定明确了海关的性质，其包括三层含义：

（1）海关是国家行政机关。它是国家设立的，是国务院的直属机构，是代表国家对进出境的运输工具、货物、物品的进出境活动进行监督管理的行政执法机关。

（2）海关是进出境监督管理机关。海关依照有关法律、行政法规，代表国家制定具体的行政规章和行政措施，对特定领域的活动实施监督管理。海关监督管理的范围是进出关境及与之有关的活动、场所，监督管理的对象是所有进出关境的运输工具、货物和物品。

（3）海关的监督管理活动是国家行政执法活动。海关执法的依据是《海关法》和其他有关法律、行政法规。海关总署也可以根据法律和国务院的法规、决定、命令，制定规章作为执法依据的补充。省、自治区、直辖市人民代表大会和人民政府不得制定海关法律规范，其制定的地方法规、规章也不是海关执法的依据。

（二）海关的职责

当前，我国海关的基本职责包括监督管理进出境的运输工具、货物、行李物品、邮递物品和其他物品，征收关税和其他税、费，查缉走私，编制海关统计。海关的主要任务简称为：监管、征税、查私、统计。

1. 监管

海关监管是海关各项基本职责的基础，是由海关运用国家赋予的权力，通过报关单位备案、报关数据审核、查验放行、后续管理、查处违法行为等环节，对进出境的各类运输工具、货物、物品实施有效的监督管理。

海关监管体系包括前期管理、现场监管、后续管理三个部分。

（1）前期管理是对进出境的货物、物品进行实际监管之前采取的各项管理措施，主要包括：①报关单位和报关人员备案；②建立企业信用档案，对企业实行分类管理；③出口海外仓业务模式备案和跨境电子商务零售出口企业信息登记；④进出口货物减免税审核确认。

（2）现场监管是海关在运输工具、货物、物品进出境时，在海关监管区内实施的实际监督管理，它是完成海关监管的关键环节。现场监管包括申报、查验（含检验检疫）、征税、放行等几个基本环节，也是海关货运监管的基本制度。

（3）后续管理是对进出口货物、物品离开海关监管现场以后的管理，是现场监管的延伸和继续，它包括对各类保税货物的核销和暂时进出口货物担保放行后的核销结关以及对减免税货物和物品在一定时期内的监督使用。对一般进出口货物进行关税稽查也属于后续管理的范围。

此外，海关监管还要执行或监督执行国家其他对外贸易管理制度的实施，如进出口许可制度、外汇管理制度、文物管理制度等，从而在政治、经济、文化、道德、公众健康等方面维护国家利益。

2. 征税

海关主要负责对进出口货物进行进出口关税及其他税费的征收管理；拟订征管制度，制定进出口商品分类目录并组织实施和解释；牵头开展多双边原产地规则对外谈判，拟订进出口商品原产地规则并依法负责签证管理等组织实施工作；依法执行反倾销和反补贴措施、保障措施及其他关税措施。

其中，关税是指海关依据《中华人民共和国进出口关税条例》《中华人民共和国进出口税则》（简称《进出口税则》）等有关法规，对准许进出口的货物、进出境的物品征收的一种流转税。征收关税是指对贸易性货物征收进口关税、出口关税，对非贸易性行邮物品征收进口税。其他税费是指海关代国家税务总局征收的进口环节增值税、消费税和代交通部征收的船舶吨税。

3. 查私

查缉走私是海关为保证顺利完成监管和征税任务而采取的保障措施，是海关依照法律赋予的权力，在海关监管场所和设关地附近的沿海沿边规定地区，为发现、制止、打击、综合治理走私活动而进行的一种调查和惩处活动。

课堂讨论

什么叫走私？走私行为对社会经济有哪些危害？

海关缉私的目标是制止和打击一切非法进出口货物、物品的行为，维护国家的主权和利益，保障我国社会主义现代化建设的顺利进行。

4. 统计

根据《中华人民共和国海关统计条例》，海关的统计任务是对进出口货物贸易进行统计调查、统计分析和统计监督，进行进出口监测预警，编制、管理和公布海关统计资料，提供统计服务。社会公众可以在海关总署门户网站在线查询按进出口商品、进出口原产国（地区）、出口目的国（地区）、海关统计贸易方式以及进出口收发货人注册地（省、自治区、直辖市）等统计项目分类汇总的进出口货物贸易统计数据。

海关统计是国民经济统计的组成部分。海关的统计范围是实际进出境并引起境内物资存量增加或者减少的货物，进出境物品超过自用、合理数量的，列入海关统计。

近年来，海关持续深化改革，增加了新的职责，如知识产权保护、海关风险管理、促进贸易便利化自由化水平、深化“一带一路”沿线大通关、参与国际贸易规则制定等相关职责。

二、 海关的权力

（一）海关权力的内容

海关作为国家行政管理机关，具有一般行政机关所必需的权力（如行政许可权、税费征收权、行政监督检查权、行政强制权、行政处罚权等）。此外，海关作为进出境的监督管理机关，还具有一些特定的、独立的权力，如行政裁定权、佩带和使用武器权、连续追缉权等。

其中，行政监督检查权包括 6 个方面的内容：①检查权；②查验权；③查阅、复制权；④查问权；⑤查询权；⑥稽查权。行政强制权包括 9 个方面的内容：①扣留权；②滞报、滞纳金征收权；③提取货样、施加封志权；④提取货物变卖、先行变卖权；⑤强制扣缴权；⑥税收保全；⑦抵缴、变价抵缴罚款权；⑧连续追缉权；⑨其他特殊行政强制。

以下是部分海关权力的内容。

1. 检查权

海关检查内容及检查范围的要求见表 1－1。

表 1－1　海关检查内容及检查范围的要求

检查内容	检查范围要求
进出境运输工具	不受海关监管区的限制
走私嫌疑人的身体	应在海关监管区和海关附近沿海沿边规定地区内
有走私嫌疑的运输工具和有藏匿走私货物、物品的场所	在海关监管区和海关附近沿海沿边规定地区内，超出这个范围，须经直属海关关长或者其授权的隶属海关关长批准

注：不能检查公民住处。

2. 查询权

海关在调查走私案件时，经直属海关关长或者授权的隶属海关关长批准，可以查询案件涉嫌单位和涉嫌人员在金融机构、邮政企业的存款、汇款。

3. 稽查权

海关稽查是指自进出口货物放行之日起 3 年内或者在保税货物、减免税货物的海关监管期限内及其后的 3 年内，海关可以对与进出口货物直接有关的企业、单位的会计账簿、会计凭证、报关单证，以及其他有关资料和有关进出口货物实施稽查。

海关进行稽查时，可以行使下列职权：①询问被稽查人的法定代表人、主要负责人和其他有关人员与进出口活动有关的情况和问题；②检查被稽查人的生产经营场所；③查询被稽查人在商业银行或者其他金融机构的存款账户；④封存有可能被转移、隐匿、篡改、毁弃的账簿、单证等有关资料；⑤封存被稽查人有非法嫌疑的进出口货物等。

4. 扣留权

海关行使扣留权的相关内容见表 1－2。

表 1－2　海关行使扣留权的相关内容

内容	范围	依据	行使扣留权
运输工具、货物、物品和与之有关的合同、发票、账单、单据、记录和其他资料	无区域限制	违反《海关法》或者有关法律、行政法规	可直接扣留
有藏匿走私嫌疑的运输工具、货物、物品	“两区”内	违反《海关法》或者有关法律、行政法规	可直接扣留
	“两区”外	有走私嫌疑的证据、证明	须经直属海关关长或者其授权的隶属海关关长批准才可以扣留
走私嫌疑人	“两区”内	有走私嫌疑	须经直属海关关长或者其授权的隶属海关关长批准，扣留时间为 24 小时以内，特殊情况下为 48 小时以内
	“两区”外		不能扣留

注：“两区”是指海关监管区和海关附近沿海沿边规定地区。

5. 提取货物变卖、先行变卖权

对于以下几种情况，海关可以按照实际情况对货物进行提前变卖处理：①进口货物超过 3 个月未向海关申报的；②进口货物收货人或其所有人声明放弃的货物；③经直属海关关长或者其授权的隶属海关关长批准，对海关依法扣留的货物、物品，不宜长期保留的；

④在规定期限内未向海关申报的，以及误卸或溢卸的不宜长期保留的货物。

6. 强制扣缴权和变价抵缴罚款权

对于进出口货物的纳税义务人、担保人超过规定期限未缴纳税款的，经直属海关关长或者其授权的隶属海关关长批准，海关可以：①书面通知其开户银行或者其他金融机构从其存款内扣缴税款；②将应税货物依法变卖，以变卖所得抵缴税款；③扣留并依法变卖其价值相当于应纳税款的货物或者其他财产，以变卖所得抵缴税款。

7. 连续追缉权

进出境运输工具或个人违抗海关监管逃逸的，海关可以连续追缉至海关监管区和海关附近沿海沿边规定地区以外，将其带回处理。

8. 佩带和使用武器权

海关为履行职责，由海关总署会同公安部门制定，报国务院批准，可配备轻型枪支、电警棍、手铐等批准使用的武器。

实例分析

2019年，广西某海关缉私分局民警在边境非设关码头查获一起涉嫌走私进口香烟案件，现场抓获当事人阮某某，查扣涉嫌装运走私货物的面包车1辆以及走私进口的香烟25件。

海关缉私分局根据我国《海关法》及《中华人民共和国海关行政处罚实施条例》（简称《海关行政处罚实施条例》）的相关规定，决定对当事人阮某某作出没收走私货物并处罚款2万元的处罚决定。行政处罚决定书在送达阮某某后，阮某某逾期不履行行政处罚决定。根据《中华人民共和国行政强制法》《海关行政处罚实施条例》规定，海关作为拥有行政强制执行权的行政机关，可以依法采取相关执行措施，也可以依法申请法院强制执行，敦促和迫使当事人履行已经生效的行政处罚决定。

海关可采取的行政强制执行措施：

1. 限制离境。根据我国《海关行政处罚实施条例》第59条规定，受海关处罚的当事人或其法定代表人、主要负责人应当在出境前缴清罚款、违法所得和依法追缴的货物、物品、走私运输工具的等值价款。未缴清上述款项亦未提供担保的，海关可以通知出入境管理机关阻止其出境。

2. 加处罚款。根据我国《海关行政处罚实施条例》第60条规定，当事人逾期不履行行政处罚决定的，海关可以每日按罚款数额的3%加处罚款。

3. 在扣涉案财物变卖抵缴罚款。根据我国《海关法》第93条、《海关行政处罚实施条例》第60条规定，当事人逾期不履行海关的处罚决定又不申请复议或者向人民法院提起诉讼的，海关可以将被扣留的货物、物品、运输工具变价抵缴，或者以当事人提供的担保抵缴罚款。本案中，阮某某逾期不履行处罚决定，经办案民警多次催缴无果后，选择外出逃避并更换联系号码。海关缉私民警根据相关规定，将在扣的运输工具变价抵缴，如变价金额小于罚款金额，无法全部抵缴，可根据规定继续申请人民法院强制执行。

（二）海关权力适用的区域范围

为完成监督管理职能，国家通过立法形式赋予海关各项权力，但法律赋予海关的权力都有严格的区域条件限制。明确海关权力行使的区域范围，是正确行使海关权力的重要条件。

1. 海关监管区

我国海关监管区是指海关对进出境运输工具、货物、物品实施监督管理的场所和地点，包括海关特殊监管区域、保税监管场所、海关监管作业场所、免税商店以及其他有海关监管业务的场所和地点。

2. 海关附近沿海沿边规定地区

根据我国《海关法》的规定，海关附近沿海沿边规定地区的范围，由海关总署和公安部门会同有关省级人民政府确定。该区域的确定原则为海关保有缉私等权力的边境或沿海设关地周围的一定区域。

三、 海关的领导体制与机构

海关的领导体制与机构

（一）海关领导体制

中华人民共和国海关是国家的进出境监督管理机关，实行集中统一的垂直管理体制，在组织结构上分为三个层次：第一层次是海关总署；第二层次是广东分署、天津和上海两个特派员办事处、42 个直属海关以及两所海关学校；第三层次是各直属海关管辖的隶属海关和办事处。中国海关现有关员（含海关缉私警察）近 6 万人。

隶属海关由直属海关领导，向直属海关负责；直属海关由海关总署领导，向海关总署负责。为打击走私行为，1998 年国务院决定在海关机关内组建由海关总署、公安部双重领导，以海关领导为主的海关缉私警察队伍。海关的组织结构如图 1 - 1 所示。

（二）海关总署

海关总署是中国海关的领导机关，是中华人民共和国国务院下属的正部级直属机构。海关总署在国务院的领导下统一管理全国海关机构、人员编制、经费物资和各项海关业务。海关总署现有 21 个内设部门、10 个在京直属企事业单位，管理 2 个社会团体（海关学会、进出境生物安全研究会），并在欧盟、俄罗斯、美国、中国香港等派驻海关机构。

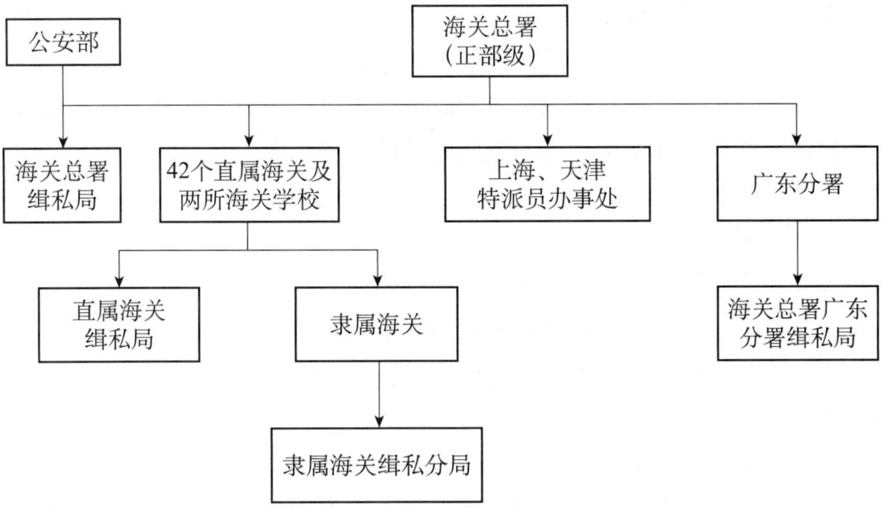

图 1-1　海关的组织结构

海关总署的主要职能是负责全国海关工作、组织推动口岸“大通关”建设、海关监管工作、进出口关税及其他税费征收管理、出入境卫生检疫和出入境动植物及其产品检验检疫、进出口商品法定检验、海关风险管理、国家进出口货物贸易等海关统计、全国打击走私综合治理工作、制定并组织实施海关科技发展规划以及实验室建设和技术保障规划、海关领域国际合作与交流、垂直管理全国海关、完成党中央国务院交办的其他任务，等等。

（三）直属海关

直属海关是指直接由海关总署领导，负责管理一定区域范围内海关业务的海关。截至2021年年底，我国直属海关共有42个，除香港、澳门、台湾地区外，分布在全国31个省、自治区、直辖市（见表1-3）。直属海关就本关区的海关事务独立行使职责，向海关总署负责。

表 1-3　42 个直属海关及代码

直属海关	代码	直属海关	代码	直属海关	代码
北京海关	01	合肥海关	33	海口海关	64
天津海关	02	福州海关	35	湛江海关	67
石家庄海关	04	厦门海关	37	江门海关	68
太原海关	05	南昌海关	40	南宁海关	72
满洲里海关	06	青岛海关	42	成都海关	79
呼和浩特海关	07	济南海关	43	重庆海关	80
沈阳海关	08	郑州海关	46	贵阳海关	83
大连海关	09	武汉海关	47	昆明海关	86
长春海关	15	长沙海关	49	拉萨海关	88
哈尔滨海关	19	广州海关	51	西安海关	90
上海海关	22	黄埔海关	52	乌鲁木齐海关	94
南京海关	23	深圳海关	53	兰州海关	95
杭州海关	29	拱北海关	57	银川海关	96
宁波海关	31	汕头海关	60	西宁海关	97

直属海关承担着在关区内组织开展海关各项业务和关区集中审单作业，组织实施对关区各项业务的执法检查、监督和评估；按规定程序及权限办理各项业务审核、审批、转报和注册备案手续等；全面贯彻执行海关各项政策、法律、法规、管理制度和作业规范的重要职责。直属海关起着沟通海关总署与隶属海关的桥梁作用。

（四）隶属海关

隶属海关是指由直属海关领导，负责办理具体海关业务的海关，是海关进出境监督管理职能的基本执行单位。一般设在对外开放的口岸和海关监管业务集中的地点，如边界口岸、国际港口、保税仓库、综合保税区等地。根据各地海关业务的实际需要，在隶属海关下还可以设立下属海关。

隶属海关及其下属海关的职能主要是开展报关数据审核、税费征收、查验和放行的具体通关业务；受理辖区内海关监督场所、承运海关监管货物业务的申请；对各类进出境货物、运输工具等实施海关监管，对各类海关监管场所进行实际监控；办理辖区内报关单位备案业务等。

实战训练

项目一“案例导入”中，青岛海关和菏泽海关是什么关系？查询菏泽海关管辖哪些地区的海关业务。

任务二 调研跨境电商物流与通关

【任务分析】

通过《海关法》，了解报关的范围，掌握三种报关对象的基本报关要求，熟悉跨境电子商务四种模式的物流与通关要点。

一、 报关的范围

报关是指进出境运输工具负责人、进出口货物收发货人、进出境物品的所有人或者他们的代理人向海关办理运输工具、货物、物品进出境手续及相关海关事务的全过程。按照我国《海关法》的有关规定，所有进出境的运输工具、货物和物品都需要向海关办理报关手续。报关的范围如下：

调研跨境电商物流与通关

（一）进出境运输工具

进出境运输工具是指用以载运人员、货物、物品进出境，在国际范围内运营的各种境内或境外船舶、车辆、航空器和驮畜。

（二）进出境货物

进出境货物主要包括一般进口货物，一般出口货物，保税货物，暂时进出境货物，特定减免税货物，过境、转运和通运货物及其他进出境货物。

另外，一些特殊货物，如通过电缆、管道输送进出境的水、电等，以及无形的货物，如附着在货品载体上的软件等，也属于报关的对象。

（三）进出境物品

进出境物品是指进出境的行李物品、邮递物品和其他物品。以进出境人员携带、托运等方式进出境的物品为行李物品；以邮递方式进出境的物品为邮递物品，包括直接从海外购物网站购买入境的 C2C[①] 模式的“海淘”包裹；其他物品主要包括享有外交特权和豁免权的外国机构或者人员的公务用品或自用物品。

实例分析

目前在中国留学生群体中，活跃在各网络平台的“海外代购”十分兴盛。以澳大利亚为例，据部分中国留学生称，他们每 10 人中就有 8 人参与代购业务。有些人只是通过偶尔的代购挣些生活费，有些人却把代购做成颇大的出口业务。他们将产品邮寄给中国客户，或将其运到中国香港，通过那里的商人把东西带回国内，以避免关税。有外媒报道称，专职代购的中国毕业生一年可赚到 30 万美元（约合人民币 207 万元）。

代购逃避关税，其风险不小，之前就曾有空姐因为“人肉代购”被判刑的先例。而据早前报道，留学生小马帮亲朋好友带了 4 只名牌手表，没想到过关时被海关当场查获。小马称是现金付款，并没有保留表盒、表卡和小票等物证。

据了解，完税价格认定的第一顺位是真实交易价格，往往参考发票、刷卡单、银行记录上的数字，如果这些都没有保留，海关就会根据“国内市场批发价格”计算出鉴定价格。

根据鉴定，该品牌手表完税价格为人民币 10 万元，按照案发时高档手表关税 30% 的税率计算，仅一只手表就要缴纳超过人民币 3 万元的关税。

法庭审理后认为，小马违反海关法规，携带依法应当缴纳税款的物品入境时，未向海关申报，偷逃应缴税额较大，达人民币 13 万余元，其行为已构成走私普通物品罪，被依法判处拘役一个月，缓刑两个月，并处罚金人民币 14 万元，没收手表。

---

① C2C，即 Consumer to Consumer，意为消费者对消费者。

自2017年6月1日起，中国海关总署《关于暂不予放行旅客行李物品暂存有关事项的公告》正式施行，明确规定5类入境行李不予放行，执行针对入境旅客的行李和入境快件的全面监管：

（1）旅客不能当场缴纳进境物品税款的；

（2）进出境的物品属于许可证件管理的范围，但旅客不能当场提交的；

（3）进出境的物品超出自用合理数量，按规定应当办理货物报关手续或其他海关手续，其尚未办理的；

（4）对进出境物品的属性、内容存疑，需要由有关主管部门进行认定、鉴定、验核的；

（5）按规定暂不予以放行的其他行李物品。

个人携带物品如超出“自用合理”范围将不予放行。

公告规定的“自用”是指旅客本人自用、馈赠亲友而非为出售或出租，“合理数量”是指海关根据旅客旅行目的和居留时间所确定的正常数量。比如：以皮鞋为例，个人正常携带一两双皮鞋进境不会受影响，但如果一名旅客携带五六双甚至更多同一款式的皮鞋进境，就可能被认定为用于商业用途，不予放行。

根据公告精神，海关将对海外购物入境商品执行更加严格的监管措施，以打击相关非法行为。在海关这一新政付诸实施的背景之下，“人肉代购”的风险会更大，海外购物还是应该依法依规申报，不能占便宜、钻空子。

二、 报关的基本内容

（一）进出境运输工具的报关

根据我国《海关法》的规定，所有进出我国关境的运输工具必须在设有海关的港口、空港、车站、国界通道、国际邮局交换局（站）及其他可办理海关业务的场所申报进出境。进出境申报是运输工具报关的主要内容。进出境运输工具到达或者驶离设立海关的地点时，运输工具负责人应当向海关如实申报，交验单证电子数据，并接受海关监管和检查。经海关审核放行后，才可以上下旅客、装卸货物或者驶往内地、离境。

（二）进出境货物的报关

进出口货物收发货人或其代理人在货物实际进出关境时，须凭报关单及随附单证电子数据向海关办理申报手续，此外还应配合海关对货物进行查验；在按规定缴纳了进出口税费且经海关放行后，报关单位可安排装卸货物。

除了以上工作，对于保税货物、减免税货物、暂时进出境货物，在进出境前还须办理备案申请手续，在进出境后还须在规定期限按规定的方式向海关办理核销、结关等手续。

（三）进出境物品的报关

根据我国《海关法》的规定，个人携带进出境的行李物品、邮寄进出境的物品，应当以自用合理数量为限，并接受海关监管。自用合理数量原则是海关对进出境物品监管的基本原则，也是进出境物品报关的基本要求。

对于进出境旅客行李物品，我国与世界上大多数国家一样，规定旅客采用“红绿通道”制度：带有绿色标志的通道适用于携运物品单一品种符合自用合理数量，总值不超过5 000元人民币，且无国家限制或禁止进出境物品的旅客；带有红色标志的通道适用于携运有上述绿色通道不适用物品的旅客。

课堂讨论

查询海关总署公告2019年第63号附件2——《中华人民共和国进境物品完税价格表》，指出其中单位完税价格超过5 000元的物品，并讨论进境居民旅客携带以上物品（单件自用），海关如何验放。

海关总署公告
2019年第63号

对于选择红色通道的旅客，必须填写“中华人民共和国海关进出境旅客行李物品申报单”（见图1-2）或海关规定的其他申报单证，在进出境地向海关进行书面申报。

正面

中 华 人 民 共 和 国 海 关
进出境旅客行李物品申报单

请仔细阅读申报单背面的填单须知后填报

姓　　名　　男　女

护照（进出境证件）号码

出生日期　年　月　日　国籍（地区）

进境旅客填写	出境旅客填写
来自何地	前往何地
进境航班号/车次/船名	出境航班号/车次/船名
进境日期　年　月　日	出境日期　年　月　日
携带有下列物品请在“□”划√	携带有下列物品请在“□”划√
□1. 动、植物及其产品、微生物、生物制品、人体组织、血液制品 □2. 居民旅客在境外获取总值超过人民币5000元的物品 □3. 非居民旅客拟留在境内总值超过2000元的物品 □4. 超过1500毫升的酒精饮料，或超过400支香烟，或超过100支雪茄，或超过500克烟丝 □5. 超过20000元人民币现钞或超过折合美元5000元外币现钞 □6. 分离运输行李，货物、货样、广告品 □7. 其它需要向海关申报的物品	□1. 文物、濒危动植物及其制品、生物物种资源、金银等贵重金属 □2. 居民旅客携带需复带进境的单价超过人民币5000元的照相机、摄像机、手提电脑等旅行自用物品 □3. 超过20000元人民币现钞，或超过折合5000美元外币现钞 □4. 货物、货样、广告品 □5. 其它需要向海关申报的物品

携带有上述物品的，请详细填写如下清单

品名/币种	型号	数量	金额	海关批注

我已经阅读本申报单背面所列事项，并保证所有申报属实。

旅客签名：__________

背面

一、重要提示：
1. 没有携带应向海关申报物品的旅客，无需填写本申报单，可选择“无申报通道”（又称“绿色通道”，标识为“●”）通关。
2. 携带有应向海关申报物品的旅客，应当填写本申报单，向海关书面申报，并选择“申报通道”（又称“红色通道”，标识为“■”）通关。海关免予监管的人员以及随同成人旅行的16周岁以下旅客可不填写申报单。
3. 请妥善保管本申报单，以便在返程时继续使用。
4. 本申报单所称“居民旅客”系指其通常定居地在中国关境内的旅客，“非居民旅客”系指其通常定居地在中国关境外的旅客。
5. 不如实申报的旅客将承担相应法律责任。
二、中华人民共和国禁止进境物品：
1. 各种武器、仿真武器、弹药及爆炸物品；
2. 伪造的货币及伪造的有价证券；
3. 对中国政治、经济、文化、道德有害的印刷品、胶卷、照片、唱片、影片、录音带、录像带、激光唱盘、激光视盘、计算机存储介质及其它物品；
4. 各种烈性毒药；
5. 鸦片、吗啡、海洛因、大麻以及其它能使人成瘾的麻醉品、精神药物；
6. 新鲜水果、茄科蔬菜、活动物（犬、猫除外）、动物产品、动植物病原体和害虫及其它有害生物、动物尸体、土壤、转基因生物材料、动植物疫情流行的国家和地区的有关动植物及其产品和其它应检物；
7. 有碍人畜健康的、来自疫区的以及其它能传播疾病的食品、药品或其它物品。
三、中华人民共和国禁止出境物品：
1. 列入禁止进境范围的所有物品
2. 内容涉及国家秘密的手稿、印刷品、胶卷、照片、唱片、影片、录音带、录像带、激光唱盘、激光视盘、计算机存储介质及其它物品；
3. 珍贵文物及其它禁止出境的文物；
4. 濒危的和珍贵的动、植物（均含标本）及其种子和繁殖材料。

图1-2　中华人民共和国海关进出境旅客行李物品申报单（式样）

对于进出境邮递物品，由于我国是《万国邮政公约》的签约国，因此根据《万国邮政公约》的规定，进出口邮包必须由寄件人填写“报税单”，小包邮件填写“绿色标签”。“报税单”或“绿色标签”随物品通过邮政企业呈递给海关。

个人物品以快件形式进出境的，按照海关个人物品类进出境快件（又称“B类快件”）监管。个人物品类进出境快件是指境内收寄件人（自然人）收取或者交寄的个人自用物品（旅客分离运输行李物品除外）。个人物品类进出境快件报关时，进出境快件运营人应当向海关提交B类快件报关单、每一件进出境快件的分运单、进境快件收件人或出境快件发件人身份证件影印件和海关需要的其他单证。

个人寄自或寄往港澳台地区的物品，每次限值为800元人民币；寄自或寄往其他国家和地区的物品，每次限值为1 000元人民币。超出规定限值的，应办理退运手续或者按照货物规定办理通关手续。

综上，报关范围及基本内容见表1-4。

表1-4 报关范围及基本内容

报关范围	报关基本内容
进出境运输工具	进出境时间、航次；载运货物情况；服务人员、自用物品、货币、金银等情况；所载旅客情况；所载邮递物品、行李物品的情况
进出境货物	准备报关单证、证件等，以电子形式申报；海关审核，必要时进行查验；属于应缴纳税的，进行缴税；货物放行，安排提取或装运货物
进出境物品	行李物品以自用合理数量为限（绿色通道通关），否则须填写“进出境旅客行李物品申报单”（红色通道通关）；邮递物品必须由寄件人填写“报税单”，小包邮件填写“绿色标签”；个人物品以快件形式进出境的，按照海关个人物品类进出境快件监管

三、跨境电子商务物流与通关

跨境电子商务简称“跨境电商”，是指分属不同关境的交易主体，通过电子商务平台达成交易、进行支付结算，并通过跨境物流送达商品、完成交易的一种国际商业活动。从进出口贸易的视角，跨境电商主要分为“出口型”和“进口型”两类；从交易类型的视角，跨境电商可被划分为“基于企业对企业（B2B）”和“基于企业对消费者（B2C）”两类。由此，跨境电商可分为B2B出口、B2C出口、B2B进口和B2C进口四种模式。四种模式物流与通关要点如下：

（一）B2B出口模式

跨境电商B2B出口模式是指跨境电商企业通过电子商务平台向境外企业销售货物的贸易形式。其基本流程是：①境外买方企业通过跨境B2B电商平台下单；②电商平台通知境内出口商进行发货；③跨境电商企业或其委托的代理报关企业、境内跨境电商平台企业、物流企业通过中国国际贸易“单一窗口”[①] 平台（以下简称“单一窗口”）向海关提交申报数据、传输电子信息；④货物清关出境抵达境外买方企业。其中，发货过程可通过跨境物流直接出口，也可通过海外仓提前备货模式完成。

（二）B2C 出口模式

跨境电商 B2C 出口模式是指跨境电商企业通过电子商务平台向境外个人消费者销售货物的贸易形式。其基本流程是：①境外个人消费者通过跨境 B2C 电商平台下单；②电商平台通知跨境电商企业发货；③跨境电商企业或其代理人、物流企业分别通过“单一窗口”或跨境电商通关服务平台向海关传输交易、收款、物流等电子信息，采用“清单核放、汇总申报（或汇总统计）”模式办理报关手续；④货物通过跨境直邮模式最终配送给境外个人消费者。

（三）B2B 进口模式

跨境电商 B2B 进口模式是指跨境电商企业通过电子商务平台从境外企业购买货物的贸易形式。其基本流程是：①境内买方企业向跨境 B2B 电商平台发出订单请求；②海外供应商在电商平台上接收订单，并通过跨境物流进行发货，货物通关后抵达买方企业。货物运抵境内后，买方企业可将货物暂存海关特殊监管区域或保税监管场所，也可直接清关将货物分销至下游渠道。

（四）B2C 进口模式

跨境电商 B2C 进口模式是指境内个人消费者通过电子商务平台购买境外商品的零售进口贸易形式，一般分为“网购保税”和“跨境直购”两种模式，前者又称 B2B2C 模式。

网购保税模式的基本流程是：①境内跨境 B2C 电商平台（自营）首先从海外供应商处完成货物集采，货物通过跨境物流到达我国海关特殊监管区域或保税监管场所，办结一线进境通关手续后进入专用仓库仓储备货[②]；②境内个人消费者通过电商平台下单；③电商平台发出发货指令；④跨境电商平台企业或跨境电商企业境内代理人、支付企业、物流企业分别通过“单一窗口”或跨境电商通关服务平台向海关传输交易、支付、物流等电子信息，采取“清单核放”方式办理报关手续；⑤货物出海关特殊监管区域或保税监管场所抵达个人消费者。

---

① 根据联合国贸易便利化与电子商务中心 33 号建议书《建立单一窗口建议和指南》，单一窗口是一种设施，它允许参与贸易和运输的相关各方在一个单一接入点提交标准化的信息和单证，以满足所有与进口、出口和转口相关的监管要求。中国国际贸易“单一窗口”通过持续优化整合，现可办理进出口通关、检验检疫、税费缴纳、跨境电商、出口退税、跨境结算、贸易融资等 700 余项业务，其功能范围覆盖到国际贸易链条各主要环节，已逐步成为企业面对口岸管理相关部门的主要接入服务平台。

② 环节①的“集采”可由跨境电商 B2C 平台自身或委托其他跨境电商企业、物流与供应链管理企业等完成，货权归跨境电商平台企业所有，即“自营商城模式”；亦可由跨境电商企业、物流与供应链管理企业等预先完成备货并控制货权，然后委托跨境电商平台进行代销，即“第三方平台模式”。

跨境直购模式的基本流程是：①境内个人消费者通过与海关联网的跨境 B2C 电商平台（自营或第三方）下单；②电商平台收集订单，通过海外集货站发货入境；③邮政企业、进出境快件运营人根据跨境电商平台企业或跨境电商企业境内代理人、支付企业的委托，向海关传输交易、支付等电子信息，采取“清单核放”方式办理报关手续；④快递包裹通过海关跨境电商专门监管场所配送给境内个人消费者。

B2C 进口“网购保税”和“跨境直购”两种模式流程对比如图 1-3 所示。

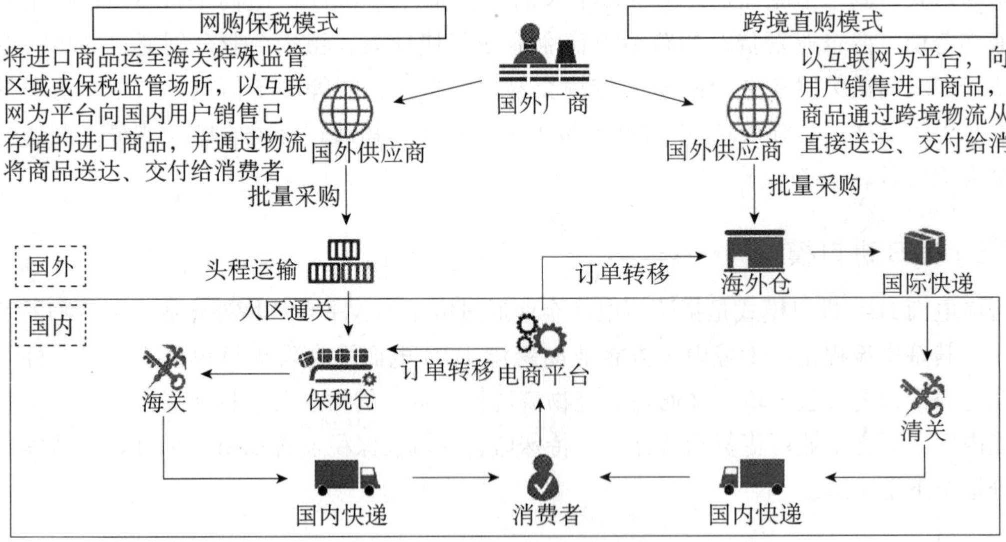

图 1-3 B2C 进口“网购保税”和“跨境直购”两种模式流程对比

实战训练

项目一“案例导入”中，山东德新国际贸易有限公司的跨境电商业务属于哪种模式？调研并阐述该公司可以通过国内哪些跨境电商平台完成此模式的跨境电商业务。

任务三 调研报关单位管理制度

【任务分析】

根据代理和自理两种报关方式，将报关单位划分为报关企业和进出口货物收发货人两种类型，并掌握报关单位取得报关资质的备案流程，熟悉海关对报关单位的信用管理方式——AEO认证。

一、 报关单位类型

（一）报关企业

报关企业是指依法向海关备案，接受进出口货物收发货人的委托，以进出口货物收发货人的名义或者以自己的名义，向海关办理代理报关业务，从事报关服务的境内企业法人。

我国从事报关服务的报关企业主要有两类：一类是经营国际货物运输代理等业务、兼营进出口货物代理报关业务的国际货物运输代理公司等，另一类是主营代理报关业务的报关公司或报关行。

报关企业的代理报关又分为直接代理报关和间接代理报关。直接代理报关是指报关企业接受委托人（即进出口货物收发货人）的委托，以委托人的名义办理报关业务的行为。间接代理报关是指报关企业接受委托人的委托，以报关企业自身的名义向海关办理报关业务的行为。在直接代理中，代理人代理行为的法律后果直接作用于被代理人；而在间接代理中，报关企业应当承担与进出口货物收发货人自己报关时所应当承担的相同的法律责任。目前，我国报关企业大多采取直接代理形式代理报关，间接代理报关只适用于经营快件业务的国际货物运输代理企业。

实例分析

2015年，A科技有限公司（以下简称“A公司”）委托B国际物流有限公司（以下简称“B公司”）以一般贸易方式向C海关申报进口一批仪器，申报税号为90275000，关税税率为0，完税价格共计人民币3 584 752元。经查，进口货物应归入税号90221990，关税税率为4%。A公司的上述行为已构成《海关行政处罚实施条例》第15条规定所指之应当申报的项目申报不实的违法行为，并造成漏缴税款约合167 766.39元的违法后果。根据《海关行政处罚实施条例》第15条第4项的规定，C海关决定对A公司罚款11.8万元。A公司不服，向C海关上级海关（直属海关）申请行政复议。

该案件的主要争议焦点之一：C海关认定A公司为被处罚人是否正确。A公司认为应当处罚报关公司B公司，认为涉案货物申报的税则号归类错误系其过错导致。另言之，行政处罚对象是否是B公司。

根据上级海关查明的事实，A公司与B公司是直接代理关系。B公司作为A公司的代理人，代理其填报单据、辅助查验和垫缴税款。进口货物报关单随附的合同、发票等相关报关材料均是由A公司提供给B公司，申报的进口货物品名及税号亦均是由A公司工作人员确定，B公司根据A公司提供的材料进行报关操作并不存在明显过失，不能认定其未尽到合理审查的义务。上级海关已经认定C海关在《行政处罚决定书》中认定的税号正确，A公司存在申报不实的违法行为。因此，C海关以A公司为行政相对人作出处罚决定正确。

两点提示：

1. 进出口企业委托报关企业代理报关时，要确保提供的委托资料合法、真实、完整，否则申报不实的法律责任应由其自身来承担。

2. 在进出口企业提供委托材料符合规定的情况下，如果是由于报关企业未尽合理审查义务或疏忽发生申报不实的，报关企业需要承担相应的法律责任。

（二）进出口货物收发货人

进出口货物收发货人是指依法直接进口或者出口货物的境内企业法人、其他组织或者个人。

一般而言，进出口货物收发货人指的是依法向国务院对外贸易主管部门（即商务部）或者其委托的机构办理备案登记的对外贸易经营者。除法律、行政法规、部门规章规定不需要备案登记的，对外贸易经营者未依法办理备案登记的，海关不予办理其货物进出境海关手续。

对于未取得对外贸易经营者备案登记表但按照国家有关规定需要从事非贸易性进出口活动的单位，如境外企业、新闻、经贸机构、文化团体等依法在中国境内设立的常驻代表机构，少量货样进出境的单位，国家机关、学校、科研院所等组织机构，临时接受捐赠、礼品、国际援助的单位等，在进出口货物时，海关也视其为进出口货物收发货人。

二、报关单位备案

（一）概念

报关单位备案制度是指报关企业、进出口货物收发货人依法向海关提交规定的备案申请材料，经所在地海关依法对其申请备案的材料进行审核，准予其办理报关业务的管理制度。

跨境电商企业、跨境电商平台企业、物流企业等参与跨境电商 B2B 出口业务的境内企业，应当依据海关报关单位备案管理有关规定，向所在地海关办理备案。

跨境电商企业、物流企业等参与跨境电商零售出口业务的企业，应当向所在地海关办理信息登记；如需办理报关业务，向所在地海关办理备案。

跨境电商平台企业、物流企业、支付企业等参与跨境电商零售进口业务的企业，应当依据海关报关单位备案管理相关规定，向所在地海关办理备案；境外跨境电商企业应委托境内代理人向该代理人所在地海关办理备案。直购进口模式下，物流企业应为邮政企业或者已向海关办理代理报关备案手续的进出境快件运营人。

（二）备案流程

1. 备案申请

企业在互联网上办理备案的，应当通过“单一窗口”标准版“企业资质”子系统填写相关信息，并向海关提交申请。

企业同时办理报关人员备案的，应当在“单一窗口”相关业务办理中，同时填写报关人员备案信息。其中，报关人员身份证件信息应当填写居民身份证相关信息，“单一窗口”暂时不支持使用其他身份证件办理报关人员备案。

2. 海关审核

海关对企业的申请信息进行审核，审核通过后，予以备案。

3. 证书发放

完成备案的报关单位可通过“单一窗口”自助或到海关备案窗口现场打印备案回执，回执上自动加盖海关电子备案专用章。备案回执自动体现企业报关、报检两项资质，有效期为长期，企业只需每年按时报送工商年报即可。企业未领取或打印备案回执，不影响办理海关业务。企业可通过“中国海关企业进出口信用信息公示平台”（见图 1－4）查询备案信息（见图 1－5 示例）。

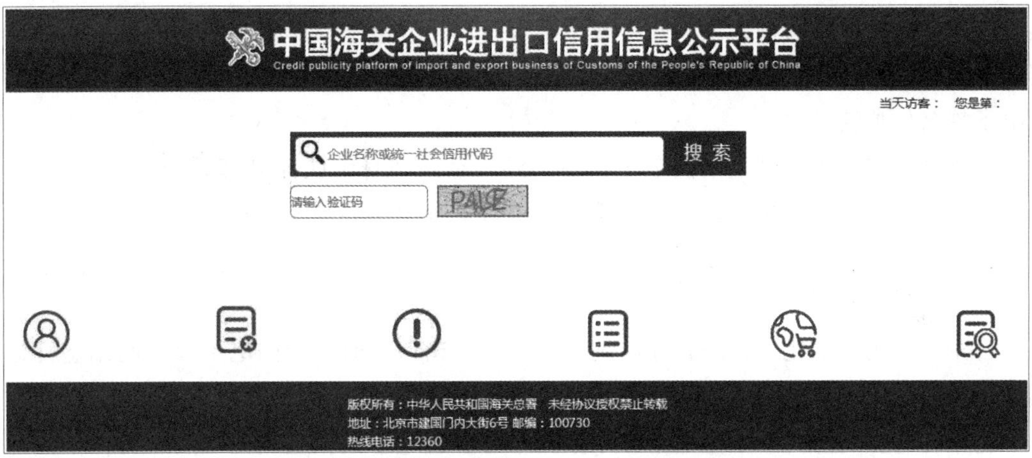

图 1－4　中国海关企业进出口信用信息公示平台

山东德新国际贸易有限公司

统一社会信用代码：91371700MA3QNF3K5K

所在地海关：菏泽海关

经营类别：进出口货物收发货人

注册登记和备案企业

注册信息　信用等级　行政处罚信息　下级单位信息　海关注册编码信息

名称		名称	
统一社会信用代码	91371700MA3QNF3K5K	海关注册编码	37169609G5
注册日期	2019-10-22	注册海关	菏泽海关
企业中文名称	山东德新国际贸易有限公司		
工商注册地址	山东省菏泽市开发区长江路1388号中达御园9号楼睿寓产业园4楼		
行政区划	山东省菏泽市牡丹区	经济区划	一般经济区域
经营类别	进出口货物收发货人	特殊贸易区域	菏泽市
行业种类	米、面制品及食用油批发	报关有效期	长期
跨境贸易电子商务类型	□电子商务企业　□电子商务交易平台　□物流企业　□支付企业　□监管场所经营人　□物流企业(仅B2B)		
海关注销标志	正常	年报情况	未报送

图 1－5　山东德新国际贸易有限公司备案信息

进出口货物收发货人办理工商注册登记时，可同步办理报关单位备案，应按照要求勾选进出口货物收发货人的备案登记，并补充填写相关备案信息。市场监管部门按照“多证合一”流程完成登记，并在市场监管总局层面完成与海关总署的数据交换。海关确认接收到企业工商注册信息和商务备案信息后即完成企业备案，企业无须再到海关办理备案手续。

课堂讨论

什么叫报关单位备案无纸化改革？改革后，报关单位办理备案可以享受哪些便利？

三、报关前准备事项办理

报关前准备事项办理

企业取得报关报检资质之后，报关前还须完成以下准备事项。

（一）电子口岸卡介质申领

电子口岸卡介质是登录“单一窗口”“互联网＋海关”等常用海关业务系统的介质。在业务数据录入、暂存或申报等过程中，电子口岸卡介质须一直插入在读卡器或电脑中，系统将根据电子口岸卡介质的信息进行用户身份验证，并对业务数据自动进行电子签名、加密。

具体办理步骤为：进入中国电子口岸网站，登录“身份认证管理系统”，完成法人信息录入和企业操作员预录入，最后联系所在地数据分中心的制卡中心申请办理卡介质。

（二）通关无纸化协议签约

若需要使用无纸化通关的企业，须通过“单一窗口”或者中国电子口岸网站签订通关无纸化协议。申报单位和境内货物收发货人都需要进行签约。

企业经与直属海关、中国电子口岸数据中心签订电子数据应用协议后，可在全国海关适用“通关作业无纸化”通关方式，不再需要重复签约。

（三）代理报关委托协议签订

若进出口货物收发货人要委托报关企业申报进出口货物，须在“代理报关委托书/委托报关协议系统”签订代理报关委托协议。

进出口货物收发货人和报关企业双方均可向对方发起委托申请，也可以确认对方向自己发起的委托申请。进出口货物收发货人作为代理报关委托方，可直接持企业操作员卡或法人卡登录电子口岸执法系统，登录“通关无纸化代理报关委托”快速入口，既可以向意向中的报关单位主动发起委托申请（需要由对方报关单位进行确认），也可以确认报关单位发来的委托申请。报关企业作为被委托方，首先需要使用企业法人卡完成“报关单位信息登记”的申报，由其所属的地方报关协会登记确认后，方可开始使用报关委托的发起、确认等操作。

（四）税费支付三方协议签约

若进出口货物涉及税费缴纳，须进入“单一窗口”的“税费支付系统”，在“三方协议信息”界面点击“协议签署”，填写相关信息，完成税费支付三方协议签约。

（五）跨境电商业务数据对接

开展跨境电商业务的海关监管场所经营人应建立完善的电子仓储管理系统，将电子仓储管理系统的底账数据通过跨境电商通关服务平台与海关联网对接；跨境电商交易平台应将平台交易电子底账数据通过跨境电商通关服务平台与海关联网对接；跨境电商企业、支付企业、物流企业应将跨境电商进出境货物、物品交易原始数据通过跨境电商通关服务平台与海关联网对接。

跨境电商企业应将跨境电商进出境货物、物品信息提前向海关备案，货物、物品信息应包括海关认可的货物 10 位海关商品编码及物品 8 位税号。下面以中国（杭州）跨境电子商务综合试验区线上综合服务平台为例介绍跨境电商进口商品备案流程。

第一步：登录平台的业务系统，选择左侧菜单栏“备案管理”—“进口商品备案”功能选项，见图 1－6：

图 1－6　平台“进口商品备案”界面

第二步：点击商品备案列表下的“新增”按钮（也可通过“Excel 导入”按钮进行备案商品信息批量导入），见图 1－7：

图 1-7　进口商品备案“新增”按钮位置

第三步：填写进口商品基本信息，其中标有星号栏目为必填项，确认无误后，点击“申报”按钮，完成进口商品备案申报，见图 1-8：

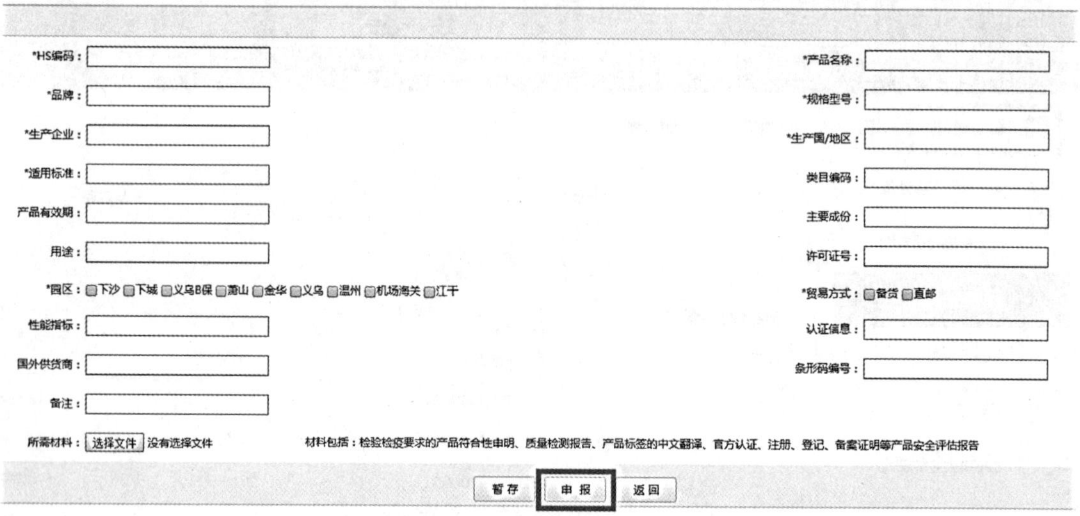

图 1-8　进口商品基本信息录入界面

返回进口商品备案列表界面，可查看每一页已申报的进口商品信息以及暂存未申报的进口商品信息，见图 1-9：

图 1-9　平台“进口商品备案列表”界面

四、 海关企业信用管理

（一）企业信用分类

海关按照诚信守法便利、失信违法惩戒、依法依规、公正公开原则，对企业实施信用管理，根据企业信用状况将企业认定为高级认证企业、失信企业和其他企业。

高级认证企业是中国海关经认证的经营者（Authorized Economic Operator，AEO）。中国海关依据有关国际条约、协定以及《中华人民共和国海关注册登记和备案企业信用管理办法》，开展与其他国家或者地区海关的 AEO 互认合作，并且给予互认企业相关便利措施，包括高效、统一的供应链标准和程序，降低查验率，减少审核文件及其他方面的要求，为 AEO 参与者提供有价值的信息，在贸易中断或提高贸易安全威胁等级期间采取相关特别措施。

（二）企业信用认定依据

1. 高级认证企业

高级认证企业应当符合海关总署制定的高级认证企业的认证标准。认证标准分为通用标准和单项标准，通用标准包括内部控制、财务状况、守法规范以及贸易安全等内容，单项标准是海关针对不同企业类型和经营范围制定的认证标准。

跨境电商企业申请适用海关高级认证企业管理的，应当同时符合认证标准中的通用标准和进出口货物收发货人单项标准；跨境电商平台企业申请适用海关高级认证企业管理的，应当同时符合认证标准中的通用标准、进出口货物收发货人和跨境电商平台企业单项标准；进出境快件运营人申请适用海关高级认证企业管理的，应当同时符合认证标准中的通用标准、报关企业和进出境快件运营人单项标准。

2. 失信企业

企业有下列情形之一的，海关认定其为失信企业：

（1）被海关侦查走私犯罪公安机构立案侦查并由司法机关依法追究刑事责任的；

（2）构成走私行为被海关行政处罚的；

（3）非报关企业 1 年内违反海关的监管规定被海关行政处罚的次数超过上年度报关单、进出境备案清单、进出境运输工具舱单等单证（以下简称“相关单证”）总票数千分之一且被海关行政处罚金额累计超过 100 万元的；

报关企业 1 年内违反海关的监管规定被海关行政处罚的次数超过上年度相关单证总票数万分之五且被海关行政处罚金额累计超过 30 万元的；

上年度相关单证票数无法计算的，1 年内因违反海关的监管规定被海关行政处罚，非报关企业处罚金额累计超过 100 万元、报关企业处罚金额累计超过 30 万元的；

（4）自缴纳期限届满之日起超过 3 个月仍未缴纳税款的；

（5）自缴纳期限届满之日起超过 6 个月仍未缴纳罚款、没收的违法所得和追缴的走私货物、物品等值价款，并且超过 1 万元的；

（6）抗拒、阻碍海关工作人员依法执行职务，被依法处罚的；

（7）向海关工作人员行贿，被处以罚款或者被依法追究刑事责任的；

（8）法律、行政法规、海关规章规定的其他情形。

失信企业存在下列情形的，海关依照法律、行政法规等有关规定实施联合惩戒，将其列入严重失信主体名单：

（1）违反进出口食品安全管理规定、进出口化妆品监督管理规定或者走私固体废物被依法追究刑事责任的；

（2）非法进口固体废物被海关行政处罚金额超过 250 万元的。

（三）企业信用认证程序

企业申请成为高级认证企业的，应当向海关提交书面申请，并按照海关要求提交相关资料。海关依据高级认证企业通用标准和相应的单项标准，对企业提交的申请和有关资料进行审查，并赴企业进行实地认证。

海关自收到申请及相关资料之日起 90 日内进行认证并作出决定。特殊情形下，海关的认证时限可以延长 30 日。

经认证，符合高级认证企业标准的企业，海关制发高级认证企业证书；不符合高级认证企业标准的企业，海关制发未通过认证决定书。可通过“中国海关企业进出口信用信息公示平台”（见图 1－4）查询企业在海关的信用等级。

（四）企业信用调整

1. 高级认证企业复核

海关对高级认证企业每 5 年复核一次。企业信用状况发生异常情况的，海关可以不定期开展复核。经复核，不再符合高级认证企业标准的，海关应当制发未通过复核决定书，并收回高级认证企业证书。

企业有下列情形之一的，1年内不得提出高级认证企业认证申请：

(1) 未通过高级认证企业认证或者复核的；

(2) 放弃高级认证企业管理的；

(3) 撤回高级认证企业认证申请的；

(4) 高级认证企业被海关下调信用等级的；

(5) 失信企业被海关上调信用等级的。

2. 失信企业信用修复

未被列入严重失信主体名单的失信企业纠正失信行为，消除不良影响，并且符合下列条件的，可以向海关书面申请信用修复并提交相关证明材料：

(1) 因存在海关认定失信企业八项情形之第二项、第六项情形被认定为失信企业满1年的；

(2) 因存在海关认定失信企业八项情形之第三项情形被认定为失信企业满6个月的；

(3) 因存在海关认定失信企业八项情形之第四项、第五项情形被认定为失信企业满3个月的。

经审核符合信用修复条件的，海关自收到企业信用修复申请之日起20日内作出准予信用修复决定。

失信企业连续2年未发生海关认定失信企业规定情形的，海关对其作出信用修复决定。如该失信企业已被列入严重失信主体名单的，海关将其移出严重失信主体名单并通报相关部门。

(五) 管理措施

1. 高级认证企业适用的管理措施

高级认证企业是中国海关AEO，适用下列管理措施：

(1) 进出口货物平均查验率低于实施常规管理措施企业平均查验率的20%，法律、行政法规或者海关总署有特殊规定的除外；

(2) 出口货物原产地调查平均抽查比例在企业平均抽查比例的20%以下，法律、行政法规或者海关总署有特殊规定的除外；

(3) 优先办理进出口货物通关手续及相关业务手续；

(4) 优先向其他国家（地区）推荐农产品、食品等出口企业的注册；

(5) 可以向海关申请免除担保；

(6) 减少对企业稽查、核查频次；

(7) 可以在出口货物运抵海关监管区之前向海关申报；

（8）海关为企业设立协调员[1]；

（9）AEO 互认国家或者地区海关通关便利措施；

（10）国家有关部门实施的守信联合激励措施；

（11）因不可抗力中断的国际贸易恢复后优先通关；

（12）海关总署规定的其他管理措施。

2. 失信企业适用的管理措施

失信企业适用下列管理措施：

（1）进出口货物查验率在 80%以上；

（2）经营加工贸易业务的，全额提供担保；

（3）提高对企业稽查、核查频次；

（4）海关总署规定的其他管理措施。

3. 其他企业适用的管理措施

海关对高级认证企业和失信企业之外的其他企业实施常规的管理措施。

实战训练

项目一“案例导入”中，山东德新国际贸易有限公司若参加海关 AEO 高级认证，查询海关总署公告 2021 年第 88 号的相关附件，说明该公司应符合什么认证标准，并说明通过认证应满足的条件。

海关总署公告
2021 年第 88 号

① 协调员是指由直属海关选定，专门负责协调海关与企业涉及海关业务相关事宜的海关工作人员。企业应当指定分管关务的高级管理人员作为联系人，负责与海关沟通联系。

项目二

通关与外贸管制

学习目标

知识目标

1. 了解对外贸易管制制度的主要内容
2. 熟悉出入境检验检疫要求
3. 掌握货物进出口许可管理措施

能力目标

掌握货物进出口许可管制措施查询方法，能办理相关进出口许可证件

思政目标

认识海关根据党中央关于经济形势的重大判断，在助推我国外贸转型升级、促进更高层次开放型经济发展过程中所起的经济发展推动者作用

案例导入

2020 年 4 月 17 日，广州海关所属广州邮局海关在进境邮递渠道查获一批濒危物种西洋参。今年以来，广州海关在进境邮递渠道已查获西洋参 7 批次，共计 4 580 克。

当日，广州邮局海关关员在对进境邮件进行监管时，发现 1 件申报品名为“纪念品”的邮件过机查验图像显示疑似为植物根茎，经现场开拆，发现内装有疑似西洋参 478 克。经华南植物园华南植物鉴定中心鉴定，确认该批物品为受《濒危野生动植物种国际贸易公约》（CITES）附录 II 列明保护，属于濒危物种的西洋参。

西洋参又名“花旗参”“洋参”“西洋人参”等，是五加科人参属多年生草本植物，因有一定的药用和保健价值而受到人们青睐。因其野生资源缺乏和过度开采，1975 年，《濒危野生动植物种国际贸易公约》（CITES）已经将其列入公约附录 II 中，西洋参的根的整体、切片和部分，均受濒危保护。

海关提醒：保护濒危物种人人有责。根据《中华人民共和国濒危野生动植物进出口管理条例》等相关法律法规规定，除持有相关允许进出口证明书外，任何贸易方式或携带、邮寄西洋参等濒危物种及其制品进出境均为非法行为，将被追究法律责任。

阅读以上案例，思考以下问题：

1. 西洋参是否属于我国对外贸易管制类商品？为什么？

2. 案例中所说的“相关允许进出口证明书”具体是指哪种进出口许可证件？

3. 进口西洋参是否需要在入境前办理进境动植物检疫审批？为什么？进口通关经海关检疫合格，将签发何种证单？

思维导图

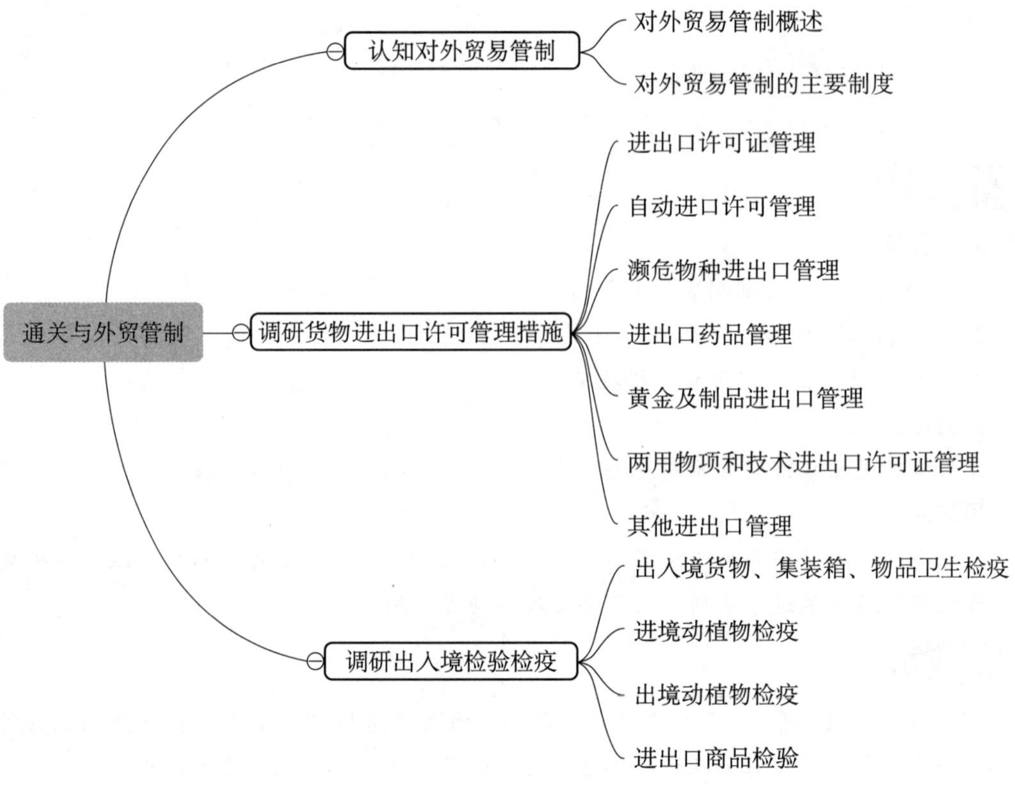

任务一　认知对外贸易管制

【任务分析】

了解对外贸易管制的基本概念，理解对外贸易管制的意义，掌握对外贸易管制的具体制度措施。

一、对外贸易管制概述

对外贸易管制是一国政府为了国家宏观经济利益和国内外政策的需要，履行所缔结或加入国际条约的义务，确立实行各种对外贸易制度并采取有效管理措施规范对外贸易活动的总称。对外贸易管制是政府的一种强制性行为。

对外贸易管制概述

（一）对外贸易管制的主要内容

目前，我国实施的进出口贸易管制措施主要有进出口许可制度、海关监管制度、品质检验制度、外汇管理制度、保护关税制度。因此，可以将我国对外贸易管制的主要内容概括为“证”“准”“检”“核”“救”五个字。

“证”——进出口许可证件。包括法律、行政法规规定的各种具有许可进出口性质的证明、文件。此外，国家有关主管部门对于出口文物、进出口黄金及其制品、进口音像制品、进出口濒危野生动植物等特殊进出口商品的批准文件或许可文件，同样是我国有关职能管理机构执行贸易管制的重要依据。

“准”——对外贸易经营范围的核准。经营范围是指国家允许企业从事生产经营的具体商品类别和服务项目，它反映了企业生产经营活动的内容和方式。对外贸易管制的进出口商品分类管理是企业可以从事进出口商品种类的依据。

“检”——商品质量的检验、动植物检疫和卫生检疫，简称“三检”。它主要强调对于货物的进出口实行必要的检验或检疫，其基本目标是保证进出口商品的质量、保障人民的生命安全与健康。我国海关依法对进出口的货物实行必要的检验检疫。

“核”——贸易外汇收支非现场核查。外汇管理局依托监测系统按月对外贸企业最近12个月的相关贸易外汇收支、货物进出口和企业报告数据实施非现场总量核查，对异常情况实施现场核查，并对企业实行分类管理。

“救”——贸易管制的救济措施。我国在对进出口贸易实行管制的过程中，根据国际公认的规则所采取的贸易补救措施主要包括反倾销、反补贴和保障措施。根据世界贸易组织的有关规定，任何一个世贸组织成员都可以为维护自身经济贸易利益，防止或阻止产业受到损害而采取保护性措施。

（二）对外贸易管制目标的实现

实现对外贸易管制，主要是依靠国家行政机关的行政管理，各职能部门通过行政管理方式、方法和不同的管理手段，达到有效管制对外贸易的目的。海关是对外贸易法律、行政法规的执行和监督管理机关。进口货物的收货人、出口货物的发货人应当向海关如实申报，海关依据许可证件、相关文件及其他单证（报关单、提单、发票、合同等），依据国家或国际标准，通过检验检疫等强制措施对实际进出口货物的合法性实施监督管理。

在货物通关过程中，海关只有在确认达到“单”（包括报关单在内的各类报关单据及其电子数据）、“证”（各类许可证件、相关文件及其电子数据）、“货”（实际进出口货物）相符，并符合检验检疫出入境合格标准的情况下，才予以放行，以此实现对外贸易管制的目标。缺少海关监管这一环节，任何对外贸易管制政策都不可能发挥其效力。

（三）海关贸易管制执法手段

海关执行的部分贸易管制措施通过细化、分解贸易管制商品目录，在海关通关系统中对 7 500 多项商品设置了 30 余种监管证件代码，对禁止进出口及大部分许可证件设定了相应的监管证件代码，并与监管方式相对应，通关系统根据“监管方式证件表”中监管方式及监管证件的对应关系，在通关过程中对所需的监管证件进行提示，并对联网许可证件（见表 2－1）电子数据实现系统自动比对、自动核扣（即联网核查，见图 2－1。未实现电子数据联网的许可证件，或因网络故障等特殊原因，海关核验纸质证件），大大提高了海关贸易管制政策执行的有效性和准确性。

表 2－1 已实现电子数据联网的许可证件

序号	证件名称	证件代码	证件主管部门	证件核验部门
1	中华人民共和国两用物项和技术进口许可证	2	商务部	海关总署综合司
2	中华人民共和国两用物项和技术出口许可证	3	商务部	海关总署综合司
3	中华人民共和国出口许可证	4	商务部	海关总署综合司
4	中华人民共和国自动进口许可证	7、O（新旧机电产品）、v（加工贸易）	商务部	海关总署综合司
5	中华人民共和国技术出口许可证	i	商务部	海关总署综合司
6	中华人民共和国进口许可证	1	商务部	海关总署综合司
7	中华人民共和国技术出口合同登记证	g	商务部	海关总署综合司
8	援外项目任务通知单	d	商务部	海关总署综合司

续前表

序号	证件名称	证件代码	证件主管部门	证件核验部门
9	非《进出口野生动植物种商品目录》物种证明	E、F	国家濒危物种进出口管理办公室	海关总署综合司
10	《濒危野生动植物种国际贸易公约》允许进出口证明书	E、F	国家濒危物种进出口管理办公室	海关总署综合司
11	中华人民共和国野生动植物允许进出口证明书	E	国家濒危物种进出口管理办公室	海关总署综合司
12	药品进口准许证	L	药监局	海关总署综合司
13	药品出口准许证	L	药监局	海关总署综合司
14	进口药品通关单	Q	药监局	海关总署综合司
15	麻醉精神药品进出口准许证（含麻醉药物进、出口准许证，精神药品进、出口准许证）	I	药监局	海关总署综合司
16	进口非特殊用途化妆品备案凭证	526	药监局	海关总署食品局
17	进口医疗器械备案/注册证	612、629	药监局	海关总署检验司
18	进口特殊用途化妆品卫生许可批件	526	药监局	海关总署食品局
19	黄金及黄金制品进出口准许证	J	中国人民银行	海关总署综合司
20	银行调运人民币现钞进出境证明	m	中国人民银行	海关总署综合司
21	有毒化学品进出口环境管理放行通知单	X	生态环境部	海关总署综合司
22	进口兽药通关单	R	农业农村部	海关总署综合司
23	农药进出口放行通知单	S	农业农村部	海关总署综合司
24	合法捕捞产品通关证明	U	农业农村部	海关总署综合司
25	农业转基因生物安全证书	330	农业农村部	海关总署动植司
26	国（境）外引进农业种苗检疫审批单引进林木种子、苗木检疫审批单	332、331	农业农村部、林业和草原局	海关总署动植司
27	进口广播电影电视节目带（片）提取单	b	国家电影局、广播电视总局	海关总署综合司
28	音像制品（成品）进口批准单	f	新闻出版署	海关总署综合司
29	赴境外加工光盘进口备案证明	Z	新闻出版署	海关总署综合司
30	民用爆炸物品进口审批单	k	工业和信息化部	海关总署综合司
31	民用爆炸物品出口审批单	k	工业和信息化部	海关总署综合司
32	人类遗传资源材料出口、出境证明	V	科技部	海关总署综合司
33	古生物化石出境批件	z	自然资源部	海关总署综合司
34	特种设备制造许可证及型式试验证书	429、430	市场监管总局	海关总署检验司
35	特殊医学用途配方食品注册证书	528	市场监管总局	海关总署食品局
36	保健食品注册证书或保健食品备案凭证	529	市场监管总局	海关总署食品局
37	婴幼儿配方乳粉产品配方注册证书	527	市场监管总局	海关总署食品局
38	强制性产品认证证书或证明文件	411、410	市场监管总局	海关总署检验司

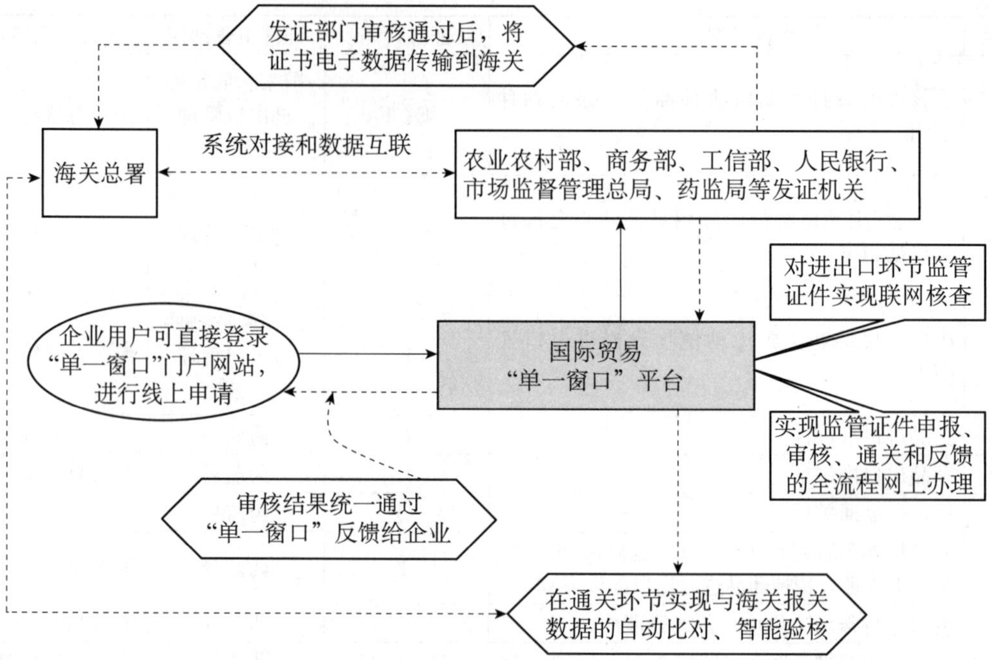

图 2-1　监管证件联网核查

二、 对外贸易管制的主要制度

（一）对外贸易经营者管理制度

1. 对外贸易经营者备案登记制

从事进出口业务的对外贸易经营者，应当向国务院对外贸易主管部门或其委托的机构办理备案登记，获得对外贸易经营资格。没有办理备案登记的，不具备进出口经营资格，只能委托有进出口经营资格的经营单位代理签订进出口贸易合同。备案登记管理不是审批，只要符合进出口经营资格的条件，就可按照各外贸主管部门的权限分别办理备案登记。外商投资企业依照有关外商投资企业的法律、行政法规的规定免于办理。

2. 国有贸易管理

国家可以对部分货物的进出口实行国有贸易管理。实行国有贸易管理货物的进出口业务只能由授权的企业经营，也允许部分数量的国有贸易管理货物的进出口业务由非授权的企业经营。

3. 跨境贸易电子商务企业类型备案

跨境贸易电子商务企业包括跨境电商平台、跨境电商企业、物流企业、支付企业。企业需确定企业类型，并在海关备案。

课堂讨论

分别列举一个进口跨境电商平台、出口跨境电商平台、跨境电商 B2C 进口企业、跨境电商 B2C 出口企业、跨境电商物流企业、跨境电商支付企业的名字。

跨境电商企业操作人员使用中国电子口岸 IC 卡登录中国电子口岸网站，进入“海关企业进出口信用管理系统关企合作平台”，选择“有卡用户”，在“企业注册信息变更申请”功能下，维护“跨境贸易电子商务企业类型”“企业网址”等信息后，保存提交即可。

跨境贸易电子商务企业类型选择时，电商企业、电商平台和开展保税进口业务的物流、仓储企业选择“电子商务企业”。开展跨境电商直购进口业务的物流企业，具有独立库的直邮物流企业可同时选择“物流企业”及“监管场所运营人”；使用公共库的直邮物流企业可选择“物流企业”，并请公共库运营企业同时办理，选择“监管场所运营人”。支付企业选择“支付企业”。

(二) 货物、技术进出口许可管理制度

企业或个人取得对外贸易经营资格便可从事对外贸易，那么外贸管制便体现为对贸易客体（即进出口货物、技术）的管制，又称为货物、技术进出口许可管理制度。

货物、技术进出口许可管理制度是我国进出口许可管理制度的主体，是国家对外贸易管制中极其重要的管理制度。其管理范围包括禁止进出口的货物和技术、限制进出口的货物和技术、自由进出口的货物和技术三大类。

1. 禁止进出口管理

为维护国家安全和社会公共利益，保护人民的生命健康，履行中华人民共和国所缔结或参加的国际条约和协定，国务院对外贸易主管部门会同国务院有关部门，依照《中华人民共和国对外贸易法》（简称《对外贸易法》）的规定，制定、调整并公布禁止进出口货物、技术目录。海关依据国家相关法律、法规，对列入禁止进出口目录的商品实施监督管理。

（1）禁止进口。列入国家公布的禁止进口目录以及其他法律、法规明令禁止或停止进口的货物、技术，任何对外贸易经营者不得经营进口。

1）禁止进口货物管理规定。我国政府明令禁止进口的货物包括：列入由国务院对外贸易主管部门或由其会同国务院有关部门制定的《禁止进口货物目录》的商品，国家有关法律、法规明令禁止进口的商品以及其他各种原因停止进口的商品。主要包括以下几类：

A. 列入《禁止进口货物目录》的商品。目前，我国公布的《禁止进口货物目录》共七批，其中：

《禁止进口货物目录》（第一批）是从我国国情出发，为履行我国所缔结或者参加的与保护世界自然生态环境相关的一系列国际条约和协定而发布的，其目的是保护我国自然生

态环境和生态资源。

《禁止进口货物目录》（第二批）均为旧机电产品类，是国家对涉及生产安全（压力容器类）、人身安全（电器、医疗设备类）和环境保护（汽车、工程及车船机械类）的旧机电产品所实施的禁止进口管理。

《禁止进口货物目录》（第三、第四、第五批）所涉及的是对环境有污染的固体废物类物品，包括城市垃圾、医疗废物、含铅汽油淤渣等 13 个类别的废物。

《禁止进口货物目录》（第六批）所涉及的是部分危险化学品、农药和持久性有机污染物，包括 17 个 10 位编码商品。

《禁止进口货物目录》（第七批）为涉及履行《关于持久性有机污染物的斯德哥尔摩公约》和《关于汞的水俣公约》的有机化学品及含汞产品。

B. 国家有关法律、法规明令禁止进口的商品。依据《中华人民共和国固体废物污染环境防治法》和生态环境部、商务部、发展改革委、海关总署发布的《关于全面禁止进口固体废物有关事项的公告》，禁止以任何方式进口固体废物①；依据《中华人民共和国进出境动植物检疫法》（简称《进出境动植物检疫法》），对来自疫区或不符合我国卫生标准的动物和动物产品禁止进口。

C. 其他。停止进口以 CFC12 为制冷工质的汽车以及 CFC12 为制冷工质的汽车空调压缩机（含汽车空调器）；停止进口属右置方向盘的汽车。

2）禁止进口技术管理规定。根据《对外贸易法》《中华人民共和国技术进出口管理条例》（简称《技术进出口管理条例》）以及《禁止进口限制进口技术管理办法》的有关规定，国务院对外贸易主管部门会同国务院有关部门，制定、调整并公布禁止进口的技术目录。属于禁止进口的技术，不得进口。

《中国禁止进口限制进口技术目录》所列明的禁止进口的技术涉及林业，印刷业和记录媒介的复制，石油加工、炼焦及核燃料加工业，化学原料及化学制品制造业，医药制造业，非金属矿物制品业，黑色金属冶炼及压延加工业，有色金属冶炼及压延加工业，交通运输设备制造业，电气机械及器材制造业 10 个技术领域的 39 项技术。

3）禁止以跨境电商形式入境。以下物品禁止以跨境电商形式入境：

A. 《进出境动植物检疫法》规定的禁止进境物；

B. 未获得检验检疫准入的动植物源性食品；

C. 列入《危险化学品目录》《剧毒化学品目录》《易制毒化学品的分类和品种目录》和《中国严格限制进出口的有毒化学品目录》的；

D. 除生物制品以外的微生物、人体组织、生物制品、血液及其制品等特殊物品；

E. 可能危及公共安全的核生化等涉恐及放射性等产品；

---

① 符合《再生黄铜原料》（GB/T 38470—2019）、《再生铜原料》（GB/T 38471—2019）、《再生铸造铝合金原料》（GB/T 38472—2019）、《再生钢铁原料》（GB/T 39733—2020）国家标准的再生黄铜原料（海关商品编码 7404000020）、再生铜原料（7404000030）、再生铸造铝合金原料（7602000020）以及再生钢铁原料（72041000010、7204210010、7204290010、7204410010、7204490030），不属于固体废物，可自由进口，但不符合国家标准规定的禁止进口。

F. 废旧物品；

G. 以国际快递或邮寄方式进境的电商商品，还应符合《中华人民共和国禁止携带、寄递进境的动植物及其产品和其他检疫物名录》（见表 2-2）的要求；

H. 法律、法规规定禁止进境的其他产品。

表 2-2 中华人民共和国禁止携带、寄递进境的动植物及其产品和其他检疫物名录

一、动物及动物产品类
（一）活动物（犬、猫除外）。包括所有的哺乳动物、鸟类、鱼类、甲壳类、两栖类、爬行类、昆虫类和其他无脊椎动物，动物遗传物质。 （二）（生或熟）肉类（含脏器类）及其制品。 （三）水生动物产品。干制，熟制，发酵后制成的食用酱汁类水生动物产品除外。 （四）动物源性乳及乳制品。包括生乳、巴氏杀菌乳、灭菌乳、调制乳、发酵乳，奶油、黄油、奶酪、炼乳等乳制品。 （五）蛋及其制品。包括鲜蛋、皮蛋、咸蛋、蛋液、蛋壳、蛋黄酱等蛋源产品。 （六）燕窝。经商业无菌处理的罐头装燕窝除外。 （七）油脂类，皮张，原毛类，蹄（爪）、骨、牙、角类及其制品。经加工处理且无血污、肌肉和脂肪等的蛋壳类、蹄（爪）骨角类、贝壳类、甲壳类等工艺品除外。 （八）动物源性饲料、动物源性中药材、动物源性肥料。
二、植物及植物产品类
（九）新鲜水果、蔬菜。 （十）鲜切花。 （十一）烟叶。 （十二）种子、种苗及其他具有繁殖能力的植物、植物产品及材料。
三、其他检疫物类
（十三）菌种、毒种、寄生虫等动植物病原体，害虫及其他有害生物，兽用生物制品，细胞、器官组织、血液及其制品等生物材料及其他高风险生物因子。 （十四）动物尸体、动物标本、动物源性废弃物。 （十五）土壤及有机栽培介质。 （十六）转基因生物材料。 （十七）国家禁止进境的其他动植物、动植物产品和其他检疫物。
注： 1. 通过携带或寄递方式进境的动植物及其产品和其他检疫物，经国家有关行政主管部门审批许可，并具有输出国家或地区官方机构出具的检疫证书，不受此名录的限制。 2. 具有输出国家或地区官方机构出具的动物检疫证书和疫苗接种证书的犬、猫等宠物，每人仅限携带或分离托运一只。具体检疫要求按相关规定执行。 3. 法律、行政法规、部门规章对禁止携带、寄递进境的动植物及其产品和其他检疫物另有规定的，按相关规定办理。

（2）禁止出口。列入国家公布的禁止出口目录以及其他法律、法规明令禁止或停止出口的货物、技术，任何对外贸易经营者不得经营出口。

1）禁止出口货物管理规定。我国政府明令禁止出口的货物主要有列入《禁止出口货物目录》的商品，国家有关法律、法规明令禁止出口的商品以及因其他各种原因停止出口的商品。主要包括以下两类：

A. 列入《禁止出口货物目录》，即《禁止出口货物目录》（第一批至第六批）的商品。《禁止出口货物目录》（第一批）是从我国国情出发，为履行我国所缔结或者参加的与保护世界自然生态环境相关的一系列国际条约和协定而发布的，其目的是保护我国自然生态环境和生态资源。如国家禁止出口四氯化碳、犀牛角和虎骨，禁止出口有防风固沙作用的发菜和麻黄草等植物。国家制定《禁止出口货物目录》（第二批）主要是为了保护我国匮乏的森林资源，防止乱砍滥伐，如禁止出口木炭。《禁止出口货物目录》（第三批）所涉及的是部分危险化学品、农药和持久性有机污染物。《禁止出口货物目录》（第四、第五批）包括 3 种生态资源：天然砂、森林凋落物和泥炭（草炭）。《禁止出口货物目录》（第六批）为涉及履行《关于持久性有机污染物的斯德哥尔摩公约》和《关于汞的水俣公约》的有机化学品及含汞产品。

B. 国家有关法律、法规明令禁止出口的商品。例如，依据《中华人民共和国野生植物保护条例》，禁止出口未定名的或者新发现并有重要价值的野生植物。

2）禁止出口技术管理规定。根据《对外贸易法》《技术进出口管理条例》《禁止出口限制出口技术管理办法》的有关规定，国务院对外贸易主管部门会同国务院有关部门，制定、调整并公布了禁止出口的技术目录。属于禁止出口的技术，不得出口。

目前，列入《中国禁止出口限制出口技术目录》禁止出口部分的技术涉及畜牧业、渔业、农林牧渔服务业、有色金属矿采选业、农副食品加工业等 20 个技术领域的 29 项技术。

2. 限制进出口管理

为维护国家安全和社会公共利益、保护人民的生命健康、履行中华人民共和国所缔结或参加的国际条约和协定，国务院对外贸易主管部门会同国务院有关部门，依照《对外贸易法》的规定，制定、调整并公布各类限制进出口货物、技术目录。海关依据国家有关法律、法规对限制进出口目录货物、技术实施监督管理。

（1）限制进口管理。

国家实行限制进口管理的货物、技术，必须依照国家有关规定取得国务院对外贸易主管部门或者由其会同国务院有关部门的许可，方可进口。

国家对货物或技术实行限制进口管理的主要原因有：为维护国家安全、社会公共利益或者公共道德，需要限制进口的；为保护人的健康或者安全，保护动物、植物的生命或者健康，保护环境，需要限制进口的；为实施与黄金或者白银进出口有关的措施，需要限制进口的；为建立或者加快建立国内特定产业，需要限制进口的；对任何形式的农业、牧业、渔业产品，有必要限制进口的；为保障国家国际金融地位和国际收支平衡，需要限制进口的；依照法律、行政法规、部门规章的规定，其他需要限制进口的；根据我国缔结或者参加的国际条约、协定的规定，其他需要限制进口的。

1）限制进口货物管理。目前，我国限制进口货物管理按照其限制方式划分为许可证件管理和关税配额管理。

A. 许可证件管理是指在一定时期内根据国内政治、工业、农业、商业、军事、技术、卫生、环保、资源保护等领域的需要，以及为履行我国所加入或缔结的有关国际条约的规定，以经国家各主管部门签发许可证件的方式来实现各类限制进口的措施。

许可证件管理主要包括进口许可证、濒危物种进口、进口药品、进口音像制品、黄金及其制品进口等管理。

实战训练

项目二“案例导入”中，根据西洋参税号12112011，查询其海关监管条件，说明我国对进口西洋参实施哪些进口许可证件管理。

国务院对外贸易主管部门或者国务院有关部门在各自的职责范围内，根据国家有关法律、法规及国际公约的有关规定签发上述各项管理所涉及的各类许可证件。

B. 关税配额管理是指在一定时期内（一般为 1 年）国家对部分商品的进口确定配额数量，对在配额数量内的进口商品适用关税配额税率，而对配额数量外的进口商品适用关税配额税率外税率。

实行关税配额管理的产品有农产品及化肥等，其管理部门有国家发展和改革委员会及商务部等。

2）限制进口技术管理。限制进口技术实行目录管理。根据《对外贸易法》《技术进出口管理条例》《禁止进口限制进口技术管理办法》的有关规定，国务院对外贸易主管部门会同国务院有关部门，制定、调整并公布限制进口的技术目录。属于目录范围内的限制进口技术，实行许可证管理，未经国家许可，不得进口。

列入《中国禁止进口限制进口技术目录》中属于限制进口的技术包括农业，食品制造业，纺织业，石油加工、炼焦及核燃料加工业，化学原料及化学制品制造业等 16 个技术领域的 87 项技术。

（2）限制出口管理。

1）限制出口货物管理。对于限制出口货物管理，《中华人民共和国货物进出口管理条例》规定：国家规定有数量限制的限制出口货物，实行配额管理；其他限制出口货物，实行许可证管理。实行配额管理的限制出口货物，由国务院对外经贸主管部门和国务院有关经济管理部门按照国务院规定的职责划分进行管理。

目前，我国货物限制出口按照其限制方式划分为出口配额限制、出口非配额限制。

A. 出口配额限制是指在一定时期内为建立公平竞争机制、增强我国商品在国际市场的竞争力、保障最大限度地收汇，保护我国商品的国际市场利益，国家对部分商品的出口数量直接加以限制的措施。即规定一定时期内（一般为 1 年）部分商品出口数量的总额，经国家批准获得配额的允许出口，否则不得出口，通过行政管理手段达到对一些重要商品以规定绝对数量的方式来限制出口的目的。

在我国，出口配额限制有两种管理形式，即出口配额许可证管理和出口配额招标管理。

B. 出口非配额限制是指在一定时期内根据国内政治、军事、技术、卫生、环保、资源保护等领域的需要，以及为履行我国所加入或缔结的有关国际条约的规定，以经国家各主管部门签发许可证件的方式来实现的各类限制出口措施。目前，我国出口非配额限制管理主要包括出口许可证、濒危物种出口、敏感物项出口以及军品出口等许可管理。

2）限制出口技术管理。根据《对外贸易法》《技术进出口管理条例》《中华人民共和国生物两用品及相关设备和技术出口管制条例》《中华人民共和国核两用品及相关技术出口管制条例》《中华人民共和国导弹及相关物项和技术出口管制条例》《中华人民共和国核出口管制条例》以及《禁止出口限制出口技术管理办法》等有关规定，限制出口技术实行目录管理，国务院对外贸易主管部门会同国务院有关部门，制定、调整并公布限制出口的技术目录。属于目录范围内的限制出口的技术，实行许可证管理，未经国家许可，不得出口。

3. 自由进出口管理

除上述国家禁止、限制进出口货物、技术外的其他货物、技术，均属于自由进出口范围。自由进出口货物、技术的进出口不受限制，基于监测进出口情况的需要，国家对部分属于自由进出口的货物实行自动进口许可管理，对自由进出口技术实行技术进出口合同登记管理。

（1）货物自动进口许可管理。自动进口许可管理是在任何情况下对进口申请一律予以批准的进口许可制度。这种进口许可实际上是一种在进口前的自动登记性质的许可制度，通常用于国家对这类货物的统计和监督，是我国进出口许可管理制度的重要组成部分，也是目前被各国普遍采用的一种进口管理制度。

进口属于自动进口许可管理的货物，进口经营者应当在向海关办理报关手续前，向国务院对外贸易主管部门或者国务院有关经济管理部门提交自动进口许可申请；进口经营者凭国务院对外贸易主管部门或国务院有关经济管理部门发放的自动进口许可证明，向海关办理报关手续。

（2）技术进出口合同登记管理。进出口属于自由进出口的技术，应当向商务部及其授权机构办理合同备案登记。商务部及其授权机构应当自收到规定文件之日起 3 个工作日内，对技术进出口合同进行登记，颁发技术进出口合同登记证，并将有效电子数据传输至海关。申请人凭技术进出口合同登记证办理外汇、银行、税务、海关等相关手续。

（三）出入境检验检疫制度

出入境检验检疫制度是指由海关依据我国有关法律和行政法规以及我国政府所缔结或者参加的国际条约、协定，对出入境的货物、物品及其包装物、交通运输工具、运输设备和出入境人员实施检验检疫监督管理的法律依据和行政手段的总和。出入境检验检疫管理制度是我国对外贸易管制的重要组成部分，是国家主权的具体体现，其目的主要是维护我国对外贸易信誉和保护我国的利益不受损害。相关内容详见本项目的任务三。

（四）货物贸易外汇管理制度

对外贸易经营者在对外贸易交易活动中，应当依照国家有关规定结汇、用汇。国家外汇管理局依据《中华人民共和国外汇管理条例》及其他有关规定，对包括经常项目外汇业务、资本项目外汇业务、金融机构外汇业务、人民币汇率生成机制和外汇市场等领域实施监督管理。国家外汇管理局对货物贸易外汇的主要监督方式如下：

1. 企业名录登记管理

企业依法取得对外贸易经营权后，应当持有关材料到国家外汇管理局办理名录登记手续，然后才能在金融机构办理贸易外汇收支业务。国家外汇管理局将登记备案的企业统一向金融机构发布名录，金融机构不得为不在名录内的企业办理外汇收支业务。国家外汇管理局可根据企业的外汇收支业务状况及其合规情况注销企业名录。

跨境电商支付机构须办理名录登记，方可为跨境电商市场主体提供结售汇及相关资金收付服务。

2. 非现场核查

国家外汇管理局对企业在一定期限内的进出口数据和贸易外汇收支数据进行总量对比，核查企业贸易外汇的真实性及其与进出口的一致性。非现场核查是国家外汇管理局的常规监管方式。

3. 现场核查

国家外汇管理局可对企业非现场核查中发现的异常或可疑的贸易外汇收支业务实施现场核查，也可对金融机构办理贸易外汇业务的合规性与报送信息的及时性、完整性和准确性实施现场核查。国家外汇管理局实施现场核查时，被核查单位应当配合，如实说明情况，并提供有关文件、资料，不得拒绝、阻碍和隐瞒。

4. 分类管理

国家外汇管理局根据企业贸易外汇收支的合规性及货物进出口的一致性，将企业分为A、B、C三类。A类企业进口付汇单证简化，可凭报关单付汇证明联（通过中国电子口岸自行以普通A4纸打印，并加盖企业公章）、合同或发票等任何一种能够证明交易真实性的单证在银行直接办理付汇；出口收汇无须联网核查，银行办理收付汇手续相应简化。对B、C类企业在贸易外汇收支单证审核、业务类型、结算方式等方面实施严格监管。B类企业贸易外汇收支由银行实施电子数据核查。C类企业贸易外汇收支须经国家外汇管理局逐笔登记后办理。国家外汇管理局根据企业在分类监管期内遵守外汇管理规定的情况，对企业类别进行动态调整。

（五）贸易救济措施

贸易救济措施主要有反倾销、反补贴和保障措施，其基本目的是限制外国进口产品在我国市场上的恶意竞争和不公平竞争，防止我国经济和市场受到损害。根据世界贸易组织规则，当进口产品的倾销、补贴和过激增长对成员方的国内产业造成损害时，成员方可以使用反倾销、反补贴和保障措施。

1. 反倾销措施

我国依据世贸组织关于《反倾销协议》以及《中华人民共和国反倾销条例》采取反倾销措施。反倾销措施包括临时反倾销措施和最终反倾销措施。

（1）临时反倾销措施。临时反倾销措施是指进口方主管机构经过调查，初步认定被指控产品存在倾销行为，并对国内同类产业造成损害，据此可以依据世贸组织所规定的程序进行调查，在全部调查结束之前，采取临时性的反倾销措施，以防止在调查期间国内产业继续受到损害。

临时反倾销措施有两种形式：一是征收临时反倾销税；二是要求提供保证金、保函或者其他形式的担保。对于第一种形式，国务院关税税则委员会根据商务部建议作出决定；如采取第二种形式，由海关根据商务部决定执行。

临时反倾销措施实施的期限，自临时反倾销措施决定公告规定实施之日起，不超过 4 个月；在特殊情形下，可以延长至 9 个月。

（2）最终反倾销措施。对终裁决定确定倾销成立并由此对国内产业造成损害的，可以在正常的海关税费之外征收反倾销税。具体由商务部提出建议，国务院关税税则委员会根据其建议作出决定，由商务部予以公告，海关自公告规定实施之日起执行。

实例分析

近年来，中国进口澳大利亚葡萄酒呈现逐年快速上升趋势，2015—2019 年的进口量逐年增幅分别为 40.04%、33.25%、11.34%、2.55%。同期澳大利亚进口葡萄酒在中国的市场份额累计提升 8.9 个百分点，而国产葡萄酒市场份额则下降了 7.01 个百分点。倾销进口的澳大利亚葡萄酒明显挤占了国产葡萄酒的市场份额。

2020 年 7 月 6 日，中国酒业协会代表国内相关葡萄酒产业，正式向商务部提起对原产于澳大利亚的进口相关葡萄酒进行反倾销调查的申请。

2020 年 11 月 27 日，商务部发布《关于对原产于澳大利亚的进口相关葡萄酒反倾销调查初步裁定的公告》，初步裁定原产于澳大利亚的进口相关葡萄酒存在倾销，国内相关葡萄酒产业受到了实质损害，且倾销与实质损害之间存在因果关系。

《中华人民共和国反倾销条例》（简称《条例》）第 28 条规定，初裁决定确定倾销成立，并由此对国内产业造成损害的，可以采取下列临时反倾销措施：

（1）征收临时反倾销税；

（2）要求提供保证金、保函或者其他形式的担保。

临时反倾销税税额或者提供的保证金、保函或者其他形式担保的金额，应当不超过初裁决定确定的倾销幅度。

《条例》第 29 条规定：征收临时反倾销税，由商务部提出建议，国务院关税税则委员会根据商务部的建议作出决定，由商务部予以公告。要求提供保证金、保函或者其他形式的担保，由商务部作出决定并予以公告。海关自公告规定实施之日起执行。

据此，商务部作出裁定，自 2020 年 11 月 28 日起，进口经营者在进口被调查产品时，应依据本初裁决定所确定的各公司的保证金比率向中华人民共和国海关提供相应的保证金。

保证金以海关审定的完税价格从价计征，计算公式为：保证金金额＝（海关审定的完税价格×保证金征收比率）×（1＋进口环节增值税税率）。

据此计算，各公司需提供的保证金比率为 107.1%～212.1%不等。

调查报告显示，澳大利亚政府直接或间接地干预和影响澳大利亚葡萄酒的价格。澳大利亚政府通过产业规划、对葡萄酒出口管控、协调行业进行促销活动干预价格等措施，试图改变澳大利亚葡萄酒产业在价值和质量方面的定位，影响市场的正常资源配置。因此，调查机关认为，澳大利亚政府通过上述方式，对澳大利亚葡萄酒价格的形成造成了一定影响。

2. 反补贴措施

反补贴与反倾销的措施相同，也分为临时反补贴措施和最终反补贴措施。

（1）临时反补贴措施。初裁决定确定补贴成立并由此对国内产业造成损害的，可以采取临时反补贴措施。临时反补贴措施采取以担保（现金保证金或保函）或征收临时反补贴税的形式。

采取临时反补贴措施，由商务部提出建议，国务院关税税则委员会根据其建议作出决定，由商务部予以公告，海关自公告规定实施之日起执行。

临时反补贴措施实施的期限，自临时反补贴措施决定公告规定实施之日起，不超过 4 个月。

（2）最终反补贴措施。在为完成磋商的努力没有取得效果的情况下，终裁决定确定补贴成立并由此对国内产业造成损害的，征收反补贴税。

征收反补贴税，由商务部提出建议，国务院关税税则委员会根据其建议作出决定，由商务部予以公告，海关自公告规定实施之日起执行。

3. 保障措施

根据世贸组织《保障措施协议》的有关规定，保障措施分为临时保障措施和最终保障措施。

（1）临时保障措施。临时保障措施是指在紧急情况下，如果延迟会造成难以弥补的损失，进口国与成员国之间可不经磋商而采取临时性保障措施。临时保障措施的实施期限不得超过 200 天，并且此期限计入保障措施总期限。

临时保障措施应采取增加关税的形式。如果事后调查不能证实进口激增对国内有关产业已经造成损害或损害威胁，则征收的关税应立即退还。

(2) 最终保障措施。最终保障措施可以采取提高关税、纯粹的数量限制和关税配额 3 种形式。但保障措施应仅在防止或救济严重损害的必要限度内实施。

保障措施的实施期限一般不超过 4 年。如果仍需以保障措施防止损害或救济受损的产业，或有证据表明该产业正在进行调整，则可延长实施期限。但保障措施全部实施期限（包括临时保障措施期限）不得超过 8 年。

反倾销、反补贴和保障措施都属于贸易救济措施。反倾销和反补贴措施针对的是价格歧视这种不公平的贸易行为，保障措施针对的则是进口产品激增对国内产业的影响。

任务二 调研货物进出口许可管理措施

【任务分析】

调研限制进出口货物以及自由进出口货物实施的进出口许可证件的适用范围以及报关规范和要求。

一些特定的进出口货物的种类或属性比较特殊，国家出于各种需要对其进出口采取一定的限制。本部分只调研以下几种类型的管理措施。

一、进出口许可证管理

进出口许可证管理应分为进口许可证管理和出口许可证管理。按照《货物进口许可证管理办法》和《货物出口许可证管理办法》，每年商务部会同海关总署制定、调整并发布公告，公布进口和出口许可证管理的商品目录。

（一）进出口许可证的适用范围

1. 进口许可证适用范围

2022 年实行进口许可证管理的货物为消耗臭氧层物质和重点旧机电产品两类，分别有 81 个和 75 个 10 位编码商品。

2. 出口许可证适用范围

2022 年实行出口许可证管理的货物有 43 种，共计 905 个 10 位编码商品[①]，实行出口配额或出口许可证管理。

出口活牛（对港澳）、活猪（对港澳）、活鸡（对香港）、小麦、玉米、大米、小麦粉、玉米粉、大米粉、药料用人工种植麻黄草、煤炭、原油、成品油（不含润滑油、润滑脂、润滑油基础油）、锯材、棉花的，凭配额证明文件申领出口许可证；出口甘草及甘草制品、蔺草及蔺草制品的，凭配额招标中标证明文件申领出口许可证。

实例分析

2020 年 4 月，国务院批复同意《关于支持中国（浙江）自由贸易试验区油气全产业链开放发展若干措施》(简称《措施》)。

《措施》指出，支持浙江自贸试验区适度开展成品油出口业务，允许试验区内现有符合条件的炼化一体化企业开展成品油非国营贸易出口先行先试，酌情按年度安排出口数量。

此前，中国成品油出口配额集中在中石油、中石化、中海油、中国中化和中航油五家国营石油企业手中。民营炼化企业仅在 2016 年短暂获得过出口配额。

2015 年 11 月，商务部、国家发改委、海关总署联合下发了《关于暂时允许符合条件的炼油企业开展进口原油加工复出口成品油业务有关问题的通知》，文件规定符合申请条件的炼油企业可获得成品油出口配额。

随后，中化泉州获得 45 万吨的成品油出口配额，成为首家获得出口配额的民营企业。2016 年，共有 12 家民营企业申请出口配额，共计发放配额 167.5 万吨，但实际完成总量约 100 万吨，完成率约 60%。由于 2016 年民营企业配额完成情况欠佳，因此国家决定暂停向地方炼厂发放出口配额。

随着新一轮炼油行业产能扩张大潮到来，当前成品油正面临着供应过剩压力。

2019 年 12 月，中国石油化工集团公司经济技术研究院在北京发布的《2020 中国能源化工产业发展报告》预计，到 2020 年，中国成品油出口量将达 5 900 万吨，或将成为亚太地区最大的成品油出口国。而随着汽车工业调整期到来，加之乙醇汽油和电动汽车等行业发展，国内成品油需求增速将长期处于小幅下行通道。

此次批复民营企业开展成品油出口业务，有利于缓解国内成品油供给过剩及扩产的压力，同时提高浙江自贸区内民营炼化公司的竞争力。

---

① 其中，对于编码为 2805301510、8101100010、8109200090、8109300000、8109900090、2825600090、8112120000、8112130000 和 8112190000 的货物，对外贸易经营者可免于申领出口许可证，但需按规定申领两用物项和技术出口许可证。

出口活牛（对港澳以外市场）、活猪（对港澳以外市场）、活鸡（对香港以外市场）、牛肉、猪肉、鸡肉、天然砂（含标准砂）、矾土、磷矿石、镁砂、滑石块（粉）、萤石（氟石）、稀土、锡及锡制品、钨及钨制品、钼及钼制品、锑及锑制品、焦炭、成品油（润滑油、润滑脂、润滑油基础油）、石蜡、部分金属及制品、硫酸二钠、碳化硅、消耗臭氧层物质、柠檬酸、白银、铂金（以加工贸易方式出口）、铟及铟制品、摩托车（含全地形车）及其发动机和车架、汽车（包括成套散件）及其底盘的，需按规定申领出口许可证。其中，消耗臭氧层物质货样广告品需凭出口许可证出口；以一般贸易、加工贸易、边境贸易和捐赠贸易方式出口汽车、摩托车产品的，需按规定的条件申领出口许可证；以工程承包方式出口汽车、摩托车产品的，凭对外承包工程项目备案回执或特定项目立项函、中标文件等材料申领出口许可证；以上述贸易方式出口非原产于中国的汽车、摩托车产品的，凭进口海关单据和货物出口合同申领出口许可证。

我国政府对外援助项下提供的货物免于申领出口许可证。

（二）进出口许可证的发证机构

商务部是进出口许可证的归口管理部门，负责制定进出口许可证管理的规章制度等。

商务部授权配额许可证事务局统一管理、指导全国各发证机构的进出口许可证签发及其他相关工作。许可证局及驻各地的特派员办事处和各省、自治区、直辖市及计划单列市的外经贸主管部门为进出口许可证的发证机构。

（三）报关规范和要求

凡列入进出口许可证管理目录的商品，进出口经营单位应主动向海关提交有效的进出口许可证。选择无纸作业方式的进出口经营单位，可按规定向商务部或者商务部委托的机构申领进出口许可证电子证书，并以通关作业无纸化方式向海关办理报关验放手续。

进出口许可证管理实行“一批一证”管理和“一关一证”管理。“一批一证”是指进出口许可证在有效期内一次报关使用，“一关一证”是指进出口许可证只能在一个海关报关。

如果要实行“非一批一证”，要在进出口许可证备注栏内打印“非一批一证”字样。“非一批一证”是指进出口许可证在有效期内可多次报关使用，但最多不超过 12 次。外商投资企业、加工贸易方式、补偿贸易项下出口许可证管理的商品，不实行“一批一证”管理。

进出口许可证不得擅自更改证面内容。如需更改，应在有效期内退回原发证机构，重新申领进出口许可证。

进口许可证的有效期为 1 年，当年有效。进口许可证因故可以延期，但只能延期一次，延期最长不得超过次年 3 月 31 日，逾期失效。出口配额的有效期至当年 12 月 31 日，除另有规定外，出口企业应在配额有效期内申领出口许可证。实行出口配额管理商品的出口许可证有效期为 6 个月，出口许可证的有效期不得超过 6 个月。需要跨年度使用时，出口许可证有效期的截止日期不得超过次年 2 月底，逾期失效。

对进出口实行许可证管理的大宗、散装货物，溢装数量按照国际贸易惯例办理，即报关进出口的大宗、散装货物的溢装数量不得超过进出口许可证所列进出口数量的5%。不实行“一批一证”制的大宗、散装货物，每批货物进出口时，按其实际进出口数量进行核扣，最后一批进出口货物进口或出口时，其溢装数量按该许可证实际剩余数量并在规定的溢装上限5%内计算。

二、 自动进口许可管理

国家对部分属于自由进口的货物实行自动进口许可管理，进口属于自动进口许可管理的货物，均应给予许可。因此，自动进口的许可是一种自然的许可，它不同于进出口许可证中的授权许可，任何进口经营者，只要符合国家关于从事自动进口许可管理要求的，都有资格申请和获得自动进口许可证。

自动进口许可管理

（一）适用范围

1. 商品范围

实行自动进口许可管理的货物目录，包括具体货物的名称、税则号，由对外贸易主管部门会同有关部门确定。2022年实行自动进口许可是按商务部签发“中华人民共和国自动进口许可证”的货物和受商务部委托的省级地方主管部门或地方、部门机电办签发“中华人民共和国自动进口许可证”的货物两个目录的形式分别进行管理的。第一个目录包括18种共102个10位编码非机电类货物以及6种共311个10位编码机电类货物，第二个目录包括10种共72个10位编码非机电类货物以及10种共167个10位编码机电类货物。

2. 贸易类别范围

虽列入自动进口许可管理货物目录，但可以免交的情形包括以下5种类型：

（1）加工贸易项下进口并复出口的（原油、成品油除外）；

（2）外商企业投资进口或者投资额内生产自用的（旧机电产品除外）；

（3）货样广告品、实验品进口，每批次不超过5 000元人民币的；

（4）暂时进口货物；

（5）进入保税仓库、保税物流中心、保税区、出口加工区、综合保税区的属自动进口许可管理的货物和其他国家规定免领自动进口许可证的情况。

（二）报关规范和要求

进口经营者申请属于自动进口许可管理的货物，可自行选择有纸作业或者无纸作业方式。选择无纸作业方式的进口经营者，应按规定向商务部或者商务部委托的机构申领中华人民共和国自动进口许可证（以下简称“自动进口许可证”）电子证书，并以通关作业无纸化方式向海关办理报关验放手续。因管理需要或者其他情形须验核自动进口许可证纸质证书的，进口经营者应当补充提交纸质证书，或者以有纸作业方式向海关办理报关验放手续。

自动进口许可证实行“一批一证”管理，即同一份自动进口许可证不得分批次累计报关使用。部分货物也可实行“非一批一证”管理，在有效期内可以分批次累计报关使用，但不得超过 6 次。

一般情况下，自动进口许可证有效期为 6 个月，在公历年度内有效。

对散装货溢短装数量±5%以内的可以免证，对原油、成品油、化肥、钢材 4 种大宗货物溢短装数量在货物总量±3%以内可以免证。对“非一批一证”管理的大宗散装溢装货物，应当按实际进口数量进行核扣，待最后一批货物进口时，按照自动进口许可证实际剩余数量计算。

三、 濒危物种进出口管理

（一）含义和适用范围

濒危物种包括野生动物、植物、动植物产品和一些人工培育的植物。为了保护濒危物种，在世界自然保护联盟（IUCN）的推动下，国际社会制定了《濒危野生动植物种国际贸易公约》[①]（即 CITES 公约，以下简称《公约》），我国是该组织的成员国。此外，我国还成立了专门对濒危物种进行保护的组织机构——濒危物种进出口管理办公室，它会同有关部门制定了相关法律和行政法规，对濒危物种进出口制定了《进出口野生动植物种商品目录》，并以签发属于我国自主管理的“非公约证明”、属于履行国际公约保护义务的“公约证明”和超出“非公约证明”“公约证明”范围的“非物种证明”，来加强濒危物种进出口的管理。

“公约证明”适用于开展进出口属于《公约》附录范围内的野生动植物及其制品的活动（与台湾地区除外[②]），包括常规版本和专用版本：常规版本适用于开展一般情况下《公约》附录物种及其制品的进口、出口、再出口；专用版本适用于《公约》附录物种从海上引进、标本巡回展出、个人所有活体动物、乐器多次跨境转移、个人携带二胡等五种情形。“非公约证明”适用于未被列入《公约》附录，但属列入我国《国家重点保护野生动物名录》和《国家重点保护野生植物名录》的野生动植物及其制品的出口。“非物种证明”适用于上述情形之外但列入《进出口野生动植物种商品目录》的野生动植物及其制品的进出口。

（二）报关规范和要求

对于属于我国自主规定进行管理的野生动植物及其产品，报关单位应当按照海关通关

---

① 《濒危野生动植物种国际贸易公约》于 1973 年 6 月 21 日在美国首都华盛顿签署，又称华盛顿公约，其主旨精神在于管制而非完全禁止野生物种的国际贸易。通过用物种分级与许可证的方式，实现野生物种市场的永续利用性。该公约管制国际贸易的物种，可归类成三项附录：附录一的物种为若再进行国际贸易会导致灭绝的动植物，明确规定禁止其国际性的交易；附录二的物种则为目前无灭绝危机，管制其国际贸易的物种，若仍面临贸易压力，族群量继续降低，则将其升级入附录一；附录三是各国视其国内需要，区域性管制国际贸易的物种。

② 中国大陆与台湾地区进出口属《公约》附录范围内野生动植物及其制品的活动适用“海峡两岸证书”。

作业无纸化改革的相关规定向海关提交“非公约证明”电子数据；属于履行国际公约保护义务的，报关单位应提交“公约证明”电子数据（凭“公约证明”常规版本开展出口、再出口活动的，在办理无纸化报关手续后，申请人应当向申报地海关提供纸质证书，海关按照规定予以签注）；对无法认定是否属于进出口保护范围的濒危物种，应向海关提供“非物种证明”电子数据。海关通过野生动植物进出口证书联网核查的方式验核相关证书的电子数据。对“公约证明”“非公约证明”，海关实行“一批一证”管理；对“非物种证明”，海关实行当年使用和一次性使用的管理方式。

四、进出口药品管理

（一）含义和适用范围

为了保证药品质量和用药安全，国家对进出口药品进行管理。对进出口药品的管理属于国家限制进出口管理的范畴，实行分类管理和目录管理。进出口的药品较多，主要分为进出口麻醉药品、进出口精神药品、进出口兴奋剂和进出口一般药品。国家药品监督管理局是进出口药品的主管部门，它会同国务院对外贸易主管部门，包括商务部、海关总署对进出口药品制定并调整管理目录，签发进出口许可证件，将证件电子数据传输至海关。目前制定发布的药品进出口管理目录有《麻醉药品品种目录》《精神药品品种目录》《兴奋剂目录》《进口药品目录》。

（二）报关规范和要求

凡进口或出口列入《精神药品品种目录》《兴奋剂目录》或《麻醉药品品种目录》的药品，无论是什么单位、何种贸易方式、有何种用途，在办理进出口报关手续前，均须取得国家药品监督管理局核发的“精神药品进出口准许证”、蛋白同化制剂、肽类激素“药品进出口准许证”或“麻醉药品进出口准许证”，并向海关报关。海关在通关环节进行证件电子数据比对核查，并按规定办理进出口手续。进口列入《进口药品目录》的药品，应凭口岸药品检验机构签发的“进口药品通关单”，向海关报关。海关在通关环节进行证件电子数据比对核查，并按规定办理进口手续。进出口精神药品、麻醉药品都应当向口岸海关申请检验检疫。“精神药品进出口准许证”、蛋白同化制剂、肽类激素“药品进出口准许证”“麻醉药品进出口准许证”和“进口药品通关单”均实行“一批一证”管理，“进口药品通关单”仅在注明的口岸使用。精神药品、麻醉药品进出口须经由国务院批准的允许药品进出口的口岸办理进出口手续。

实战训练

项目二“案例导入”中，西洋参进口报关所需的进口药品通关单应如何申领？调研并阐述具体的申领步骤。

五、 黄金及制品进出口管理

中国人民银行是黄金及黄金制品进出口主管部门，对黄金及黄金制品进出口实行准许证制度。列入《黄金及黄金制品进出口管理商品目录》的黄金及黄金制品进口或出口通关时，海关对中国人民银行主管部门传输的“黄金及黄金制品进出口准许证”电子数据进行比对核查，并按规定办理相关手续。

“黄金及黄金制品进出口准许证”实行“一批一证”，自签发之日起40个工作日内使用。黄金及黄金制品进出口业务频繁的法人可以向中国人民银行申请“非一批一证”的“黄金及黄金制品进出口准许证”（须在指定的试点海关报关），自签发之日起6个月内可以不超过规定数量和批次报关使用。

六、 两用物项和技术进出口许可证管理

（一）含义

这里所称两用物项和技术是指《中华人民共和国核出口管制条例》《中华人民共和国核两用品及相关技术出口管制条例》《中华人民共和国导弹及相关物项和技术出口管制条例》《中华人民共和国生物两用品及相关设备和技术出口管制条例》《中华人民共和国监控化学品管理条例》《易制毒化学品管理条例》《有关化学品及相关设备和技术出口管制办法》有关行政法规管制的物项和技术。

（二）适用范围

商务部会同海关总署制定和发布《两用物项和技术进出口许可证管理目录》（简称《管理目录》）。商务部和海关总署可根据情况对《管理目录》进行调整，并以公告形式发布。

以任何方式进口或出口，以及过境、转运、通运《管理目录》中的两用物项和技术，均应申领两用物项和技术进口或出口许可证。两用物项和技术在境外与保税区、出口加工区、综合保税区等海关特殊监管区域、保税场所之间进出的，均应申领两用物项和技术进口或出口许可证。两用物项和技术在境内与保税区、出口加工区、综合保税区等海关特殊监管区域、保税场所之间进出的，或者在上述海关监管区域、保税场所之间进出的，无须办理两用物项和技术进出口许可证。

（三）报关规范和要求

两用物项和技术进出口时，进出口经营者应当向海关提交两用物项和技术进出口许可证电子数据。依据《海关法》的有关规定，海关凭两用物项和技术进出口许可证电子数据接受申报并办理验放手续。

海关有权对进出口经营者进口或出口的商品是否属于两用物项和技术提出质疑，进出

口经营者应按规定向相关行政主管部门申请进口或者出口许可，或者向商务主管部门申请办理不属于管制范围的相关证明。省级商务主管部门受理其申请，提出处理意见后报商务部审定。对进出口经营者未能出具两用物项和技术进口或出口许可证或者商务部相关证明的，海关不予办理有关手续。

两用物项和技术进口许可证实行“非一批一证”制和“一证一关”制。两用物项和技术出口许可证实行“一批一证”制和“一证一关”制。同一合同项下的同一商品如需分批办理出口许可证，出口经营者应在申领时提供相关行政主管部门签发的相应份数的两用物项和技术出口批准文件。同一次申领分批量最多不超过 12 批。

两用物项和技术进出口许可证应在批准的有效期内使用，逾期自动失效，海关不予验放。两用物项和技术进出口许可证有效期一般不超过 1 年。跨年度使用时，在有效期内只能使用到次年 3 月 31 日，逾期发证机构将根据原许可证有效期换发新证。

两用物项和技术进出口许可证仅限于申领许可证的进出口经营者使用，不得买卖、转让、伪造和变造。

两用物项和技术进出口许可证一经签发，任何单位和个人不得更改证面内容，如需更改，应当在许可证有效期内重新申请进出口许可证，并凭原许可证和新的批准文件向发证机构申领两用物项和技术进出口许可证。

两用物项和技术进出口许可证证面的进口商、收货人应分别与海关进口货物报关单的消费使用单位、申报单位一致；两用物项和技术进出口许可证证面的出口商、发货人应分别与海关出口货物报关单的生产销售单位、申报单位相一致。

七、 其他进出口管理

音像制品、化学品及有毒化学品、农药、兽药等商品的进出口管理归入其他进出口管理。每一类商品进口或者出口需要国家主管部门批准的许可证件或者进出口的有关证明。例如音像制品进口，海关凭新闻出版署传输的“音像制品（成品）进口批准单”电子数据办理验放手续，进口企业可登录中国国际贸易“单一窗口”查询证件电子数据传输状态。

课堂讨论

除了表 2-1 中已列出的许可证件外，还有哪些未实现电子数据联网的进出口许可证件？

任务三 调研出入境检验检疫

【任务分析】

了解出入境货物、集装箱、物品卫生检疫以及进出口商品检验，掌握进出境动植物检疫审批、申报、施检流程。

出入境检验主要是对法律、法规规定的商品实施包括安全、卫生、健康、环境保护、防止欺诈等要求，以及相关的品质、数量、重量、包装鉴定、残损鉴定等的合格评定，维护进出口商品质量安全和贸易公平。

出入境检疫主要是对出入境人员、动植物及动植物产品，以及其他法定检疫物实施强制性检验和处置的国家主权行为，以预防或阻断疫情疫病的跨区域传播，维护人类和动植物的健康及生态安全。

本部分主要调研出入境货物、集装箱、物品卫生检疫，进境动植物检疫、出境动植物检疫以及进出口商品检验。

一、出入境货物、集装箱、物品卫生检疫

（一）分类管理

海关对进出境货物、集装箱实施动态风险管理，根据风险评估，将风险划分为高风险、中风险、低风险等级。高风险和中风险的实施重点监管，低风险的实施一般监管。对不同风险类别的货物、集装箱、物品，分别按规定抽批、抽箱。

出入境卫生检疫及进境动植物检疫

（二）检疫实施

海关对需要实施查验前卫生处理的出入境货物、集装箱、物品，货主或代理人按照相关规定实施卫生处理。

海关对跨境电商零售进出口商品及其装载容器、包装物按照相关法律法规实施检疫，并根据相关规定实施必要的监管措施。海关对跨境电商零售进口商品在商品销售前按照法律法规实施必要的检疫，并视情况发布风险警示；对需要在入境口岸实施的检疫及检疫处理工作，在完成后运至跨境电商监管作业场所。

货主或其代理人应配合海关开展病媒生物监测、卫生状况检查、病原体检测等工作。

(三) 结果判定

发现有病媒生物活动迹象等情形的，判定为卫生检疫不合格。判定为卫生检疫不合格的，根据情况采取办理特殊物品卫生检疫手续、卫生处理、退运或销毁等措施。对检疫查验或卫生处理合格的货物、集装箱、物品，准予出入境。

二、 进境动植物检疫

(一) 检疫审批

进境动植物检疫审批，是指海关根据货主或其代理人的申请，依据国家有关法律、法规，批准从国外引进动植物、动植物产品或在中国国内运输过境动植物的要求。

1. 审批范围

进境动植物检疫审批范围见表 2-3。

表 2-3 进境动植物检疫审批范围

大类	具体种类
动物及动物产品	活动物：饲养、野生的畜、禽、兽、蛇、水生动物、蚕、蜂等
	动物遗传物质：胚胎、精液、受精卵、种蛋等
	食用性动物产品：肉类及其产品（含脏器；熟制肉类产品，如熟制香肠、火腿、肉类罐头、食用高温炼制油脂除外）、乳品（包括生乳、生乳制品、巴氏杀菌乳和以巴氏杀菌工艺生产加工的调制乳）、鲜蛋、燕窝
	非食用性动物产品：皮张类（蓝湿皮、蓝干皮、已鞣制毛皮除外）、毛类（不包括洗净毛、碳化毛、毛条）、骨蹄角及其产品、明胶、蚕茧、动物源性饲料及饲料添加剂、饲料用乳清粉、鱼粉、肉粉、骨粉、肉骨粉、油脂、血粉、血液等，含有动物成分的有机肥料
	水产品：两栖类（如蛙等）、爬行类（如鳄鱼、龟、鳖、蛇等）、水生哺乳类（如鲸等）、养殖三文鱼（包括税号 0302130000、0303110000、0303120000、0304410000、0305412000 的产品）、日本对华水产品（包括税号 0302110000～0307990090 的产品）
植物及植物产品	果蔬类：新鲜水果（范围为 HS 编码中第 8 章）、番茄、茄子、辣椒果实
	烟草类：烟叶及烟草薄片
	粮谷类：小麦、玉米、稻谷、大麦、黑麦、燕麦、高粱等（不包括粮食加工品，如大米、面粉、米粉、淀粉等）
	豆类：大豆、绿豆、豌豆、赤豆、蚕豆、鹰嘴豆等
	薯类：马铃薯、木薯、甘薯等（不包括薯类加工品，如马铃薯细粉、冷冻马铃薯条、冷冻马铃薯球、冷冻马铃薯饼、冷冻马铃薯坯、冷冻油炸马铃薯条等）
	饲料类：麦麸、豆饼、豆粕等
植物栽培介质	适用于进境的除土壤外的所有由一种或几种混合的具有贮存养分、保持水分、透气良好和固定植物等作用的人工或天然固体物质组成的栽培介质，如苔藓、岩棉、蛭石等，不包括陶瓷土粉和植物生长营养液（不含动物成分或未经加工的植物成分和有毒有害物质）

2. 审批办理程序

检疫审批手续应当在贸易合同或协议签订前办妥。对于未依法办理检疫审批手续的，海关可以根据具体情况，作退回或销毁处理。

申请办理检疫审批手续的单位应当是具有独立法人资格并直接对外签订贸易合同或协议的单位。此外，针对特定动植物、动植物产品，进口单位还须事先在海关办妥相应的进口资质①，见表 2-4。

表 2-4 进口动植物、动植物产品资质办理

进口产品		进口资质办理
水生动物	人工养殖或者天然水域捕捞的活的鱼类、软体类、甲壳类、水母类、棘皮类、头索类、两栖类动物，包括其繁殖用的精液、受精卵，以及龟、鳖、蛇、鳄鱼等爬行类动物	收货人备案
动物遗传物质	哺乳动物精液、胚胎和卵细胞	使用单位备案
饲料和饲料添加剂	饲料：指经种植、养殖、加工、制作的供动物食用的产品及其原料，包括饵料用活动物、饲料用（含饵料用）冰鲜冷冻动物产品及水产品、加工动物蛋白及油脂、宠物食品及咬胶、饲草类、青贮料、饲料粮谷类、糠麸饼粕渣类、加工植物蛋白及植物粉类、配合饲料、添加剂预混合饲料等	进口企业备案
	饲料添加剂：指饲料加工、制作、使用过程中添加的少量或者微量物质，包括营养性饲料添加剂、一般饲料添加剂等	
植物繁殖材料	植物繁殖材料是植物种子、种苗及其他繁殖材料的统称，指栽培、野生的可供繁殖的植物全株或者部分，如植株、苗木（含试管苗）、果实、种子、砧木、接穗、插条、叶片、芽体、块根、块茎、鳞茎、球茎、花粉、细胞培养材料（含转基因植物）等	引种单位或代理进口单位登记备案

检疫审批申请单位在“互联网+海关”平台进入进境动植物检疫审批管理系统（见图 2-2），完成相关信息的录入，并在系统中提交申请材料。

进境口岸海关受理申请后，按规定对材料内容进行具体审查，必要时对进境动植物产品的生产、加工、存放单位进行现场考核。审查合格后，将初审意见报海关总署。海关总署根据规定进行复审，作出准予许可或不予许可的意见。

直属海关对准予许可的，签发“进境动植物检疫许可证”。“进境动植物检疫许可证”的有效期分为 3 个月或者一次有效。除对活动物签发的外，检疫许可证不得跨年度使用。

海关总署已将部分进境动植物及其产品检疫审批终审权限，授权给具备条件和资质的直属海关，被授权的直属海关具有本关区辖区相关授权产品进境动植物检疫审批终审权限。授权审批的直属海关和产品类别名单见表 2-5。

---

① 除表 2-4 中的进口动植物、动植物产品外，进口食品（肉类除外）也需要办理收货人备案。

图 2－2　“互联网＋海关”平台进境动植物检疫审批管理系统入口

表 2－5　授权开展进境动植物检疫审批的直属海关和产品类别名单

直属海关	授权审批产品类别
石家庄海关	非食用动物产品、粮食
郑州海关	种用和观赏水生动物、食用水生动物、非食用动物产品
长沙海关、汕头海关、湛江海关、南昌海关、合肥海关、长春海关、满洲里海关、呼和浩特海关	粮食（长沙海关仅限从岳阳城陵矶新港进境，南昌海关仅限从九江港进境，合肥海关仅限从安庆港、芜湖港进境）、植物源性饲料、植物源性食品原料
杭州海关	非食用动物产品、生物材料、水果、烟叶、粮食
兰州海关	动物遗传物质、非食用动物产品、生物材料、水果、烟叶
海口海关	种用和观赏水生动物、食用水生动物、动物遗传物质、生物材料、水果、粮食
西安海关	种用和观赏水生动物、食用水生动物、动物遗传物质、非食用动物产品、生物材料、水果
北京海关、拱北海关	种用和观赏水生动物、食用水生动物、动物遗传物质、非食用动物产品、饲料、生物材料、水果、烟叶
黄埔海关	种用和观赏水生动物、动物遗传物质、非食用动物产品、饲料、生物材料、水果、粮食、植物源性饲料、植物源性食品原料
重庆海关	种用和观赏水生动物、食用水生动物、动物遗传物质、非食用动物产品、生物材料、水果、烟叶、植物源性饲料、植物源性食品原料
青岛海关	种用和观赏水生动物、食用水生动物、动物遗传物质、非食用动物产品、饲料、生物材料、水果、烟叶、粮食
哈尔滨海关	种用和观赏水生动物、食用水生动物、动物遗传物质、非食用动物产品、饲料、生物材料、烟叶、粮食、植物源性饲料、植物源性食品原料

续前表

直属海关	授权审批产品类别
江门海关、南宁海关	种用和观赏水生动物、动物遗传物质、非食用动物产品、饲料、生物材料、水果、烟叶、粮食、植物源性饲料、植物源性食品原料
深圳海关	种用和观赏水生动物、食用水生动物、动物遗传物质、非食用动物产品、饲料、生物材料、水果、烟叶、粮食、植物源性饲料
成都海关、昆明海关、乌鲁木齐海关、广州海关、厦门海关、福州海关、宁波海关、南京海关、上海海关、武汉海关、沈阳海关、大连海关、天津海关	种用和观赏水生动物、食用水生动物、动物遗传物质、非食用动物产品、饲料、生物材料、水果、烟叶、粮食（成都海关仅限从泸州港、宜宾港进境，武汉海关仅限从武汉阳逻、武汉阳逻新港和黄石港口岸棋盘洲港区进境）、植物源性饲料、植物源性食品原料

3. 特许审批

国家禁止下列各物进境：

（1）动植物病原体（包括菌种、毒种等）、害虫及其他有害生物；

（2）动植物疫情流行的国家和地区的有关动植物、动植物产品和其他检疫物；

（3）动物尸体；

（4）土壤。

因科学研究、教学等特殊原因，须从国外引进以上禁止进境物的，引进单位、个人或其代理人须向海关总署申请办理特许检疫审批手续。除“进境动植物检疫许可证申请表”外，引进单位、个人或其代理人还须向初审单位提交书面申请，说明其数量、用途、引进方式、进境后的防疫措施、科学研究的立项报告及相关主管部门的批准立项证明文件。审批通过后，海关总署或其授权的直属海关签发“进境动植物检疫许可证”。

（二）进口申报

进口企业或其代理人应向海关申报，对于须进行检疫审批的进境动植物，申报时提交的材料主要包括输出国家或地区官方出具的动植物检疫证书正本、产地证书等官方证明类文件，以及有关贸易和运输类单证。海关通过数据共享核查（即联网核查）“进境动植物检疫许可证”。

对于实行境外生产企业注册或境外出口商（代理商）备案的进境动植物（包括食品），申报时还须提供相应的境外企业资质信息。

（三）检疫查验

海关依据双边协议要求及风险评估结果，对不同风险的法定检疫物采取不同的检疫查验抽批比率，对高风险的产品实施批批查验，查验抽批频次随产品风险水平降低而降低。

海关依据产品对进境动植物及其产品风险实施锚地检疫、第一入境口岸检疫和目的地检疫。查验的依据包括我国的检验检疫法律、法规及部门规章，以及双边协议。主要内容包括核对单证、核查货证和抽样送实验室检测等。检疫合格的出具“入境货物检验检疫证明”；检疫不合格，有有效处理方法或可监管加工的出具“检验检疫处理通知单”；须隔离检疫的进入隔离场进行隔离检疫；被风控系统命中的货物须实施现场检疫查验。

实战训练

项目二“案例导入”中，海关对进口西洋参如何实施检疫查验？根据相关检验规程，调研施检流程。

（四）检疫处理

海关发现有动植物病原体、害虫及其他有害生物，动植物疫情流行的国家或地区的有关动植物、动植物产品和其他检疫物、动物尸体和土壤等禁止进境物的，做退回或者销毁处理；对无有效官方动物检疫证书的，入境口岸海关根据情况对进口动物作退回或销毁处理。

输入动物检出《中华人民共和国进境动物一、二类传染病、寄生虫病名录》中一类传染病的，阳性动物及其同群动物禁止入境，作退回或销毁处理；检出二类传染病的，阳性动物禁止入境，作退回或销毁处理，同群的其他动物放行；检疫中发现有该名录以外的传染病、寄生虫病，但国务院农业行政主管部门另有规定的，按有关规定进行处理。

输入植物、植物产品及其他检疫物，经检验检疫发现有携带《中华人民共和国进境植物检疫性有害生物名录》以内的有害生物的产品，作除害处理、退回或销毁处理。除害处理合格的准予入境。

三、出境动植物检疫

（一）注册登记

海关对出境动植物、动植物产品的生产企业或生产基地实行注册（备案）监督管理。这些出口企业必须获得海关的注册（备案）方具备出口资质①，见表2－6。

表2－6　出口动植物、动植物产品资质办理

出口产品		出口资质办理
动物及动物产品	供港澳活羊	中转场注册
	供港澳活牛	育肥场、中转仓注册
	供港澳活禽、活猪	饲养场注册
	水生动物	养殖场、中转场注册登记
	非食用性动物产品	生产、加工、存放企业注册登记

① 除表2－6中的出口动植物、动植物产品外，出口食品须事先办理生产、加工、储存企业备案，出口食品的原料种植场、养殖场也需要办理备案。

续前表

出口产品		出口资质办理
植物及植物产品	供港澳蔬菜	种植基地、生产加工企业备案
	水果	果园、包装厂注册登记
	种苗花卉	种植基地、加工包装厂、储存库注册登记
	竹木草制品	生产企业注册登记
	粮食	生产、加工、存放企业注册登记
	烟叶	加工、仓储企业
中药材	药用植物、动物的药用部分，采收后经初加工形成的原料药材	生产、加工、存放单位注册登记
饲料、饲料添加剂	包括作饲料用途的动植物及其产品，不包括药物饲料添加剂	生产企业注册登记（输入国家或地区无注册登记要求的，免于向海关注册登记）

（二）出口申报

输出动植物及其产品，有注册登记要求的在注册登记地的产地海关申报，没有注册登记要求的在组货地海关申报。申报应提交有关许可证明、贸易合同、信用证、货运单、发票等资料向海关申报办理检验检疫证单，取得证单后向海关报关。

（三）检疫实施

海关总署根据我国的法律法规、部门规章、双边协议要求，以及风险分析结果，设定不同出口查验抽批比率和实验室送检比率，按照相关产品的国家标准或行业标准抽样，检疫项目依据进口国（地区）检疫要求和产品风险设定；转基因项目依据进口国（地区）官方要求出具相关证书；安全卫生项目依据进口国安全卫生标准、饲料卫生标准及产品生产风险进行安全风险监控项目设定产地海关或组货地海关对风控系统命中的货物实施现场查验和实验室抽批送检。对出境货物实施现场检验检疫合格的，出具检验检疫相关证书；检验检疫不合格的，不准出境。

（四）检疫除害处理

按照国际植物检疫措施标准及双边协议要求，对出境动植物、动植物产品及其他检疫物实施除害处理。出口除害处理的方式一般包括热处理、熏蒸处理、辐照处理、冷处理等措施。出境木质包装标识加施企业及使用企业应遵照《出境货物木质包装检疫处理管理办法》实施熏蒸处理或热处理，并按要求使用 IPPC 标识；其他货物根据双边协议和产品特性实施冷处理、温水处理的，由生产企业实施并接受检疫监管。

课堂讨论

木质包装的范围包括哪些？

经检验、检测合格或经除害处理合格的货物，海关出具相关证书。常见出境检验检疫证书见表 2-7。

表 2-7　常见出境检验检疫证书

格式	证书名称	适用范围
格式 1-1	检验证书	适用于出境货物（含食品）的品质、规格、数/重量、包装等检验项目
格式 2-1	卫生证书	适用于经检验符合卫生要求的出境食品以及其他需要实施卫生检验的货物
格式 2-2	健康证书	适用于食品以及用于食品加工的化工产品、纺织品、轻工产品等与人、畜健康有关的出境货物
格式 3-1	兽医（卫生）证书	适用于符合输往国家或地区与中国有检疫规定、双边检疫协定以及贸易合同要求的出境动物产品
格式 4-1	动物卫生证书	适用于符合输入国家或者地区与中国有检疫规定、双边检疫协定以及贸易合同要求的出境动物、出境旅客携带的符合检疫要求的伴侣动物、符合检疫要求的供港澳动物
格式 5-1	植物检疫证书	适用于符合输入国家或地区以及贸易合同签订的建议要求的出境植物、植物产品以及其他检疫物

四、进出口商品检验

（一）检验内容

我国对指定必须实施检验的进出口商品（俗称“法定检验商品”）实施进出口商品检验。进出口商品法定检验属于国家强制性检验。

海关进出口商品检验的内容包括是否符合安全卫生、健康、环境保护、防止欺诈等要求，以及相关的品质、数量、重量等项目。对法律、行政法规、部门规章规定有强制性标准或者其他必须执行的检验标准的进出口商品，依照法律、行政法规、部门规章规定的检验标准检验；对法律、行政法规、部门规章未规定有强制性标准或者其他必须执行的检验标准的，依照对外贸易合同约定的检验标准检验。检验程序包括：抽样、检验和检查，评估、验证和合格保证，注册、认可和批准，以及各项的组合。

海关对进出口预包装食品、化妆品须进行标签检验，与食品、化妆品的检验检疫结合进行。标签检验分为格式版面检验和符合性检测两个方面。经检验判定不合格的标签，可以在海关的监督下进行技术处理，不能进行技术处理或者技术处理后重新检验仍不合格的，不准进出口。

实例分析

2019 年 5 月 27 日，当事人委托某供应链有限公司以一般贸易方式向 D 海关申报进口红酒一批，申报数量合计 10 372.32 千克，总价 148 176 澳大利亚元。2019 年 5 月 29 日，D 海关查验人员根据施检指令要求对该份报关单实施查验，发现食品中文标签未加贴，指令当事人将货物运至海关认可场所进行技术整改，检验合格后方可销售使用。2019 年 6 月 12 日，在对该单中文标签整改情况进行现场监督时发现该批货物已在未取得检验检疫合格证明、未向海关报备的情况下，离开认可仓库。

根据《中华人民共和国进出口食品安全管理办法》（简称《进出口食品安全管理办法》）第 17 条的规定，进口食品在取得检验检疫合格证明之前，应当存放在海关指定或者认可的场所，未经海关许可，任何单位和个人不得动用。根据该管理办法第 15 条的规定，进口预包装食品的中文标签、中文说明书应当符合中国法律、法规的规定和食品安全国家标准的要求。根据海关总署公告 2019 年第 70 号《关于进出口预包装食品标签检验监督管理有关事宜的公告》第 2 条、第 3 条的规定，进口商应当负责审核其进口预包装食品的中文标签是否符合我国相关法律、行政法规规定和食品安全国家标准要求，审核不合格的，不得进口。进口预包装食品被抽中现场查验或实验室检验的，进口商应当向海关人员提交其合格证明材料、进口预包装食品的标签原件和翻译件、中文标签样张及其他证明材料。在此案例中，当事人所拟进口食品未加贴中文标签，依法需要接受整改。当事人在接受整改期间，未依法严格整改，且在未取得检验检疫合格证明、未向海关报备的情况下，将该批货物带离认可仓库，构成违法，海关可以根据《进出口食品安全管理办法》第 52 条对当事人予以处罚。

（二）进口商品检验要求

1. 一般要求

法定检验的进口商品的收货人应当凭合同、发票、装箱单、提单等必要的凭证和相关批准文件报关，通关放行后 20 日内，收货人应当向海关申请检验。法定检验的进口一般商品原则上应当在申报的目的地检验，大宗散装商品、易腐烂变质商品及已发生残损、短缺的商品，应当在卸货口岸检验。检验合格后，海关按照法定程序出具相应的检验证单。

法定检验的进口商品未经检验的，不准销售，不准使用。

2. 入境验证

对进口许可制度民用商品，在入境通关时，由海关核查其是否取得必需的证明文件，抽取一定比率批次的商品进行标志核查，并按照进口许可制度规定的技术要求进行检测。进口许可制度民用商品的收货人或其代理人，应当提供进口许可制度规定的相关证明文件，并配合海关实施入境验证工作。

入境验证主要包括强制性认证产品入境验证（CCC 产品入境验证）、能效（能源效率）标识产品入境验证和水效标识产品入境验证三类。海关对列入强制性产品认证目录的进口产品实施入境验证管理，查验认证证书、认证标志等证明文件，核对货证是否相符。海关对列入《中华人民共和国实行能源效率标识的产品目录》或《中华人民共和国实行水效标识的产品目录》的进口产品是否符合统一适用的产品能效或水效标准、实施规则、标识样式和规格进行合格评定，并对特定情形下的进口能效或水效标识产品实施抽样检测。

（三）出口商品检验要求

法定检验的出口商品的发货人应当在海关总署统一规定的地点和期限内，凭合同等必要的凭证和相关批准文件向海关报关。法定检验的出口商品未经检验或者经检验不合格的，不准出口。

出口商品应当在商品的生产地检验。海关总署可以根据便利对外贸易和进出口商品检验工作的需要，指定在其他地点检验。

项目三

申报与保税监管

学习目标

知识目标

1. 了解一般进出口货物通关作业程序
2. 熟悉海关保税监管场所和海关特殊监管区域通关要求
3. 掌握进出口货物报关单填制规范

能力目标

掌握进出口货物报关单填制规范，能办理进出口货物报关

思政目标

认识到面对新形势、新要求，海关主动服务全国改革大局，加大“放管服”“互联网＋政务服务”等重大改革力度，提高我国外贸综合竞争力。

案例导入

一直以来，嘉兴综合保税区B区企业进口一批货物须一次性向海关完整填报105个项目，业务复杂且要求高。近日，一项名为“两步申报”的新政可以让符合条件的企业通关再提速。

2020年3月12日，毗邻嘉兴综合保税区B区的嘉兴某报关服务有限公司（以下简称“A报关公司”）在企业电脑上登录“中国国际贸易‘单一窗口’”，选择“两步申报”模块，仅填报了船名、航次号等9项信息，便为B区内一家供应链公司代理完成了一单日本进口威士忌的“概要申报”业务。申报信息经系统审核完成后，该票报关单顺利提货放行，从电子申报到准予提货放行整个流程仅耗时33秒。提货后车辆凭企业制作的“两步申报”核放单进入综合保税区，入区后企业再制作进口核注清单并完成第二步的“完整申报”，

即进境备案清单申报。据了解，这也是嘉兴综合保税区 B 区现场海关完成的首单“两步申报”业务。

“以前报关要一次性提交所有申报信息和单证，一旦遇到进口货物已到港但一些商业单证还没准备好的情况时，货物只能滞留在港口”，A 报关公司经理表示，“现在我们可以先用获得的提单、船名等主要信息进行‘概要申报’，货物如不涉税、不涉证、不涉及查验可以立即提离，十分方便。”

阅读以上案例，思考以下问题：

1. 案例中进口通关流程是如何做到耗时仅 33 秒的？

2. 进境备案清单申报和进口货物报关单申报有何区别？

3. 该批货物存入综合保税区可以享受哪些海关优惠政策？

思维导图

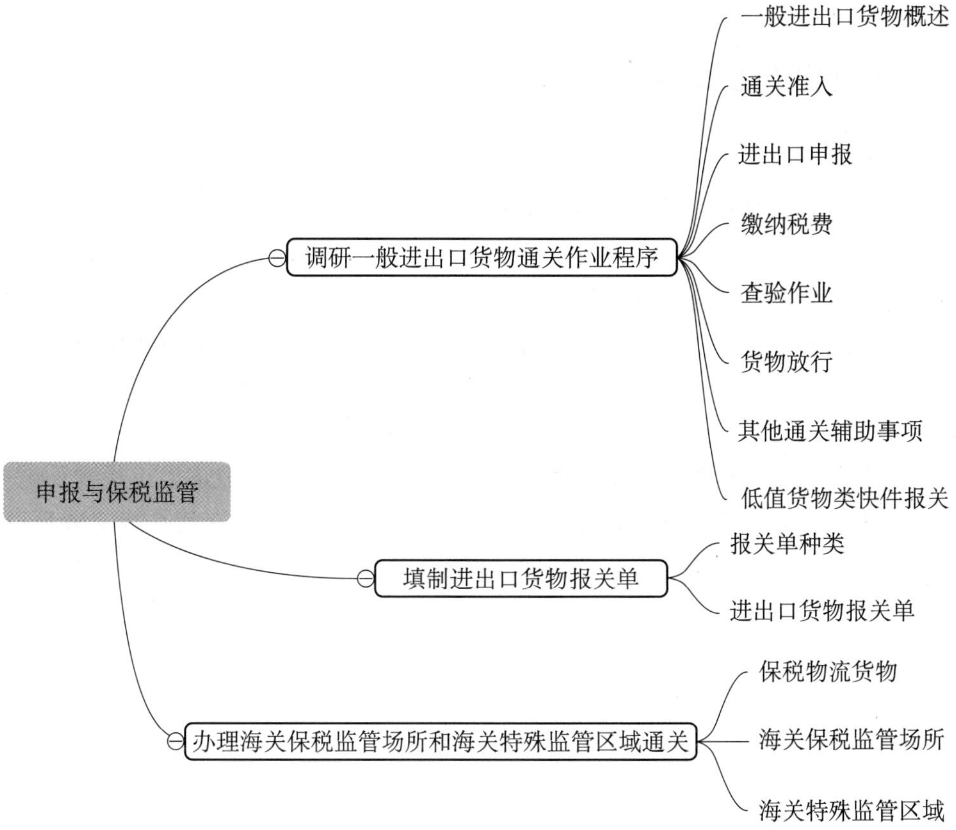

任务一 调研一般进出口货物通关作业程序

【任务分析】

了解一般进出口货物的特征和范围，调研一般进出口货物通关流程中通关准入—进出口申报—缴纳税费—查验作业—货物放行等各环节的操作，并掌握低值货物类快件报关要求。

一、一般进出口货物概述

（一）含义

一般进出口货物是指在进出境环节缴纳了应征的进出口税费并办结了所有必要的海关手续，海关放行后不再进行后续监管，可以直接进入生产和消费领域流通的进出口货物。

一般进出口货物并不完全等同于一般贸易货物。一般贸易是国际贸易中的一种交易方式。在我国的对外贸易中，一般贸易是指中国境内有进出口经营权的企业单边进口或单边出口的贸易，按一般贸易交易方式进出口的货物即为一般贸易货物。一般进出口货物是指按照海关一般进出口监管制度监管的进出口货物。两者之间有很大区别。一般贸易货物在进口时可以按一般进出口监管制度办理海关手续，这时它就是一般进出口货物；也可以享受特定减免税优惠，按特定减免税监管制度办理海关手续，这时它就是特定减免税货物；也可以经海关批准保税，按保税监管制度办理海关手续，这时它就是保税货物。

（二）特征

一般进出口货物有以下特征：

1. 进出境时缴纳进出口税费

一般进出口货物的收发货人应当按照《海关法》和其他有关法律、行政法规的规定，在货物进出境时向海关缴纳税费。

2. 进出口时提交相关许可证件的电子数据

货物进出口受国家法律、行政法规管制的，进出口货物收发货人或其代理人应当向海关提交相关的进出口许可证件的电子数据。

3. 海关放行即办结了海关手续

海关征收了全额税费，核验了相关进出口许可证件的电子数据，并对货物进行实际查验（或作出不予查验的决定）以后，按规定予以放行。这时，进出口货物收发货人或其代理人才能办理提取进口货物或者装运出口货物的手续。

对一般进出口货物来说，海关放行就意味着海关手续已经全部办结，海关不再监管，可以直接进入生产和消费领域流通。

（三）范围

实际进出口的货物，除特定减免税货物外，都属于一般进出口货物的范围。主要包括：

（1）一般贸易进口货物；

（2）一般贸易出口货物；

（3）转为实际进口的保税货物、暂时进境货物，转为实际出口的暂时出境货物；

（4）易货贸易、补偿贸易进出口货物；

（5）不批准保税的寄售代销贸易货物；

（6）承包工程项目实际进出口货物；

（7）外国驻华商业机构进出口陈列用的样品；

（8）外国旅游者小批量订货出口的商品；

（9）随展览品进境的小卖品；

（10）免费提供的进口货物，例如，外商在经济贸易活动中赠送的进口货物，外商在经济贸易活动中免费提供的试车材料等；我国在境外的企业、机构向国内单位赠送的进口货物。

二、 通关准入

通关准入是指企业应该在货物进出境前事先办理相关进出境业务的备案核准及单证准备等事项。重点内容包括进口货物（含过境货物）的检疫准入、检疫审批、境外预检、境外装运前检验，出口货物的检疫审批等需要在申报前根据规定办理相关手续，取得相应的进出口批准文件及证明文件。对企业有资质要求的，应该进行相应的注册登记和备案；对进出口货物有监管证件要求的，企业应在申报前根据相关规定办理进出口所需的监管证件。

（一）审批与核准

企业应在特殊物品[①]出入境前办理卫生检疫审批，取得“出入境特殊物品卫生检疫审

---

① 特殊物品包括医学微生物、人体组织、生物制品、血液及其制品四大类。

批单”；在部分动植物及其产品进境前办理好检疫审批，取得“进境动植物检疫许可证”；对特定进出口商品申请实施装运前检验，以及申请对装运出口易腐烂变质食品、冷冻品货物（具体范围为见表 3-1）的集装箱实施清洁、卫生、冷藏、密固等适载检验。

表 3-1 实施出境集装箱适载检验的装载货物范围

海关商品编码范围	商品类别
0201100010～0210990090	肉及食用杂碎
0302110000～0410909090	鱼（不含活鱼）、甲壳动物、软体动物及其他水生无脊椎动物、乳品、蛋品、天然蜂蜜、其他食用动物产品
0504001100～0504009000	鲜、冷、冻、干、熏、盐腌或盐渍的整个或切块的动物（鱼除外）的肠、膀胱及胃
0701100000～1302399090	植物产品（不含活树及其他活植物，不含编结用植物材料）
1501100000～1521909090	动植物油脂、精制的食用油脂、动植物蜡
1601001010～2403990090	食品、饮料、酒、醋、烟草

（二）申报随附单证准备

随附单证是指随进出口货物报关单提交海关验核的单证或海关要求提供的单证，包括基本单证和特殊单证。

基本单证是指进出口货物的货运单据和商业单据，主要有载货清单（舱单）、提/运单、商业发票、贸易合同、装箱清单、代理报关委托书/委托报关协议（在代理报关的情况下）等。一般来说，任何货物的申报，都必须有基本单证。

特殊单证主要有进出口许可证件、加工贸易手册（包括电子手册和电子账册）、征免税确认通知书、原产地证明书等。

在“通关作业无纸化”的方式下，装箱清单、载货清单（舱单）等随附单证在进口申报时可不向海关提交，合同、发票、装箱清单、载货清单（舱单）等随附单证在出口申报时可不向海关提交；其他随附单证以电子证书形式向海关进行无纸化申报，免于交验纸质证书。因海关审核需要、计算机管理系统故障等原因需要验核纸质单证的，应当补充提交纸质单证。

（三）其他准入工作

1. 税款担保

为提高通关效率，进出口货物当事人（“失信企业”除外）可向注册地直属海关关税职能部门提交税款总担保备案申请，担保范围为担保期限内企业进出口货物应缴纳的海关税款和滞纳金。

对于“两步申报”通关模式下的应税货物，企业需提前向注册地直属海关关税职能部门提交税收担保备案申请。高级认证企业可向直属海关关税职能部门申请免除税款担保，经审核符合相关规定的，可以免除税款担保，并按规定办理相关手续。

进出口货物收发货人对纳税期限和征税要素进行保险担保的，保险公司通过保单传输系统传输“关税保证保险单”电子数据，企业所在地直属海关进行保单备案。

2. 海关预裁定

在货物拟进出口 3 个月前，进出口货物收发货人可以就下列海关事务向其注册地直属海关申请预裁定：进出口货物的商品归类，原产地或者原产资格，进口货物完税价格相关要素、估价方法。完税价格相关要素，包括特许权使用费、佣金、运保费、特殊关系，以及其他与审定完税价格有关的要素。

3. 申报前看货取样

进口货物的收货人在向海关申报前，为了确定货物的品名、规格、型号等，可以向海关提出查看货物或者提取货样的书面申请。海关审核同意的，派人员到场监管。

提取货样后，到场监管的海关工作人员与进口货物的收货人在海关开具取样记录并在取样清单上签字确认。

三、 进出口申报

申报是指进出口货物收发货人、受委托的报关企业，依照《海关法》以及有关法律、行政法规的要求，在规定的期限、地点，采用电子数据报关单的形式，向海关报告实际进出口货物的情况，并接受海关审核的行为。

进出口申报

1. 申报地点

全国通关一体化条件下，企业可自行选择申报地点，在全国任意一个海关完成进出口货物的申报手续。

以保税货物、特定减免税货物和暂时进境货物申报进境的货物，因故改变使用目的从而改变货物性质转为一般进口时，进口货物的收货人或其代理人应当在货物所在地的主管海关申报。

2. 申报期限

进口货物的申报期限为自装载货物的运输工具申报进境之日起 14 日内。申报期限的最后一天是法定节假日或休息日的，顺延至法定节假日或休息日后的第一个工作日。

出口货物的申报期限为货物运抵海关监管区后装货的 24 小时以前。

经海关批准准予集中申报的进口货物，自装载货物的运输工具申报进境之日起 1 个月内办理申报手续。

经电缆、管道或其他特殊方式进出境的货物，进出口货物收发货人或其代理人应当按照海关的规定定期申报。

进口货物自装载货物的运输工具申报进境之日起超过3个月仍未向海关申报的，货物由海关提取依法变卖处理。对属于不宜长期保存的货物，海关可以根据实际情况提前处理。

进出口货物的收发货人、受委托的报关企业在取得提（运）单或载货清单（舱单）数据的前提下，可以提前申报。其中，提前申报进口货物应于装载货物的进境运输工具启运后、运抵海关监管场所前向海关申报，提前申报出口货物应于货物运抵海关监管场所前3日内向海关申报。

3. 申报日期

申报日期是指申报数据被海关接受的日期。进出口货物收发货人或其代理人的申报数据自被海关接受之日起，其申报的数据就产生了法律效力，即进出口货物收发货人或其代理人应当向海关承担“如实申报”“如期申报”等法律责任。因此，海关接受申报数据的日期非常重要。

以电子数据报关单方式申报的，申报日期为海关计算机系统接受申报数据时记录的日期，该日期将反馈给原数据发送单位，或公布于海关业务现场，或通过公共信息系统发布。电子数据报关单经过海关计算机检查被退回的，视为海关不接受申报，进出口货物收发货人或其代理人应当按照要求修改后重新申报，申报日期为海关接受重新申报的日期。

4. 滞报金

进口货物收货人未按规定期限向海关申报产生滞报的，由海关按规定征收滞报金。

进口货物滞报金应当按日计征。计征起始日为运输工具申报进境之日起第15日，截止日为海关接受申报之日（即申报日期）。起始日和截止日均计入滞报期间。

进口货物收货人申报并经海关依法审核，必须撤销原电子数据报关单重新申报，产生滞报的，经进口货物收货人申请并经海关审核同意，滞报金的征收，以撤销原电子数据报关单之日起第15日为起始日，以海关重新接受申报之日为截止日。

进口货物因收货人在运输工具申报进境之日起超过3个月未向海关申报，被海关提取做变卖处理后，按照规定扣除相关费用和税款，收货人申请发还余款的，予以返还。滞报金的征收，以自运输工具申报进境之日起第15日为起始日，以该3个月期限的最后一日为截止日。

滞报金的日征收金额为进口货物完税价格的0.05%，以人民币“元”为计征单位，不足人民币1元的部分免征。

征收滞报金的计算公式为：

滞报金=进口货物完税价格×0.05%×滞报期间（滞报天数）

滞报金的起征点为人民币50元。

滞报金的计征起始日如遇法定节假日，则顺延至其后第一个工作日。

根据《海关法》的规定，因不可抗力等特殊情况引起的滞报可以向海关申请减免滞报金。

5. 申报步骤

首先由舱单传输人（进出境运输工具负责人、无船承运业务经营人、货运代理企业、船舶代理企业、邮政企业及快件经营人等舱单电子数据传输义务人）按照规定向海关传输舱单及相关电子数据，海关对舱单货物进行安全准入审查、处置后，进出口货物收发货人可正常向海关申报报关数据。

进出口货物的收发货人经与直属海关、第三方认证机构（中国电子口岸数据中心）签订电子数据应用协议后，可在全国海关适用“通关作业无纸化”的方式，通过中国国际贸易“单一窗口”货物申报主界面（见图 3-1）向海关发送报关单数据，并以电子数据形式随附必要的报关单据。已在海关办理汇总征税总担保备案的企业，可在自主申报时选择“汇总征税”模式，录入总担保备案编号，一份报关单对应一个总担保备案编号。

图 3-1　中国国际贸易“单一窗口”货物申报主界面

海关直接对进出口货物的收货人或其代理人申报的报关单及随附单证的电子数据进行无纸化审核。对于符合条件的，海关接受申报，向企业发送接受申报回执；对于不符合条件的，系统自动退单，发送退单回执，企业需要重新办理有关申报手续。

在进口货物“两步申报”通关模式下，第一步，企业概要申报，企业向海关申报进口货物是否属于禁限管制（即“是否涉证”）、是否依法需要检验或检疫（即“是否涉检”）、是否需要缴纳税款（即“是否涉税”），经海关同意即可提离货物；第二步，企业自运输工具申报进境之日起 14 日内完成完整申报，办理缴纳税款等其他通关手续。

“两步申报”通关流程见图 3-2：

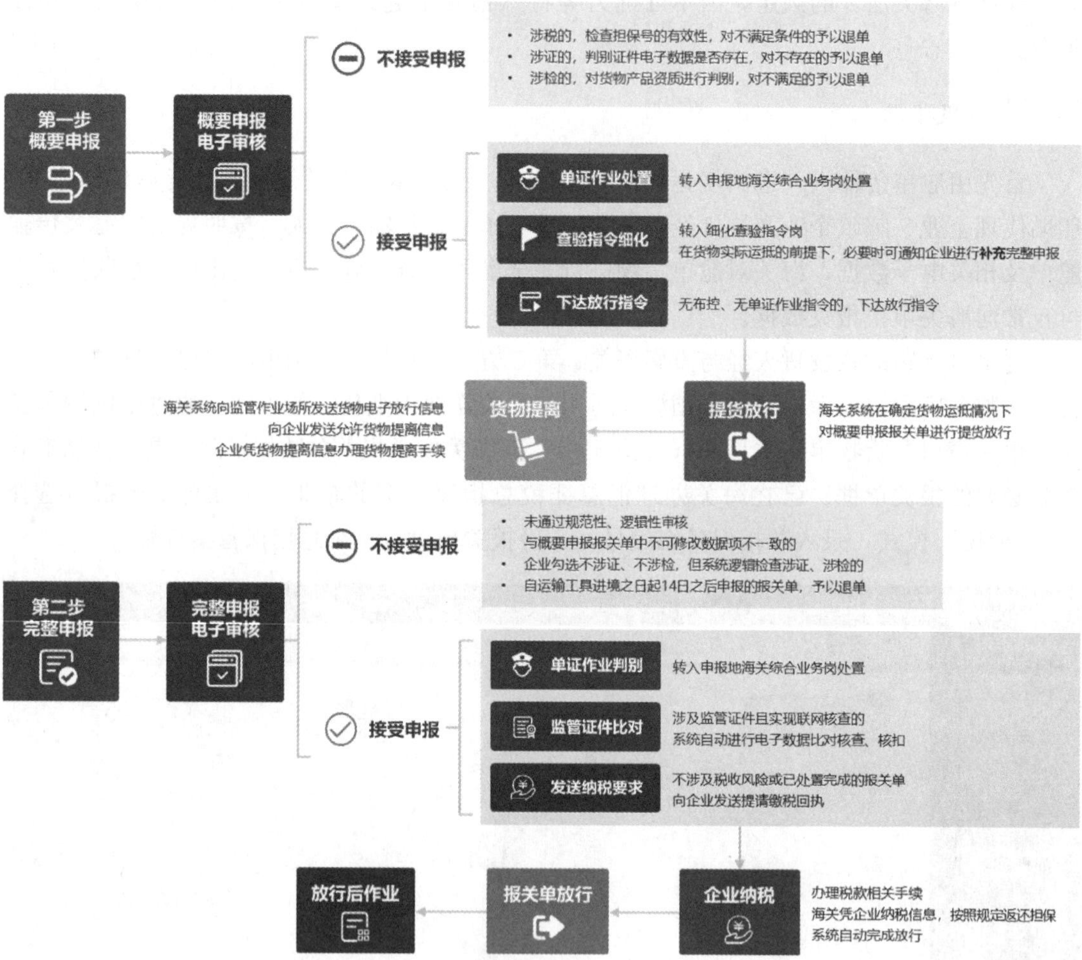

图 3-2 “两步申报”通关流程

实战训练

> 项目三“案例导入”中，A 报关公司概要申报仅填报了船名、航次号等 9 项信息，请查询海关总署公告 2019 年第 127 号，说明“两步申报”的概要申报须填报哪 9 项信息，且必须满足什么条件。

海关总署公告
2019 年第 127 号

海关接受进出口货物申报后，进出口货物报关单电子数据不得修改或者撤销；确有正当理由的，可通过平台预录入系统“修撤单申请”功能向海关办理进出口货物报关单修改或者撤销手续，提交“进出口货物报关单修改/撤销表”，并提交相关材料的电子数据（见表 3-2）。当事人向海关提交材料应符合规定，并且齐全、有效。

表 3-2　修撤单情形及办理修撤单所需材料

	情形	所需材料[①]
1	由于报关人员操作失误造成所申报的报关单内容有误，并且未发现有走私违规或者其他违法嫌疑的	可以反映进出口货物实际情况的合同、发票、装箱单、提运单或者载货清单等相关单证，详细情况说明以及相关证明材料
2	出口货物放行后，由于装运、配载等原因造成原申报货物部分或全部退关、变更运输工具的	退关、变更运输工具证明材料
3	进出口货物在装载、运输、存储过程中因溢短装、不可抗力的灭失、短损等原因造成原申报数据与实际货物不符的	相关部门出具的证明材料
4	由于办理退补税、海关事务担保等其他海关手续而需要修改或者撤销报关单数据的	签注海关意见的相关材料
5	根据贸易惯例先行采用暂时价格成交、实际结算时按商检品质认定或国际市场实际价格付款方式需要修改申报内容的	全面反映贸易实际状况的发票、合同、提单、装箱单等单证，并如实提供与货物买卖有关的支付凭证以及证明申报价格真实、准确的其他商业单证、书面资料
7	已申报进口货物办理直接退运手续，需要修改或者撤销原进口货物报关单的	进口货物直接退运表
8	由于计算机、网络系统等方面的原因导致电子数据申报错误的	计算机、网络系统运行管理方出具的说明材料

注①：海关可根据具体情形要求补充其他材料。

海关已经决定布控、查验的进出口货物，以及涉及有关案件的进出口货物的报关单在“办结”前不得修改或者撤销。

海关办理后，通过预录入系统将办理情况反馈给进出口货物收发货人或其代理人，进出口货物收发货人或其代理人可通过预录入系统查询已提交的修改或者撤销手续的办理进度。

对于海关发现报关单需要修改或者撤销的，海关通过预录入系统向当事人发起报关单修改或者撤销确认。当事人应通过预录入系统及时查询并在5个工作日内向海关确认“同意办理”或者“不同意办理”的意见。

对于撤销后需重新申报的报关单，企业应在重新申报的报关单“标记唛码及备注”栏内填报“撤销重报”字样和原报关单编号。对于由清单归并生成的报关单，其由清单生成的内容需要修改的，应先修改清单，确保清单与报关单的一致性。

四、 缴纳税费

进出口报关单电子审结后，对应税报关单，海关业务系统自动向电子口岸发送税（费）信息，电子口岸将签约企业的税（费）信息发送至“单一窗口”或“互联网＋海关”平台。企业可登录“单一窗口”或“互联网＋海关”平台查询税（费）信息，并发送税（费）扣税指令。企业发送扣税指令后，该份税单在“单一窗口”或“互联网＋海关”平台中被标记为支付处理中。扣税成功后，海关业务系统将税费核注信息通过电子口岸发送至“单一窗口”或“互联网＋海关”平台。“单一窗口”标准版税费电子支付流程见图 3－3。

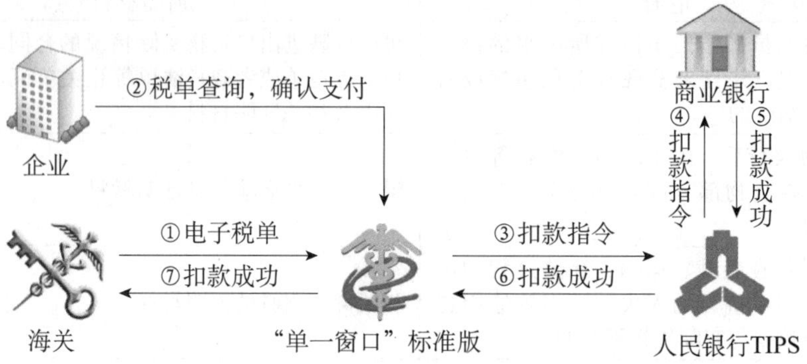

图 3－3 “单一窗口”标准版税费电子支付流程

预先向海关提供税款担保并备案的，可以选择提供担保，海关按照规定办理担保核扣手续，系统自动扣减与应缴税款等额的担保额度。

进出口企业、单位，以海关电子缴税方式缴纳税款后，可以通过“单一窗口”或“互联网＋海关”一体化网上办事平台下载电子版“海关专用缴款书”，或向海关现场申请打印纸质“海关专用缴款书”。

在进口业务中可采用自主申报、自行缴税（即“自报自缴”）模式，进口企业、单位在办理海关预录入时，如实、规范填报报关单各项目，同时利用预录入系统的海关计税（费）服务工具计算应缴纳的相关税费，并对系统显示的税费计算结果进行确认，连同报关单预录入内容一并提交海关。货物放行后，海关对进口企业、单位申报的价格、归类、原产地等税收要素进行抽查审核；特殊情况下，海关实施放行前的税收要素审核。

五、查验作业

对海关已接受申报的报关单，海关风险防控部门根据预先加载的风险判别规则、风险参数，运用系统进行风险甄别。对需要查验货物的，系统将其转入申报地海关。申报地海关按照作业指令要求，下达报关单布控查验指令。

（一）口岸现场查验

1. 安全准入查验

安全准入查验是指在进出口货物报关单申报后放行前，对进出口货物中可能存在的禁限管制、侵权、品名规格数量伪瞒报等风险，以及情报反映存在走私违规嫌疑的货物依法进行实际核查。报关单申报后，涉及货物安全准入评估和需要通过实地查看货物以便确定归类、价格、原产地等进行验估的，海关风险防控中心下达查验处置指令。

2. 验估查验

验估查验是指海关对存在归类、价格、原产地等税收征管风险的货物依法进行实际核查的执法行为，验估查验的目的是通过实地查验货物以验证进出口货物的商品归类、价格和货物原产地等关键涉税要素。已在申报地海关登记的企业，对有实货验估指令，如货物被布控须查验的，由口岸海关（另有规定的除外）实施验估查验。

（二）查验分流

查验（包括检验、检疫、核对货证、鉴定、初筛鉴定、抽样送检、合格评定、检疫处理监管）货物，原则上应在口岸海关监管区实施。因特殊情况货物不宜在口岸海关监管区实施查验，需在口岸外进行到厂监管、口岸外场所隔离检疫、指定场所存放加工监管、进口目的地检验、出口产地/组货地检验检疫、技术整改（不具备现场整改条件的）、初筛鉴定的，除法律、法规有专门要求外，不涉及安全准入风险的进境货物，经收货人申请，属地海关结合企业信用状况予以核批，可办理转场查验手续。

实例分析

2020 年 11 月 5 日，一批进口电路板用保险丝运抵中山港航运码头，拱北海关所属中山港海关首次对货物实施“两段准入”信息化监管，根据企业申请实施“口岸与目的地合并检查”后快速放行，这是中山市首票以“两段准入”信息化通关的进口货物。

“现在只需要一次查验，原先周转进口口岸和境内目的地查验的时间成本大大降低。”参与试点的纬创资通（中山）有限公司报关员说。当日，该公司另一票货物在海关取样后快速提离至工厂仓库暂时存放，“‘两段准入’模式还准许先行提离货物，比之前货物在口岸完成所有检查后放行更快，我们可以提前做好入市相关准备，收到海关检验合格的放行通知后再销售使用，申报提货全程无纸化，方便快捷。”

“两段准入”是指以进口货物准予提离进境地口岸海关监管作业场所（含场地）为界，分段实施“是否允许货物入境”和“是否允许货物进入国内市场销售或使用”两类监管作业的海关监管方式，包括“附条件提离”“转场检查”“口岸与目的地合并检查”等。实施“两段准入”信息化监管后，企业在线申报，系统对不同检查要求、不同准入风险的进口货物进行自动研判，自动放行或流转大多数中低风险货物，收货人线上获悉指令后快速提离至仓库，待海关确认检验检疫合格、办结相关手续后，货物即可进入国内市场销售或使用。该监管模式使进口通关流程更便捷，全程电子化有序衔接，缩短进口货物在口岸停留时间，减少口岸码头堆积压力，降低仓储成本，确保进口生产原料能更快到货、更快投产。

（三）海关化验

海关化验是指海关对进出口货物的属性、成分、含量、结构、品质、规格等进行检测分析，并根据《中华人民共和国进出口税则》《进出口税则商品及品目注释》和《中华人民共和国进出口税则本国子目注释》等有关规定作出鉴定结论的活动。海关化验为商品归类、原产地确定、审价、案件查处等海关业务提供技术支持和执法依据。

（四）配合海关查验

海关查验货物时，进出口货物当事人应当到场配合查验，负责按照海关要求搬移货物，开拆包装，以及重新封装货物；预先了解和熟悉所申报货物的情况，如实回答查验人员的询问及提供必要的资料；海关取样时，在“海关进出口货物化验取样记录单”上签字确认，并协助海关提取货样，收取海关出具的取样清单；查验结束后，认真阅读查验人员填写的“海关货物查验记录单”，并对开箱的具体情况、货物残损情况及造成残损的原因等情况、查验结论签名确认；当事人经批准提取货样后，在海关开具的取样记录和取样清单上签字确认。

对于机检查验正常放行（即机检查验未见异常，无须转人工查验）货物，在机检查验结束后，可由海关监管作业场所经营人或运输工具负责人在“海关货物查验记录单”上签字，海关不再限定由收发货人或其代理人签字确认。签字确认可采取现场签字或事后集中签字的方式，事后集中签字不得晚于机检查验完成后 5 个工作日。

六、货物放行

（一）货物放行的概念

货物放行是指海关接受进出口货物的申报，审核电子报关数据，查验货物，征收税费或接受担保以后，对进出口货物作出结束海关进出境现场监管决定，允许进出口货物离开海关监管现场的工作环节。货物获得放行一般是进出口货物收发货人或其代理人凭海关电子放行指令（见图 3－4）或打印的“通关无纸化查验/放行通知书”提取进口货物或将出口货物装上运输工具离境。

图 3－4 “单一窗口”电子放行指令

(二) 货物放行的条件

1. 先税后放

货物放行前先缴纳税费或提供足额担保。在实际操作中，海关放行货物必须以审单和查验完毕，并办理了征税手续或提供担保的手续作为前提条件。

2. 先放后税

货物缴纳税费或提供足额担保前先放行货物。为体现守法便利原则，对通过海关审核的高级认证企业，海关给予先提取或装运货物的通关便利。对信用等级为其他企业的进出口货物收发货人，可适用关税保证保险通关业务模式。企业凭海关认可的保险公司的“关税保证保险单”办理纳税期限担保，在申报时选择“关税保证保险”模式，并选取相应的“关税保证保险单”电子数据。海关对接受申报且满足全部放行条件的，即可实施现场卡口放行。企业应自报关单审结生成电子税款信息之日起 10 日内，通过新一代海关税费电子支付系统缴纳税款。

(三) 货物不予放行的情况

有下列情况之一的进出口货物，海关将不予放行：

(1) 违反海关和其他进出境管理法律、法规，非法进出境的；

(2) 单证数据不齐或应税货物未办理纳税手续，且又未提供担保的；

(3) 包装不良，继续运输足以造成海关监管货物丢失的；

(4) 有其他未了事情尚待处理的（如违规罚款未交的）等。

课堂讨论

针对以上所列这几种海关不予放行的情况，进出口货物的收货人或其代理人应分别如何处置？

七、 其他通关辅助事项

(一) 状态查询

在进出口报关单结关后，当事人可以通过“互联网+海关”一体化网上办事平台“我要查”或“单一窗口”的“查询统计”子系统中相关功能，查询海关总署向国家税务总局传输海关出口报关单数据和进口增值税专用缴款书状态信息。

(二) 外汇核销

企业办理货物贸易外汇收付业务，按规定须提交纸质报关单的，可通过中国电子口岸自行以普通 A4 纸打印报关单并加盖企业公章。

（三）原产地证书自行打印

企业可以自行打印海关审核通过的版式化原产地证书。当事人通过“单一窗口”或“互联网＋海关”一体化网上办事平台，上传原产地证书企业声明栏所需的电子签章和申办员电子签名后，自行打印海关审核通过的版式化原产地证书。

（四）申请签发货物进口证明书

下列情况下，收货人可在办结进口货物放行之日起 3 年内向海关申请签发证明书：

（1）进口汽车和摩托车整车；

（2）有特殊管理规定，明确须签发证明书的进口货物；

（3）我国所加入或缔结的国际公约要求缔约国履行签发证明书义务的进口货物；

（4）海关同意签发证明书的进口货物。

对进口汽车和摩托车整车，收货人可在向海关办理报关手续后，通过中国电子口岸补充并提交汽车、摩托车具体数据，向海关申请签发证明书。海关办结货物进口放行手续后，对符合签发条件的汽车和摩托车整车，可应收货人申请签发证明书。

进口汽车、摩托车整车证明书实行“一车一证”管理，即一辆汽车或摩托车仅签发一份证明书，证面签注内容获取自进口货物报关单和收货人向海关提交的补充数据。此证明书仅限于公安交通管理部门在办理核发进口汽车、摩托车牌证手续时使用，不做抵押等其他用途使用，也不具有作为其他行政管理机关管理依据的效力和作用。

八、 低值货物类快件报关

（一）范围

进出境快件是指进出境快件运营人（以下简称“运营人”）以向客户承诺的快速商业运作方式承揽、承运的进出境的货物、物品。低值货物类快件又称 C 类快件，是指价值在 5 000 元人民币（不包括运、保、杂费等）及以下的货物，但符合以下条件之一的除外：

（1）涉及许可证件管制的；

（2）需要办理出口退税、出口收汇或者进口付汇的；

（3）一般贸易监管方式下依法应当进行检验检疫的；

（4）货样广告品监管方式下依法应当进行口岸检疫的。

（二）申报

1. 时间和场所要求

进境快件应当自运输工具申报进境之日起 14 日内，出境快件应当在运输工具离境 3

小时之前向海关申报。进出境快件通关应当在海关正常办公时间内进行，如需在海关正常办公时间以外进行，须事先征得所在地海关同意。

进出境快件通关应当在经海关批准的专门场所内进行，如因特殊情况需要在专门监管场所以外进行的，须事先征得所在地海关同意。运营人应当在海关对进出境快件的专门监管场所设立符合海关监管要求的专用场地、仓库和设备。

2. 申报单证

运营人应当按照海关的要求，通过新版快件通关管理系统向海关办理进出境快件的报关手续，向海关提交C类快件报关单、代理报关委托书或者委托报关协议、每一进出境快件的分运单、发票和海关需要的其他单证，并按照进出境货物规定缴纳税款。进出境C类快件的监管方式为“一般贸易”或者“货样广告品”，征免性质为“一般征税”，征减免税方式为“照章征税”。

运营人应当如实向海关申报，并按照海关要求提供相关材料。运营人按照上述规定提交复印件（影印件）的，海关可要求快件运营人提供原件验核。

（三）查验

海关查验进出境快件时，运营人应派员到场，并负责进出境快件的搬移、开拆和重封包装。海关认为必要时，可对进出境快件予以径行开验、复验或者提取货样。

任务二 填制进出口货物报关单

【任务分析】

了解报关单的种类，根据进出口货物报关单填制规范掌握进出口货物报关单及进境货物备案清单的填制技能。

一、 报关单种类

（一）进出口货物报关单

进出口货物报关单是指进出口货物收发货人或其代理人，按照海关规定的格式对进出口货物的实际情况作出的书面申明，以此要求海关对其货物按适用的海关制度办理通关手续的法律文书。它既是海关对进出口货物进行监管、征税、统计，以及开展稽查、调查的重要依据，又是出口退税和外汇管理的重要凭证，也是海关处理进出口货物走私、违规案件及税务、外汇管理部门查处骗税、逃套汇犯罪活动的重要书证。因此，申报人对所填报的进出口货物报关单的真实性和准确性应承担法律责任。

（二）进出境货物备案清单

海关特殊监管区域（以下简称“特殊区域”）企业向海关申报货物进出境、进出区，以及在同一特殊区域内或者不同特殊区域之间流转货物的双方企业，应填制进出境货物备案清单。特殊区域与境内（区外）之间进出的货物，区外企业应同时填制进（出）口货物报关单，向特殊区域主管海关办理进出口报关手续。

货物流转应按照“先报进，后报出”的原则，在同一特殊区域企业之间、不同特殊区域企业之间流转的，先办理进境备案手续，后办理出境备案手续，在特殊区域与区外之间流转的，由区内企业、区外企业分别办理备案和报关手续。进出境货物备案清单原则上按《中华人民共和国进出口货物报关单填制规范》的要求填制。

特殊区域（保税区除外）内企业从境外进口自用的机器设备、管理设备、办公用品，填制进出境货物备案清单。

（三）进出境快件报关单

进出境快件报关单是指进出境快件运营人向海关提交的申报以快件运输方式进出口货物、物品的报关单证。

进出境快件报关单包括 A 类报关单、B 类报关单、C 类报关单，分别适用于文件类进出境快件（又称 A 类快件）、个人物品类进出境快件（又称 B 类快件）和低值货物类进出境快件（又称 C 类快件）[①]。

进出境快件运营人应当按照海关的要求，通过新版快件通关管理系统向海关办理进出境快件的报关手续。

（四）暂准进口单证册

暂准进口单证册，即 ATA 单证册，是指由世界海关组织通过的《货物暂准进口公约》及其附约 A 和《ATA 公约》中规定的，用于替代各缔约方海关暂准进出口货物报关单和税费担保的国际统一通用的海关报关单证。

---

① 文件类进出境快件（A 类快件）包括无商业价值的文件、单证、票据和资料（依照法律、行政法规以及国家有关规定应当予以征税的除外）。个人物品类进出境快件（B 类快件）见项目一任务二正文“二、报关的基本内容”之“（三）进出境物品的报关”相关内容介绍。低值货物类进出境快件（C 类快件）见本项目任务一正文“八、低值货物类快件报关”内容介绍。

实例分析

车出国，该如何实现便捷通关呢？将自驾赴俄罗斯游玩的海口市民李某获得了一张由中国国际贸易促进委员会海南省委员会（以下简称“海南省贸促会”）签发的ATA 单证册（即“暂准货物进出口单证册”），这份ATA 单证册将帮助他自驾车实现免税、便捷通关。

以前自驾游出境，通过边境时需要在各国口岸提交烦琐的手续和文件材料，国外口岸会履行复杂的审核程序。办理了ATA单证册以后，是以国际商会担保的形式，申请人通过缴纳一定的保证金，保证出境的汽车按时回来，国外海关看到有ATA单证册就会顺利放行。

ATA单证册是一份国际通用的海关通关文件，是世界海关组织为暂时进出境货物而专门创设的，被世界上70多个国家、地区所接受。ATA单证册代替其他报关单据，免除进出口许可证和报关资格，无须向海关缴纳押金或暂时进出口担保；适用范围广泛，包括政府企事业单位、社会团体甚至自然人从事商业活动、境外展会和文化体育交流活动等均适用。

ATA单证册被誉为“货物免税通关证”，具有独特的通关优势：各国海关手续统一，一证通关，无须重复办理，持证人可自行通关，无须填写各国不同语言和格式的报关单；免纳货物进口税费的担保，免领进出口许可证，出入境地点没有限制，有效期较长（一次申请一年有效）；一份单证册可以在去往多个国家时重复使用。

我国海关接受展览会和交易会、专业设备、商业样品及体育用品用途的进境ATA 单证册。有关单位向海关递交ATA 单证册时，应递交中文或英文填报的ATA 单证册。递交英文时，应提供中文译本；用其他文字填写的，必须同时递交忠实于原文的中文或英文译本。

（五）集中申报清单

集中申报是指经向海关备案，进出口货物收发货人在同一口岸多批次进出口属于《中华人民共和国海关进出口货物集中申报管理办法》规定范围内的货物，可以先以“海关进出口货物集中申报清单”申报货物进出口，然后在海关规定的期限内再以进出口货物报关单集中办理海关申报手续的特殊通关方式。

课堂讨论

哪些进出口货物适用集中申报的通关方式？

二、进出口货物报关单

（一）进出口货物报关单填制的一般要求

进出口货物收发货人或其代理人应按照《中华人民共和国海关进出口货物申报管理规定》《中华人民共和国海关进出口货物报关单填制规范》《统计商品目录》《规范申报目录》

等有关规定要求向海关申报，并对申报内容的真实性、准确性、完整性和规范性承担相应的法律责任。

报关单的填报应做到“两个相符”：一是单证相符，即所填报关单各栏目的内容必须与合同、发票、装箱单、提单及批文等随附单据相符；二是单货相符，即所填报关单各栏目的内容必须与实际进出口货物的情况相符，不得伪报、瞒报、虚报。

不同运输工具、不同航次、不同提运单、不同监管方式、不同备案号、不同征免性质的货物，均应分单填报。

一份报关单所申报的货物，须分项填报的情况主要有：商品编号不同的、商品名称不同的、计量单位不同的、原产国（地区）/最终目的国（地区）不同的、币制不同的、征免不同的等。

报关单表头栏目填制规范　　　　报关单表体栏目填制规范

（二）进出口货物报关单填制规范

1. 预录入编号

本栏目填报预录入报关单的编号，一份报关单对应一个预录入编号，由系统自动生成。

2. 海关编号

本栏目填报海关接受申报时给予报关单的编号，一份报关单对应一个海关编号。

报关单海关编号为18位，其中第1～4位为接受申报海关的编号（海关规定的“关区代码表”中相应的海关代码），第5～8位为海关接受申报的公历年份，第9位为进出口标志（“1”为进口，“0”为出口；集中申报清单“I”为进口，“E”为出口），后9位为顺序编号。

3. 境内收发货人

本栏目填报在海关备案的对外签订并执行进出口贸易合同的中国境内法人、其他组织或个人的名称及编码。编码可选填18位法人和其他组织统一社会信用代码或10位海关注册编码任一项。

特殊情况填制要求如下：

（1）进出口货物合同的签订者和执行者非同一企业的，填报执行合同的企业。

（2）外商投资企业委托进出口企业进口投资设备、物品的，填报外商投资企业，并在标记唛码及备注栏注明“委托某进出口企业进口”，同时注明被委托企业的18位法人和其他组织统一社会信用代码。

（3）有代理报关资格的报关企业代理其他进出口企业办理进出口报关手续时，填报委托的进出口企业。

（4）海关特殊监管区域收发货人填报该货物的实际经营单位或海关特殊监管区域内经营企业。

（5）免税品经营单位经营出口退税国产商品的，填报免税品经营单位名称。

4. 进出境关别

本栏目应根据货物实际进出境的口岸海关，填报海关规定的“关区代码表”中相应口岸海关的名称及代码。

特殊情况填报要求如下：

（1）进口转关运输货物应填报货物进境地海关名称及代码，出口转关运输货物应填报货物出境地海关名称及代码。按转关运输方式监管的跨关区深加工结转货物，出口报关单填报转出地海关名称及代码，进口报关单填报转入地海关名称及代码。

（2）在不同海关特殊监管区域或保税监管场所之间调拨、转让的货物，填报对方特殊监管区域或保税监管场所所在的海关名称及代码。

（3）其他无实际进出境的货物，填报接受申报的海关名称及代码。

5. 进口日期/出口日期

进口日期填报运载进口货物的运输工具申报进境的日期。

出口日期是指运载出口货物的运输工具办结出境手续的日期，本栏目在申报时免于填报。

无实际进出境的报关单填报海关接受申报的日期。本栏目为8位数字，顺序为年（4位）、月（2位）、日（2位）。

6. 申报日期

申报日期指海关接受进出口货物收发货人、受委托的报关企业申报数据的日期。以电子数据报关单方式申报的，申报日期为海关计算机系统接受申报数据时记录的日期。以纸质报关单方式申报的，申报日期为海关接受纸质报关单并对报关单进行登记处理的日期。

申报日期为8位数字，顺序为年（4位）、月（2位）、日（2位）。本栏目在申报时免于填报。

7. 备案号

本栏目填报进出口货物收发货人、消费使用单位、生产销售单位在海关办理加工贸易合同备案或征、减、免税审核确认等手续时，海关核发的加工贸易手册、海关特殊监管区域和保税监管场所保税账册、征免税确认通知书或其他备案审批文件的编号。

一份报关单只允许填报一个备案号。

8. 境外收发货人

本栏目所指境外收货人通常为签订并执行出口贸易合同中的买方或合同指定的收货人，境外发货人通常指签订并执行进口贸易合同中的卖方。

填报境外收发货人的名称及编码。名称一般填报英文名称，检验检疫要求填报其他外文名称的，在英文名称后填报，以半角括号分隔；对于 AEO 互认国家（地区）企业的，编码填报 AEO 编码，填报样式为“国别（地区）代码＋海关企业编码”。例如：新加坡 AEO 企业 SG123456789012（新加坡国别代码＋12 位企业编码）。非互认国家（地区）AEO 企业等其他情形，编码免于填报。

特殊情况下无境外收发货人的，名称及编码填报“NO”。

9. 运输方式

运输方式包括实际运输方式和海关规定的特殊运输方式：前者指货物实际进出境的运输方式，按进出境所使用的运输工具分类；后者指货物无实际进出境的运输方式，按货物在境内的流向分类。

本栏目应根据货物实际进出境的运输方式或货物在境内流向的类别，按照海关规定的“运输方式代码表”（见表 3－3）选择填报相应的运输方式。

表 3－3　运输方式代码表

代码	名称	运输方式
0	非保税区	非保税区运入保税区和保税区退区
1	监管仓库	境内存入保税仓库和出口监管仓库退仓
2	水路运输	（重点）
3	铁路运输	（重点）
4	公路运输	（重点）
5	航空运输	（重点）
6	邮件运输	
7	保税区	保税区运往非保税区
8	保税仓库	保税仓库转内销或转加工贸易
9	其他方式运输	海关特殊监管区域内的流转、调拨货物，海关特殊监管区域、保税监管场所之间的流转货物，海关特殊监管区域外的加工贸易余料结转、深加工结转、内销货物，以及其他境内流转货物；不复运出（入）境而留在境内（外）销售的进出境展览品、留赠转卖物品等；人扛、驮畜等方式
W	物流中心	从境内保税物流中心外运入中心或从中心运往境内中心外
Y	保税港区/综合保税区	保税港区、综合保税区运往境内（区外）（非特殊区域、保税监管场所）或境内（区外）运入保税港区、综合保税区
Z	出口加工区	出口加工区、珠澳跨境工业区（珠海园区）运往境内（区外）或境内（区外）运入出口加工区、珠澳跨境工业区（珠海园区）
H	边境特殊海关作业区	境内运入深港西部通道港方口岸区

续前表

代码	名称	运输方式
L	旅客携带	
T	综合试验区	经横琴新区和平潭综合试验区二线指定申报通道运往境内（区外）或从境内经二线指定申报通道进入综合试验区，以及综合试验区内按选择性征收关税申报的货物
G	固定设施运输	以固定设施（包括输油、输水管道和输电网等）运输货物

（1）特殊情况填报要求如下：

1）非邮件方式进出境的快递货物，按实际运输方式填报。

2）进口转关运输货物，按载运货物抵达进境地的运输工具填报；出口转关运输货物，按载运货物驶离出境地的运输工具填报。

3）不复运出（入）境而留在境内（外）销售的进出境展览品、留赠转卖物品等，填报“其他方式运输”（代码 9）。

4）进出境旅客随身携带的货物，填报“旅客携带”（代码 L）。

5）以固定设施（包括输油、输水管道和输电网等）运输货物的，填报“固定设施运输”（代码 G）。

（2）无实际进出境货物在境内流转时填报要求如下：

1）境内非保税区运入保税区货物和保税区退区货物，填报“非保税区”（代码 0）；

2）保税区运往境内非保税区货物，填报“保税区”（代码 7）；

3）境内存入出口监管仓库和出口监管仓库退仓货物，填报“监管仓库”（代码 1）；

4）保税仓库转内销货物或转加工贸易货物，填报“保税仓库”（代码 8）；

5）从境内保税物流中心外运入中心或从中心运往境内中心外的货物，填报“物流中心”（代码 W）；

6）保税港区、综合保税区与境内（区外）（非海关特殊监管区域、保税监管场所）之间进出的货物，填报“保税港区/综合保税区”（代码 Y）；

7）出口加工区、珠澳跨境工业区（珠海园区）与境内（区外）（非海关特殊监管区域、保税监管场所）之间进出的货物，填报“出口加工区”（代码 Z）；

8）境内运入深港西部通道港方口岸区的货物以及境内进出中哈霍尔果斯边境合作中心中方区域的货物，填报“边境特殊海关作业区”（代码 H）；

9）经横琴新区和平潭综合实验区（以下简称“综合试验区”）二线指定申报通道运往境内（区外）或从境内经二线指定申报通道进入综合试验区的货物，以及综合试验区内按选择性征收关税申报的货物，填报“综合试验区”（代码 T）；

10）海关特殊监管区域内的流转、调拨货物，海关特殊监管区域、保税监管场所之间的流转货物，海关特殊监管区域与境内（区外）之间进出的货物，海关特殊监管区域外的加工贸易余料结转、深加工结转、内销货物，以及其他境内流转货物，填报“其他方式运输”（代码 9）。

10. 运输工具名称

本栏目填报载运货物进出境的运输工具名称或编号。填报内容应与运输部门向海关申报的舱单（载货清单）所列相应内容一致。具体填报要求如下：

（1）直接在进出境地或采用全国通关一体化通关模式办理报关手续的报关单填报要求如下：

1）水路运输：填报船舶编号（来往港澳小型船舶为监管簿编号）或者船舶英文名称。

2）公路运输：启用公路舱单前，填报该跨境运输车辆的国内行驶车牌号，深圳提前报关模式的报关单填报国内行驶车牌号＋“/”＋“提前报关”。启用公路舱单后，免于填报。

3）铁路运输：填报车厢编号或交接单号。

4）航空运输：填报航班号。

5）邮件运输：填报邮政包裹单号。

6）其他方式运输：填报具体运输方式名称，例如：管道、驮畜等。

（2）转关运输货物的报关单填报要求如下：

1）进口：

①水路运输：直转、提前报关填报“@”＋16 位转关申报单预录入号（或 13 位载货清单号）；中转填报进境英文船名。

②铁路运输：直转、提前报关填报“@”＋16 位转关申报单预录入号；中转填报车厢编号。

③航空运输：直转、提前报关填报“@”＋16 位转关申报单预录入号（或 13 位载货清单号）；中转填报“@”。

④公路及其他运输：填报“@”＋16 位转关申报单预录入号（或 13 位载货清单号）。

⑤以上各种运输方式使用广东地区载货清单转关的提前报关货物填报“@”＋13 位载货清单号。

2）出口：

①水路运输：非中转填报“@”＋16 位转关申报单预录入号（或 13 位载货清单号）。如多张报关单需要通过一张转关单转关的，运输工具名称字段填报“@”。

中转货物，境内水路运输填报驳船船名，境内铁路运输填报车名（主管海关 4 位关区代码＋“TRAIN”），境内公路运输填报车名（主管海关 4 位关区代码＋“TRUCK”）。

②铁路运输：填报“@”＋16 位转关申报单预录入号（或 13 位载货清单号）。如多张报关单须通过一张转关单转关的，填报“@”。

③航空运输：填报“@”＋16 位转关申报单预录入号（或 13 位载货清单号）。如多张报关单须通过一张转关单转关的，填报“@”。

④其他运输方式：填报“@”＋16 位转关申报单预录入号（或 13 位载货清单号）。

（3）采用“集中申报”通关方式办理报关手续的，报关单本栏目填报“集中申报”。

（4）免税品经营单位经营出口退税国产商品的，免于填报。

（5）无实际进出境的报关单，本栏目免于填报。

11. 航次号

本栏目填报载运货物进出境的运输工具的航次编号，填报内容应与运输部门向海关申报的舱单（载货清单）所列相应内容一致。

具体填报要求如下：

（1）直接在进出境地或采用全国通关一体化通关模式办理报关手续的报关单。

1）水路运输：填报船舶的航次号。

2）公路运输：启用公路舱单前，填报运输车辆的8位进出境日期［顺序为年（4位）、月（2位）、日（2位），下同］。启用公路舱单后，填报货物运输批次号。

3）铁路运输：填报列车的进出境日期。

4）航空运输：免于填报。

5）邮件运输：填报运输工具的进出境日期。

6）其他运输方式：免于填报。

（2）转关运输货物的报关单。

1）进口：

①水路运输：中转转关方式填报“@”＋进境干线船舶航次。直转、提前报关免于填报。

②公路运输：免于填报。

③铁路运输：“@”＋8位进境日期。

④航空运输：免于填报。

⑤其他运输方式：免于填报。

2）出口：

①水路运输：非中转货物免于填报。中转货物：境内水路运输填报驳船航次号，境内铁路、公路运输填报6位启运日期［顺序为年（2位）、月（2位）、日（2位）］。

②铁路拼车拼箱捆绑出口：免于填报。

③航空运输：免于填报。

④其他运输方式：免于填报。

（3）免税品经营单位经营出口退税国产商品的，免于填报。

（4）无实际进出境的报关单，本栏目免于填报。

12. 提运单号

本栏目填报进出口货物提单或运单的编号。

一份报关单只允许填报一个提单或运单号，一票货物对应多个提单或运单时，应分单填报。

具体填报要求如下：

（1）直接在进出境地或采用全国通关一体化通关模式办理报关手续的。

1）水路运输：填报进出口提单号。如有分提单的，填报进出口提单号＋“*”＋分提单号。

2）公路运输：启用公路舱单前，免于填报；启用公路舱单后，填报进出口总运单号。

3）铁路运输：填报运单号。

4）航空运输：填报总运单号＋“_”＋分运单号，无分运单的填报总运单号。

5）邮件运输：填报邮运包裹单号。

（2）转关运输货物的报关单。

1）进口：

①水路运输：直转、中转填报提单号。提前报关免于填报。

②铁路运输：直转、中转填报铁路运单号。提前报关免于填报。

③航空运输：直转、中转货物填报总运单号＋“_”＋分运单号。提前报关免于填报。

④其他运输方式：免于填报。

⑤以上运输方式进境货物，在广东省内用公路运输转关的，填报车牌号。

2）出口：

①水路运输：中转货物填报提单号；非中转货物免于填报；广东省内汽车运输提前报关的转关货物，填报承运车辆的车牌号。

②其他运输方式：免于填报。广东省内汽车运输提前报关的转关货物，填报承运车辆的车牌号。

（3）采用“集中申报”通关方式办理报关手续的，报关单填报归并的集中申报清单的进出口起止日期［按年（4位）月（2位）日（2位）年（4位）月（2位）日（2位）］。

（4）无实际进出境的，本栏目免于填报。

13. 货物存放地点

本栏目填报货物进境后存放的场所或地点，包括海关监管作业场所、分拨仓库、定点加工厂、隔离检疫场、企业自有仓库等。

14. 消费使用单位/生产销售单位

（1）消费使用单位填报已知的进口货物在境内的最终消费、使用单位的名称，包括：

1）自行进口货物的单位。

2）委托进出口企业进口货物的单位。

（2）生产销售单位填报出口货物在境内的生产或销售单位的名称，包括：

1）自行出口货物的单位。

2）委托进出口企业出口货物的单位。

3）免税品经营单位经营出口退税国产商品的，填报该免税品经营单位统一管理的免税店。

(3) 减免税货物报关单的消费使用单位/生产销售单位应与征免税确认通知书的“减免税申请人”一致；保税监管场所与境外之间的进出境货物，消费使用单位/生产销售单位填报保税监管场所的名称［保税物流中心（B型）填报中心内企业名称］。

(4) 海关特殊监管区域的消费使用单位/生产销售单位填报区域内经营企业（“加工单位”或“仓库”）。

(5) 编码填报要求：

1）填报18位法人和其他组织统一社会信用代码。

2）无18位统一社会信用代码的，填报“NO”。

(6) 进口货物在境内的最终消费或使用以及出口货物在境内的生产或销售的对象为自然人的，填报身份证号、护照号、台胞证号等有效证件号码及姓名。

15. 监管方式

监管方式是以国际贸易中进出口货物的交易方式为基础，结合海关对进出口货物的征税、统计及监管条件综合设定的海关对进出口货物的管理方式。其代码由4位数字构成，前两位是按照海关监管要求和计算机管理需要划分的分类代码，后两位是参照国际标准编制的贸易方式代码。

本栏目应根据实际对外贸易情况按海关规定的“监管方式代码表”（见表3-4）选择填报相应的监管方式简称及代码。一份报关单只允许填报一种监管方式。

表3-4　常见监管方式代码表

监管方式代码	监管方式代码简称	监管方式代码全称
0110	一般贸易	一般贸易
0139	旅游购物商品	用于旅游者5万美元以下的出口小批量订单
1039	市场采购	市场采购
1200	保税间货物	海关保税场所及保税区域之间往来的货物
1210	保税电商	保税跨境贸易电子商务
1233	保税仓库货物	保税仓库进出境货物
1234	保税区仓储转口	保税区进出境仓储转口货物
1239	保税电商A	保税跨境贸易电子商务A
2600	暂时进出货物	暂时进出口货物
2700	展览品	进出境展览品
3010	货样广告品	进出口的货样广告品
3100	无代价抵偿	无代价抵偿货物
3339	其他进出口免费	其他进出口免费提供货物
4500	直接退运	直接退运

续前表

监管方式代码	监管方式代码简称	监管方式代码全称
4561	退运货物	因质量不符、延误交货等原因退运进出境货物
5010	特殊区域研发货物	海关特殊监管区域与境外之间进出的研发货物
5034	区内物流货物	海关特殊监管区域与境外之间进出的物流货物
5300	设备进出区	设备及物资进出海关特殊监管区域
5335	境外设备进区	海关特殊监管区从境外进口的设备及物资
5361	区内设备退运	海关特殊监管区设备及物资退运境外
6033	物流中心进出境货物	保税物流中心与境外之间进出仓储货物
9610	电子商务	跨境贸易电子商务
9710	跨境电商 B2B 直接出口	跨境电子商务企业对企业直接出口
9810	跨境电商出口海外仓	跨境电子商务出口海外仓

特殊情况下加工贸易货物监管方式填报要求如下：

（1）进口少量低值辅料（即 5 000 美元以下，78 种以内的低值辅料）按规定不使用加工贸易手册的，填报“低值辅料”。使用加工贸易手册的，按加工贸易手册上的监管方式填报。

（2）加工贸易料件转内销货物以及按料件办理进口手续的转内销制成品、残次品、未完成品，应填制进口报关单，填报“来料料件内销”或“进料料件内销”；加工贸易成品凭征免税确认通知书转为减免税进口货物的，应分别填制进、出口报关单，出口报关单本栏目填报“来料成品减免”或“进料成品减免”，进口报关单本栏目按照实际监管方式填报。

（3）加工贸易出口成品因故退运进口及复运出口的，填报“来料成品退换”或“进料成品退换”；加工贸易进口料件因换料退运出口及复运进口的，填报“来料料件退换”或“进料料件退换”；加工贸易过程中产生的剩余料件、边角料退运出口，以及进口料件因品质、规格等原因退运出口且不再更换同类货物进口的，分别填报“来料料件复出”“来料边角料复出”“进料料件复出”“进料边角料复出”。

（4）加工贸易边角料内销和副产品内销，应填制进口报关单，填报“来料边角料内销”或“进料边角料内销”。

（5）企业销毁处置加工贸易货物未获得收入，销毁处置货物为料件、残次品的，填报“料件销毁”；销毁处置货物为边角料、副产品的，填报“边角料销毁”。企业销毁处置加工贸易货物获得收入的，填报为“进料边角料内销”或“来料边角料内销”。

（6）免税品经营单位经营出口退税国产商品的，填报“其他”。

16. 征免性质

本栏目应根据实际情况按海关规定的“征免性质代码表”（见表 3－5）选择填报相应的征免性质简称及代码，持有海关核发的征免税确认通知书的，应按照“征免税确认通知书”中批注的征免性质填报。一份报关单只允许填报一种征免性质。

表 3-5　常见征免性质代码表

代码	简称	全称
101	一般征税	一般征税进出口货物
299	其他法定	其他法定减免税进出口货物
601	中外合资	中外合资经营企业进出口货物
602	中外合作	中外合作经营企业进出口货物
603	外资企业	外商独资企业进出口货物
789	鼓励项目	国家鼓励发展的内外资项目进口设备
799	自有资金	外商投资额度外利用自有资金进口设备、备件、配件

注：征免性质“中外合资”（601）、“中外合作”（602）和“外资企业”（603）分别适用于中外合资企业、中外合作企业和外商独资企业自产的出口产品（即非加工贸易出口产品）。

加工贸易货物报关单应按照海关核发的加工贸易手册中批注的征免性质简称及代码填报。特殊情况填报要求如下：

（1）加工贸易转内销货物，按实际情况填报（如一般征税、科教用品、其他法定等）。

（2）料件退运出口、成品退运进口货物，填报“其他法定”。

（3）加工贸易结转货物，免于填报。

（4）免税品经营单位经营出口退税国产商品的，填报“其他法定”。

17. 许可证号

本栏目填报进（出）口许可证、两用物项和技术进（出）口许可证、两用物项和技术出口许可证（定向）、出口许可证（加工贸易）、出口许可证（边境小额贸易）的编号。

免税品经营单位经营出口退税国产商品的，免于填报。

一份报关单只允许填报一个许可证号。

18. 启运港

本栏目填报进口货物在运抵我国关境前的第一个境外装运港。

根据实际情况，按海关规定的“港口代码表”填报相应的港口名称及代码，未在“港口代码表”列明的，填报相应的国家名称及代码。货物从海关特殊监管区域或保税监管场所运至境内（区外）的，填报“港口代码表”中相应海关特殊监管区域或保税监管场所的名称及代码，未在“港口代码表”中列明的，填报“未列出的特殊监管区”及代码。

其他无实际进境的货物，填报“中国境内”及代码。

19. 合同协议号

本栏目填报进出口货物合同（包括协议或订单）编号。未发生商业性交易的免于填报。

免税品经营单位经营出口退税国产商品的，免于填报。

20. 贸易国（地区）

发生商业性交易的，进口填报购自国（地区），出口填报售予国（地区）。未发生商业性交易的，填报货物所有权拥有者所属的国家（地区）。

按海关规定的“国别（地区）代码表”（见表 3－6）选择填报相应的贸易国（地区）中文名称及代码。

表 3－6 部分国别（地区）代码表

代码	中文名称	代码	中文名称
HKG	中国香港	ITA	意大利
JPN	日本	CHE	瑞士
MAC	中国澳门	RUS	俄罗斯联邦
SGP	新加坡	CAN	加拿大
KOR	韩国	USA	美国
CHN	中国	AUS	澳大利亚
TWN	中国台湾	NZL	新西兰
GBR	英国	ARE	阿联酋
DEU	德国	ZZZ	国（地）别不详的
FRA	法国	ZUN	联合国及机构和国际组织

21. 启运国（地区）/运抵国（地区）

启运国（地区）填报进口货物起始发出直接运抵我国或者在运输中转国（地）未发生任何商业性交易的情况下运抵我国的国家（地区）。

运抵国（地区）填报出口货物离开我国关境直接运抵或者在运输中转国（地区）未发生任何商业性交易的情况下最后运抵的国家（地区）。

不经过第三国（地区）转运的直接运输进出口货物，以进口货物的装货港所在国（地区）为启运国（地区），以出口货物的指运港所在国（地区）为运抵国（地区）。

经过第三国（地区）转运的进出口货物，如在中转国（地区）发生商业性交易，则以中转国（地区）作为启运/运抵国（地区）。

按海关规定的“国别（地区）代码表”选择填报相应的启运国（地区）或运抵国（地区）中文名称及代码。

无实际进出境的货物，填报“中国”及代码。

22. 经停港/指运港

经停港填报进口货物在运抵我国关境前的最后一个境外装运港。

指运港填报出口货物运往境外的最终目的港；最终目的港不可预知的，按尽可能预知的目的港填报。

根据实际情况，按海关规定的“港口代码表”选择填报相应的港口名称及代码。经停港/指运港在“港口代码表”中无港口名称及代码的，可选择填报相应的国家名称及代码。

无实际进出境的货物，填报“中国境内”及代码。

23. 入境口岸/离境口岸

入境口岸栏目填报具体要求如下：

（1）填报进境货物从跨境运输工具卸离的第一个境内口岸的中文名称及代码；

（2）采取多式联运跨境运输的，填报多式联运货物最终卸离的境内口岸中文名称及代码；

（3）过境货物填报货物进入境内的第一个口岸的中文名称及代码；

（4）从海关特殊监管区域或保税监管场所进境的，填报海关特殊监管区域或保税监管场所的中文名称及代码；

（5）其他无实际进境的货物，填报货物所在地的城市名称及代码。

离境口岸栏目填报具体要求如下：

（1）填报装运出境货物的跨境运输工具离境的第一个境内口岸的中文名称及代码；

（2）采取多式联运跨境运输的，填报多式联运货物最初离境的境内口岸中文名称及代码；

（3）过境货物填报货物离境的第一个境内口岸的中文名称及代码；

（4）从海关特殊监管区域或保税监管场所离境的，填报海关特殊监管区域或保税监管场所的中文名称及代码；

（5）其他无实际出境的货物，填报货物所在地的城市名称及代码。

入境口岸/离境口岸类型包括港口、码头、机场、机场货运通道、边境口岸、火车站、车辆装卸点、车检场、陆路港、坐落在口岸的海关特殊监管区域等。按海关规定的“国内口岸编码表”选择填报相应的境内口岸名称及代码。

24. 包装种类

填报进出口货物的所有包装材料，包括运输包装和其他包装，按海关规定的“包装种类代码表”（见表 3-7）选择填报相应的包装种类名称及代码。运输包装是指提运单所列货物件数单位对应的包装，其他包装包括货物的各类包装，以及植物性铺垫材料等。

表 3-7　部分包装种类代码表

代码	中文名称	代码	中文名称
00	散装	39	其他材料制桶
01	裸装	04	球状罐类
22	纸制或纤维板制盒/箱	06	包/袋
23	木制或竹藤等植物性材料制盒/箱	92	再生木托
29	其他材料制盒/箱	93	天然木托
32	纸制或纤维板制桶	98	植物性铺垫材料
33	木制或竹藤等植物性材料制桶	99	其他包装

25. 件数

本栏目填报进出口货物运输包装的件数（按运输包装计）。特殊情况填报要求如下：

（1）舱单件数为集装箱的，填报集装箱个数。

（2）舱单件数为托盘的，填报托盘数。

不得填报为“0”，裸装货物填报为“1”。

26. 毛重（千克）

填报进出口货物及其包装材料的重量之和，计量单位为千克，不足 1 千克的填报为“1”。

27. 净重（千克）

填报进出口货物的毛重减去外包装材料后的重量，即货物本身的实际重量，计量单位为千克，不足 1 千克的填报为“1”。

28. 成交方式

本栏目应根据进出口货物实际成交价格条款，按海关规定的“成交方式代码表”（见表 3－8）选择填报相应的成交方式代码。

表 3－8 成交方式代码表

成交方式代码	成交方式名称	成交方式代码	成交方式名称
1	CIF	5	市场价
2	C&F	6	垫仓
3	FOB	7	EXW
4	C&I		

无实际进出境的报关单，进口填报 CIF，出口填报 FOB。

《国际贸易术语解释通则 2020》11 种贸易术语与报关单“成交方式”栏一般对应关系见表 3－9。

表 3－9 《国际贸易术语解释通则 2020》11 种贸易术语与报关单“成交方式”栏一般对应关系

组别	E 组	F 组			C 组				D 组		
术语	EXW	FCA	FAS	FOB	CFR	CPT	CIF	CIP	DPU	DAP	DDP
成交方式	EXW	FOB			C&F		CIF				

29. 运费

本栏目填报进口货物运抵我国境内输入地点起卸前的运输费用，出口货物运至我国境内输出地点装载后的运输费用。

运费可按运费单价、总价或运费率三种方式之一填报，注明运费标记（运费标记“1”表示运费率，“2”表示每吨货物的运费单价，“3”表示运费总价），并按海关规定的“货币代码表”选择填报相应的币种代码（见表3-10填报示例）。

表3-10　运费、保费、杂费的费率、单价、总价标记

项目	费率（1）	单价（2）	总价（3）
运费	5%→5	USD50吨→2/50/502	HKD5 000→3/5 000/110
保费	0.27%→0.27	/	EUR5 000→3/5 000/300
应计入杂费	1%→1	/	GBP5 000→3/5 000/303
应扣除杂费	1%→−1	/	JPY5 000→3/−5 000/116

免税品经营单位经营出口退税国产商品的，免于填报。

30．保费

本栏目填报进口货物运抵我国境内输入地点起卸前的保险费用，出口货物运至我国境内输出地点装载后的保险费用。

保费可按保险费总价或保险费率两种方式之一填报，注明保险费标记（保险费标记“1”表示保险费率，“3”表示保险费总价），并按海关规定的“货币代码表”选择填报相应的币种代码（见表3-10填报示例）。

免税品经营单位经营出口退税国产商品的，免于填报。

运费与保费按表3-11判断是否需要填报。

表3-11　运费与保费是否需要填报比较表

	成交方式	运费	保费
进口	CIF	不填	不填
	CFR	不填	填
	FOB	填	填
出口	FOB	不填	不填
	CFR	填	不填
	CIF	填	填

31．杂费

本栏目填报成交价格以外的、按照《中华人民共和国进出口关税条例》相关规定应计入完税价格或应从完税价格中扣除的费用。

杂费可按杂费总价或杂费率两种方式之一填报，注明杂费标记（杂费标记“1”表示杂费率，“3”表示杂费总价），并按海关规定的“货币代码表”选择填报相应的币种代码（见表3-10填报示例）。应计入完税价格的杂费填报为正值或正率，应从完税价格中扣除的杂费填报为负值或负率。

免税品经营单位经营出口退税国产商品的，免于填报。

32. 随附单证

本栏目根据海关规定的“监管证件代码表”（其中已实现电子数据联网的监管证件代码参见前文表2-1）和“随附单据代码表”选择填报除本规范第17条规定的许可证件以外的其他进出口许可证件或监管证件代码及编号。

本栏目分为随附单证代码和随附单证编号两栏，其中：代码栏应按海关规定的“监管证件代码表”选择填报相应证件代码，编号栏应填报证件编号。

（1）加工贸易及保税监管企业已设立金关二期[①]保税底账，报送保税核注清单[②]后需要办理报关单（备案清单）申报手续的，报关单（备案清单）“随附单证代码”栏为“a”，“随附单证编号”栏填写对应的或关联的保税核注清单编号。

（2）涉及法定检验检疫要求的进口商品申报时，企业可以通过“单一窗口”报关报检合一界面向海关一次申报，随附单证栏无须填报；如使用“单一窗口”单独报关、报检界面或者报关报检企业客户端申报，企业应当在报关单随附单证栏中填写报检电子回执上的检验检疫编号，并填写代码“A”。涉及法定检验检疫要求的出口商品申报时，企业应当在随附单证栏中填写报检电子回执上的企业报检电子底账数据号，并填写代码“B”。

33. 标记唛码及备注

本栏目填报要求如下：

（1）填报标记唛码中除图形以外的文字、数字，无标记唛码的填报N/M。

（2）填报受外商投资企业委托代理其进口投资设备、物品的进出口企业名称。

（3）与本报关单有关联关系的，同时在业务管理规范方面又要求填报的备案号，填报在电子数据报关单中“关联备案”栏。

保税间流转货物、加工贸易结转货物及凭征免税确认通知书转内销货物，其对应的备案号应填报在“关联备案”栏。

减免税货物结转进口（转入），报关单“关联备案”栏应填写本次减免税货物结转所申请的“中华人民共和国海关进口减免税货物结转联系函”的编号。

减免税货物结转出口（转出），报关单“关联备案”栏应填写与其相对应的进口（转入）报关单“备案号”栏中征免税确认通知书的编号。

（4）与本报关单有关联关系的，同时在业务管理规范方面又要求填报的报关单号，填报在电子数据报关单的“关联报关单”栏。

保税间流转货物、加工贸易结转类的报关单，应先办理进口报关，并将进口报关单号

---

① 金关二期即海关总署金关工程二期项目，是国务院批准的“十二五”期间国家电子政务的重大信息化工程，建设内容覆盖海关工作的各主要方面。

② 保税核注清单是金关二期保税底账核注的专用单证，属于办理加工贸易及保税监管业务的相关单证。

填入出口报关单的“关联报关单”栏。

办理进口货物直接退运手续的，除另有规定外，应当先填写出口报关单，再填写进口报关单，并将出口报关单号填入进口报关单的“关联报关单”栏。

减免税货物结转出口（转出），应先办理进口报关，并将进口（转入）报关单号填入出口（转出）报关单的“关联报关单”栏。

（5）办理进口货物直接退运手续的，本栏目填报“〈ZT”＋“海关审核联系单号或者《海关责令进口货物直接退运通知书》编号”＋“〉”。办理固体废物直接退运手续的，填报“固体废物，直接退运表××号/责令直接退运通知书××号”。

（6）保税监管场所进出货物，在“保税/监管场所”栏填写本保税监管场所编码，其中涉及货物在保税监管场所间流转的，在本栏填写对方保税监管场所代码。

（7）涉及加工贸易货物销毁处置的，填写海关加工贸易货物销毁处置申报表编号。

（8）当监管方式为“暂时进出货物”（2600）和“展览品”（2700）时，填报要求如下：

1）根据《中华人民共和国海关暂时进出境货物管理办法》（海关总署令第233号，以下简称《管理办法》）第三条所列项目，填报暂时进出境货物类别，如：暂进六，暂出九。

2）根据《管理办法》第十条规定，填报复运出境或者复运进境日期，期限应在货物进出境之日起6个月内，如：20180815前复运进境，20181020前复运出境。

3）根据《管理办法》第七条，向海关申请对有关货物是否属于暂时进出境货物进行审核确认的，填报中华人民共和国××海关暂时进出境货物审核确认书编号，如“〈ZS海关审核确认书编号〉”，其中英文为大写字母；无此项目的，无须填报。上述内容依次填报，项目间用“/”分隔，前后均不加空格。

4）收发货人或其代理人申报货物复运进境或者复运出境，货物办理过延期的，根据《管理办法》填报“货物暂时进/出境延期办理单”的海关回执编号，如“〈ZS海关回执编号〉”，其中英文为大写字母；无此项目的，无须填报。

（9）跨境电子商务进出口货物，在本栏目内填报“跨境电子商务”。

（10）加工贸易副产品内销，在本栏目内填报“加工贸易副产品内销”。

（11）服务外包货物进口，填报“国际服务外包进口货物”。

（12）公式定价进口货物填报公式定价备案号，格式为：“公式定价”＋备案编号＋“@”。对于同一报关单下有多项商品的，如某项或某几项商品为公式定价备案的，则备注栏内填报为：“公式定价”＋备案编号＋“#”＋商品序号＋“@”。

（13）进出口与“预裁定决定书”列明情形相同的货物时，按照“预裁定决定书”填报，格式为：“预裁定＋‘预裁定决定书’编号”（例如：某份“预裁定决定书”编号为R-2-0100-2018-0001，则填报为“预裁定R-2-0100-2018-0001”）。

（14）含归类行政裁定报关单，填报归类行政裁定编号，格式为：“c”＋四位数字编号，例如c0001。

（15）已经在进入特殊监管区时完成检验的货物，在出区入境申报时，填报“预检验”

字样，同时在“关联报检单”栏填报实施预检验的报关单号。

（16）进口直接退运的货物，填报“直接退运”字样。

（17）企业提供 ATA 单证册的货物，填报“ATA 单证册”字样。

（18）不含动物源性低风险生物制品，填报“不含动物源性”字样。

（19）货物自境外进入境内特殊监管区或者保税仓库的，填报“保税入库”或者“境外入区”字样。

（20）海关特殊监管区域与境内（区外）之间采用分送集报方式进出的货物，填报“分送集报”字样。

（21）军事装备出入境的，填报“军品”或“军事装备”字样。

（22）申报 HS 为 3821000000、3002300000 的，属于下列情况的，填报要求为：属于培养基的，填报“培养基”字样；属于化学试剂的，填报“化学试剂”字样；不含动物源性成分的，填报“不含动物源性”字样。

（23）属于修理物品的，填报“修理物品”字样。

（24）属于下列情况的，填报“压力容器”“成套设备”“食品添加剂”“成品退换”“旧机电产品”等字样。

（25）申报 HS 为 2903890020（入境六溴环十二烷），用途为“其他（99）”的，填报具体用途。

（26）集装箱体信息填报集装箱号（在集装箱箱体上标示的全球唯一编号）、集装箱规格、集装箱商品项号关系（单个集装箱对应的商品项号，半角逗号分隔）、集装箱货重（集装箱箱体自重＋装载货物重量，千克）。

（27）申报 HS 为 3006300000、3504009000、3507909010、3507909090、3822001000、3822009000，不属于“特殊物品”的，填报“非特殊物品”字样。“特殊物品”定义见《出入境特殊物品卫生检疫管理规定》（原国家质量监督检验检疫总局令第 160 号公布，根据原国家质量监督检验检疫总局令第 184 号、海关总署令第 238 号、第 240 号、第 243 号修改）。

（28）进出口列入目录①的进出口商品及法律、行政法规规定须经海关检验的其他进出口商品实施检验的，填报“应检商品”字样。

（29）申报时其他必须说明的事项填报在本栏目。

34. 项号

本栏目分两行填报。第一行填报报关单中的商品顺序编号；第二行填报备案序号，专用于加工贸易及保税、减免税等已审核并确认的货物，填报该项货物在加工贸易手册或征免税确认通知书等单证中的顺序编号。有关优惠贸易协定项下报关单填制要求按海关总署相关规定执行。

---

① 即“必须实施检验的进出口商品目录”。

本栏目第二行特殊情况填报要求如下：

（1）深加工结转货物，分别按照加工贸易手册中的进口料件项号和出口成品项号填报。

（2）料件结转货物（包括料件、制成品和未完成品折料），出口报关单按照转出加工贸易手册中进口料件的项号填报；进口报关单按照转进加工贸易手册中进口料件的项号填报。

（3）料件复出货物（包括料件、边角料），出口报关单按照加工贸易手册中进口料件的项号填报；如边角料对应一个以上料件项号时，填报主要料件项号。料件退换货物（包括料件，不包括未完成品），进出口报关单按照加工贸易手册中进口料件的项号填报。

（4）成品退换货物，退运进境报关单和复运出境报关单按照加工贸易手册原出口成品的项号填报。

（5）加工贸易料件转内销货物（以及按料件办理进口手续的转内销制成品、残次品、未完成品）应填制进口报关单，填报加工贸易手册进口料件的项号；加工贸易边角料、副产品内销，填报加工贸易手册中对应的进口料件项号。如边角料或副产品对应一个以上料件项号时，填报主要料件项号。

（6）加工贸易成品凭征免税确认通知书转为减免税货物进口的，应先办理进口报关手续。进口报关单填报征免税确认通知书中的项号，出口报关单填报加工贸易手册原出口成品项号，进、出口报关单货物数量应一致。

（7）加工贸易货物销毁，本栏目应填报加工贸易手册中相应的进口料件项号。

（8）加工贸易副产品退运出口、结转出口，填报加工贸易手册中新增成品的出口项号。

（9）经海关批准实行加工贸易联网监管的企业，按海关联网监管要求，企业须申报报关清单的，应在向海关申报进出口（包括形式进出口）报关单前，向海关申报报关清单。一份报关清单对应一份报关单，报关单上的商品由报关清单归并而得。加工贸易电子账册报关单中项号、品名、规格等栏目的填制规范参照加工贸易手册。

35. 商品编号

本栏目填报的商品编号由 10 位数字组成。前 8 位为《中华人民共和国进出口税则》和《中华人民共和国海关统计商品目录》确定的编码，第 9、10 位为监管附加编号。

36. 商品名称、规格型号

本栏目分两行填报及打印。第一行填报进出口货物规范的中文商品名称，第二行填报规格型号。

具体填报要求如下：

（1）商品名称及规格型号应据实填报，并与进出口货物收发货人或受委托的报关企业所提交的合同、发票等相关单证相符。

（2）商品名称应当规范，规格型号应当足够详细，以能满足海关归类、审价及许可证件管理要求为准，可参照《中华人民共和国海关进出口商品规范申报目录》中对商品名称、规格型号的要求进行填报。

（3）已备案的加工贸易及保税货物，填报的内容必须与备案登记中同项号下货物的商品名称一致。

（4）对需要海关签发“货物进口证明书”的车辆，商品名称栏应填报“车辆品牌＋排气量（注明 cc）＋车型（如越野车、小轿车等）”。进口汽车底盘不填报排气量。车辆品牌应按照“进口机动车辆制造厂名称和车辆品牌中英文对照表”中“签注名称”一栏的要求填报。规格型号栏可填报“汽油型”等。

（5）由同一运输工具同时运抵同一口岸并且属于同一收货人、使用同一提单的多种进口货物，按照商品归类规则应当归入同一商品编号的，应当将有关商品一并归入该商品编号。商品名称填报一并归类后的商品名称，规格型号填报一并归类后商品的规格型号。

（6）品牌类型。品牌类型为必填项目。可选择“无品牌”（代码 0）、“境内自主品牌”（代码 1）、“境内收购品牌”（代码 2）、“境外品牌（贴牌生产）”（代码 3）、“境外品牌（其他）”（代码 4）如实填报。其中，“境内自主品牌”是指由境内企业自主开发、拥有自主知识产权的品牌，“境内收购品牌”是指境内企业收购的原境外品牌，“境外品牌（贴牌生产）”是指境内企业代工贴牌生产中使用的境外品牌，“境外品牌（其他）”是指除代工贴牌生产以外使用的境外品牌。

上述品牌类型中，除“境外品牌（贴牌生产）”仅用于出口外，其他类型还均用于进口和出口。

（7）出口享惠情况。出口享惠情况为出口报关单必填项目。可选择“出口货物在最终目的国（地区）不享受优惠关税”“出口货物在最终目的国（地区）享受优惠关税”“出口货物不能确定在最终目的国（地区）享受优惠关税”如实填报。进口货物报关单不填制该申报项。

（8）进口货物收货人申报进口属于实施反倾销反补贴措施货物的，填报“原厂商中文名称”“原厂商英文名称”“反倾销税率”“反补贴税率”“是否符合价格承诺”等计税必要信息。

格式要求为：“| 〈〉〈〉〈〉〈〉〈〉”。“|”“〈”“〉”均为英文半角符号。第一个“|”为在规格型号栏目中已填报的最后一个申报要素后系统自动生成或人工录入的分割符（若相关商品税号无规范申报填报要求，则需要手工录入“|”），“|”后面 5 个“〈〉”内容依次为“原厂商中文名称”“原厂商英文名称”（如无原厂商英文名称，可填报以原厂商所在国或地区文字标注的名称，具体可参照商务部实施贸易救济措施相关公告中对有关原厂商的外文名称写法）“反倾销税率”“反补贴税率”“是否符合价格承诺”。其中，“反倾销税率”和“反补贴税率”填写实际值，例如，税率为 30%，填写“0.3”。“是否符合价格承诺”填写“1”或者“0”，“1”代表“是”，“0”代表“否”。填报时，5 个“〈〉”为不可缺项，如第 3、4、5 项“〈〉”中无申报事项，相应的“〈〉”中内容可以为空，但

“〈〉”需要保留。

37. 数量及单位

本栏目分三行填报。

(1) 第一行应按进出口货物的法定第一计量单位填报数量及单位，法定计量单位以《中华人民共和国海关统计商品目录》中的计量单位为准。

(2) 凡列明有法定第二计量单位的，应在第二行按照法定第二计量单位填报数量及单位。无法定第二计量单位的，本栏目第二行为空。

(3) 成交计量单位及数量应填报并打印在第三行。

(4) 法定计量单位为“千克”的数量填报，特殊情况下填报要求如下：

1) 装入可重复使用的包装容器的货物，应按货物扣除包装容器后的重量填报，如罐装同位素、罐装氧气及类似品等。

2) 使用不可分割包装材料和包装容器的货物，按货物的净重填报（即包括内层直接包装的净重重量），如采用供零售包装的罐头、药品及类似品等。

3) 按照商业惯例以公量重计价的商品，按公量重填报，如未脱脂羊毛、羊毛条等。

4) 采用以毛重作为净重计价的货物，可按毛重填报，如粮食、饲料等大宗散装货物。

5) 采用零售包装的酒类、饮料、化妆品，按照液体/乳状/膏状/粉状部分的重量填报。

(5) 成套设备、减免税货物如需分批进口，货物实际进口时，应按照实际报验状态确定数量。

(6) 具有完整品或制成品基本特征的不完整品、未制成品，根据《商品名称及编码协调制度》归类规则应按完整品归类的，按照构成完整品的实际数量填报。

(7) 已备案的加工贸易及保税货物，成交计量单位必须与加工贸易手册中同项号下货物的计量单位一致，加工贸易边角料和副产品内销、边角料复出口，本栏目填报其报验状态的计量单位。

(8) 优惠贸易协定项下进出口商品的成交计量单位必须与原产地证书上对应商品的计量单位一致。

(9) 法定计量单位为立方米的气体货物，应折算成标准状况（即摄氏零度及1个标准大气压）下的体积进行填报。

38. 单价

本栏目填报同一项号下进出口货物实际成交的商品单位价格。无实际成交价格的，填报单位货值。

39. 总价

本栏目填报同一项号下进出口货物实际成交的商品总价格。无实际成交价格的，填报货值。

40. 币制

本栏目的填报应按海关规定的“货币代码表”（见表3-12）选择相应的货币名称及代码填报，如“货币代码表”中无实际成交币种，须将实际成交货币按申报日外汇折算率折算成“货币代码表”列明的货币填报。

表3-12 主要货币代码表

货币代码	中文名称	货币代码	中文名称	货币代码	中文名称
HKD	港币	JPY	日本元	SGD	新加坡元
CNY	人民币	KRW	韩国元	EUR	欧元
DKK	丹麦克朗	GBP	英镑	SEK	瑞典克朗
CHF	瑞士法郎	RUB	俄罗斯卢布	CAD	加拿大元
USD	美元	AUD	澳大利亚元	NZD	新西兰元

41. 原产国（地区）

原产国（地区）应依据《中华人民共和国进出口货物原产地条例》《中华人民共和国海关关于执行〈非优惠原产地规则中实质性改变标准〉的规定》以及海关总署关于各项优惠贸易协定原产地管理规章规定的原产地确定标准填报。同一批进出口货物的原产地不同的，应分别填报原产国（地区）。进出口货物原产国（地区）无法确定的，填报“国（地）别不详”（代码ZZZ）。

本栏目应按海关规定的“国别（地区）代码表”选择填报相应的国家（地区）名称及代码。

42. 优惠贸易协定享惠

进出口货物收发货人或者其代理人在办理优惠贸易协定项下货物海关申报手续时，应在本栏目填报。

本栏目分为“原产地证明编号”“优惠贸易协定代码”“优惠贸易协定项下原产地”“原产地证明商品项号”和“原产地证明类型”五栏，其中“原产地证明编号”填报原产地证明的编号（免提交原产地证明的小金额进口货物①该栏填写“XJE00000”）。对表3-13中尚未实现原产地电子信息交换的优惠贸易协定，需先在中国电子口岸的“优惠贸易协定原产地要素申报系统”录入并获取原产地证明编号，再填报“原产地证明编号”栏。

① 各优惠贸易协定规定的“小金额”的具体数额是不同的，以中国-新西兰自贸协定为例，该协定项下进口货物完税价格总值不超过1 000美元即为“小金额”。但协定代码01、03、04、14、21的优惠贸易协定没有小金额享惠规则，不允许申报小金额享惠。

表 3-13　优惠贸易协定实现电子数据信息交换情况

优惠贸易协定代码	优惠贸易协定	是否实现原产地电子信息交换
01	亚太贸易协定	是（仅限韩国） 否（其他成员）
02	中国-东盟全面经济合作框架协议	是（仅限新加坡、印度尼西亚） 否（其他成员）
03	内地与香港关于建立更紧密经贸关系的安排（香港 CEPA）	是
04	内地与澳门关于建立更紧密经贸关系的安排（澳门 CEPA）	是
06	对台湾地区农产品零关税优惠措施	否
07	中国-巴基斯坦自由贸易协定	是
08	中国-智利自由贸易协定	是
10	中国-新西兰自由贸易协定	是（仅限原产地证书）
11	中国-新加坡自由贸易协定	是
12	中国-秘鲁自由贸易协定	否
13	最不发达国家特别优惠关税待遇	是（孟加拉国、尼日尔、埃塞俄比亚、莫桑比克、东帝汶） 否（其他国家）
14	海峡两岸经济合作框架协议（ECFA）	是
15	中国-哥斯达黎加自由贸易协定	否
16	中国-冰岛自由贸易协定	否
17	中国-瑞士自由贸易协定	否
18	中国-澳大利亚自由贸易协定	否
19	中国-韩国自由贸易协定	是
20	中国-格鲁吉亚自由贸易协定	是
21	中国-毛里求斯自由贸易协定	否
22	区域全面经济伙伴关系协定	否
23	中国-柬埔寨自由贸易协定	否

填报原产地证明编号后，系统自动检索录入该份原产地证明的电子数据。如果查找到该编号对应的唯一原产地证明，则系统自动返填“优惠贸易协定代码”“优惠贸易协定项下原产地”“原产地证明类型”三栏数据或选项；如果查找到该编号对应的多份原产地证明，则“优惠贸易协定代码”“优惠贸易协定项下原产地”“原产地证明类型”（选择“原产地证书”或者“原产地声明”，免提交原产地证明的小金额进口货物该栏默认为空）需手动填报或选择。最后根据报关单享惠商品和原产地证明商品项号对应关系，填写“原产地证明商品项号”。

如凭编号为 ABC12345 的原产地证书进口中国-东盟全面经济合作框架协议项下货物，报关单商品项对应原产地证书的第 3 项，则本栏目填报示范见表 3-14。

表 3-14 “优惠贸易协定享惠”栏目填报示范

优惠贸易协定代码	02
原产地证明类型	原产地证书
原产地证明编号	ABC12345
优惠贸易协定项下原产地	泰国
原产地证明商品项号	3

一份报关单对应一份原产地证明，一份原产地证明应当对应同一批次货物。享受和不享受协定税率或者特惠税率的同一批次进口货物可以在同一张报关单中申报。“同一批次”进口货物指由同一运输工具同时运抵同一口岸，并且属于同一收货人，使用同一提单的进口货物。

43. 最终目的国（地区）

最终目的国（地区）填报已知的进出口货物的最终实际消费、使用或进一步加工制造的国家（地区）。不经过第三国（地区）转运的直接运输货物，以运抵国（地区）为最终目的国（地区）；经过第三国（地区）转运的货物，以最后运往国（地区）为最终目的国（地区）。同一批进出口货物的最终目的国（地区）不同的，应分别填报最终目的国（地区）。进出口货物不能确定最终目的国（地区）时，以尽可能预知的最后运往国（地区）为最终目的国（地区）。

本栏目应按海关规定的“国别（地区）代码表”选择填报相应的国家（地区）名称及代码。

44. 境内目的地/境内货源地

境内目的地填报已知的进口货物在国内的消费、使用地或最终运抵地，其中最终运抵地为最终使用单位所在的地区。最终使用单位难以确定的，填报货物进口时预知的最终收货单位所在地。

境内货源地填报出口货物在国内的产地或原始发货地。出口货物产地难以确定的，填报最早发运该出口货物的单位所在地。

海关特殊监管区域、保税物流中心（B 型）与境外之间的进出境货物，境内目的地/境内货源地填报本海关特殊监管区域、保税物流中心（B 型）所对应的国内地区。

按海关规定的“国内地区代码表”选择填报相应的国内地区名称及代码，境内目的地还需根据“行政区划代码表”选择填报其对应的县级行政区名称及代码。无下属区县级行政区的，可选择填报地市级行政区。

45. 征免

本栏目应按照海关核发的征免税确认通知书或有关政策规定，对报关单所列每项商品选择海关规定的“征减免税方式代码表”（见表 3-15）中相应的征减免税方式填报。

表 3-15　征减免税方式代码表

征减免税方式代码	征减免税方式名称	说明
1	照章征税	对进出口货物依照法定税率计征各类税、费。
2	折半征税	依照主管海关核发的征免税确认通知书或有关政策规定，对进出口货物依照法定率折半计征关税和增值税，但照章征收消费税。
3	全免	依照主管海关核发的征免税确认通知书或有关政策规定，对进出口货物免征关税和增值税，但消费税是否免征按有关批文的规定办理。
4	特案	依照主管海关核发的征免税确认通知书或有关政策规定的税率计征各类税、费。
5	随征免性质	对某些特定监管方式下进出口的货物按照征免性质规定的特殊计税公式或税率计征税、费。
6	保证金	经海关批准具保放行的货物，由担保人向海关缴纳现金的一种担保形式。
7	保函	担保人根据海关的要求，向海关提交的订有明确权利、义务的一种担保形式。

加工贸易货物报关单应根据加工贸易手册中备案的征免规定填报；加工贸易手册中备案的征免规定为“保金”或“保函”的，应填报“全免”。

46. 特殊关系确认

本栏目根据《中华人民共和国海关审定进出口货物完税价格办法》（简称《审价办法》）第 16 条，填报确认进出口行为中买卖双方是否存在特殊关系，有下列情形之一的，应当认为买卖双方存在特殊关系，在本栏目应填报“是”，反之则填报“否”：

（1）买卖双方为同一家族成员的；

（2）买卖双方互为商业上的高级职员或者董事的；

（3）一方直接或者间接地受另一方控制的；

（4）买卖双方都直接或者间接地受第三方控制的；

（5）买卖双方共同直接或者间接地控制第三方的；

（6）一方直接或者间接地拥有、控制或者持有对方 5%以上（含 5%）公开发行的有表决权的股票或者股份的；

（7）一方是另一方的雇员、高级职员或者董事的；

（8）买卖双方是同一合伙的成员的。

买卖双方在经营上相互有联系，一方是另一方的独家代理、独家经销或者独家受让人，如果符合前款的规定，也应当视为存在特殊关系。

出口货物免于填报，加工贸易及保税监管货物（内销保税货物除外）免于填报。

47. 价格影响确认

本栏目根据《审价办法》第 17 条，填报确认进出口行为中买卖双方存在的特殊关系是否影响成交价格，纳税义务人如不能证明其成交价格与同时或者大约同时发生的下列任何一款价格相近的，应当视为特殊关系对进出口货物的成交价格产生影响，在本栏目应填报“是”，反之则填报“否”：

（1）向境内无特殊关系的买方出售的相同或者类似进出口货物的成交价格；

（2）按照《审价办法》第 23 条的规定所确定的相同或者类似进出口货物的完税价格；

（3）按照《审价办法》第 25 条的规定所确定的相同或者类似进出口货物的完税价格。

出口货物免于填报，加工贸易及保税监管货物（内销保税货物除外）免于填报。

48. 支付特许权使用费确认

特许权使用费，是指进口货物的买方为取得知识产权权利人及权利人有效授权人关于专利权、商标权、专有技术、著作权、分销权或者销售权的许可或者转让而支付的费用。

根据《审价办法》第 11 条和第 13 条，填报确认买方是否存在向卖方或者有关方直接或者间接支付与进口货物有关的特许权使用费，且未包括在进口货物的实付、应付价格中，并且符合《审价办法》第 13 条。如果进出口行为中买方存在向卖方或者有关方直接或者间接支付特许权使用费的，在本栏目应填报“是”，反之则填报“否”。

纳税义务人在货物申报进口时已支付应税特许权使用费的，已支付的金额应填报在报关单“杂费”栏目，海关按照接受货物申报进口之日适用的税率、计征汇率，对特许权使用费征收税款。纳税义务人在货物申报进口时未支付应税特许权使用费的，应在每次支付后的 30 日内向海关办理申报纳税手续，并填写“应税特许权使用费申报表”。报关单“监管方式”栏目填报“特许权使用费后续征税”（代码 9500），“商品名称”栏目填报原进口货物名称，“商品编码”栏目填报原进口货物编码，“法定数量”栏目填报“0.1”，“总价”栏目填报每次支付的应税特许权使用费金额，“毛重”和“净重”栏目填报“1”。

出口货物免于填报，加工贸易及保税监管货物（内销保税货物除外）免于填报。

49. 自报自缴

如果进出口企业、单位采用“自主申报、自行缴税”（自报自缴）模式向海关申报，则填报“是”，反之则填报“否”。

50. 申报单位

自理报关的，填报进出口企业的名称及编码；委托代理报关的，填报报关企业名称及编码。编码填报 18 位法人和其他组织统一社会信用代码。

报关人员填报在海关备案的姓名、编码、电话，并加盖申报单位印章。

51. 海关批注及签章

本栏目供海关作业时签注。

实战训练

项目三“案例导入”中，A报关公司完整申报生成的进境货物备案清单，其中的“境内收货人”“进口日期”“备案号”“运输方式”“货物存放地点”“消费使用单位”“监管方式”“许可证号”“启运国（地区）”“随附单证”“标记唛码及备注”“商品编号”“商品名称、规格型号”“最终目的国（地区）”“境内目的地”等栏目应填写哪些内容？

任务三　办理海关保税监管场所和海关特殊监管区域通关

【任务分析】

了解保税物流货物的海关监管特征，熟悉保税监管场所的种类及功能，掌握以综合保税区为代表的海关特殊监管区域的功能以及综合保税区通关操作。

一、保税物流货物

（一）保税物流进出口监管制度

保税物流进出口监管制度是海关的一项进出境货物监管制度，指经海关批准，货物进境时未办理纳税手续，在境内按规定储存后复运出境或办理进口报关纳税手续后，经核销办结海关手续的监管制度。适用于保税进出口监管制度的货物称为保税物流货物。保税物流货物主要以在境内储存与流转为目的，包括在海关保税监管场所和海关特殊监管区域储存或简单增值加工后流转的保税货物。

（二）监管特征

1. 设立审批

保税物流货物必须存放在经过法定程序审批设立的保税监管场所或者特殊监管区域。未经法定程序审批同意设立的任何场所或者区域都不得存放保税物流货物。

2. 准入保税

保税物流货物通过准予进入监管场所或监管区域来实现批准保税。这样，“准入保税”就成为海关保税物流货物监管的特点之一。海关对于保税物流货物的监管，通过对保税监管场所或者特殊监管区域的监管来实现。

3. 纳税暂缓

凡是进境进入保税物流监管场所或特殊监管区域的保税物流货物在进境时都可以暂不办理缴纳进口关税及进口环节海关代征税手续，等到运离海关保税监管场所或特殊监管区域时才办理纳税手续，或者征税，或者免税。

4. 监管延伸

进境货物从进境地海关监管现场，已办结海关出口手续尚未离境的货物从出口申报地海关现场，延伸到保税监管场所或者特殊监管区域。

不同的保税监管场所或特殊区域规定了不同的保税物流货物存储期限，超出规定存储期限未申请延期或海关不批准延期申请的，经营企业应当办理超期货物的退运、征税、放弃、销毁等手续。

5. 运离结关

根据规定，保税物流货物报关同保税加工货物报关一样有报核程序，有关单位应当定期以电子数据和纸质单证向海关申报规定时段保税物流货物的进、出、存、销等情况。但是实际结关的时间，除外发加工和暂时运离（维修、测试、展览等）需要继续监管以外，每一批货物运离保税监管场所或者特殊监管区域，都必须根据货物的实际流向办结海关手续；办结海关手续后，该批货物就不再是运离保税监管场所或者特殊监管区域范围的保税物流货物了。在这里，规定时间的报核已经不是最终办结海关手续的必要程序了。

二、 海关保税监管场所

海关保税监管场所，是指经海关批准设立的，准予在保税状态下存储货物的仓库、场所。海关保税监管场所属于海关保税物流监管的基本形态之一，目前包括保税仓库、出口监管仓库和保税物流中心（A型）、保税物流中心（B型）四种形态。

（一）保税仓库

保税仓库是指经海关批准设立的专门存放保税货物及其他未办结海关手续货物的仓库。

1. 功能

保税仓库具有保税仓储、转口、简单加工和流通性增值服务、物流配送等功能。下列货物，经海关批准可以存入保税仓库：

（1）加工贸易进口货物；

（2）转口货物；

（3）供应国际航行船舶和航空器的油料、物料和维修用零部件；

（4）供维修外国产品所进口寄售的零配件；

（5）外商暂存货物；
（6）未办结海关手续的一般贸易货物；
（7）经海关批准的其他未办结海关手续的货物。

保税仓库不得存放国家禁止进境货物，不得存放未经批准的影响公共安全、公共卫生或健康、公共道德或秩序的国家限制进境货物，以及其他不得存入保税仓库的货物。

经海关同意，保税仓库可对所存货物进行分级分类、分拆分拣等辅助性简单作业。

2. 种类

保税仓库按照使用对象不同分为公用型保税仓库、自用型保税仓库。公用型保税仓库由主营仓储业务的中国境内独立企业法人经营专门向社会提供保税仓储服务。自用型保税仓库由特定的中国境内独立企业法人经营，仅存储供本企业自用的保税货物。

保税仓库中专门用来存储具有特定用途或特殊种类商品的称为专用型保税仓库，包括液体保税仓库、备料保税仓库、寄售维修保税仓库和其他专用型保税仓库。

3. 设立

申请人应向仓库所在地主管海关提交书面申请由主管海关受理并报直属海关审批。

4. 存储期限

保税仓库所存货物的存储期限为 1 年。需要延长存储期限，应向主管海关申请延期，经海关批准可以延长，无特殊情形，延长的期限最长不超过 1 年。特殊情况下，延期后货物存储期限超过 2 年的，由直属海关审批。

（二）出口监管仓库

出口监管仓库指经海关批准设立，对已办结海关出口手续的货物进行存储、保税物流配送、提供流通性增值服务的仓库。

1. 功能

出口监管仓库具有保税存储、转口配送、简单加工和流通性增值服务等功能。下列货物，经海关批准可以存入出口监管仓库：
（1）一般贸易出口货物；
（2）加工贸易出口货物；
（3）从其他海关特殊监管区域、场所转入的出口货物；
（4）出口配送型仓库可以存放为拼装出口货物而进口的货物，以及为改换出口监管仓库货物包装而进口的包装物料；
（5）其他已办结海关出口手续的货物。

出口监管仓库不得存放国家禁止进出境货物、未经批准的国家限制进出境货物，以及海关规定不得存放的其他货物。

2. 种类

出口监管仓库分为：国内结转型仓库，存储用于国内结转的出口货物的仓库；出口配送型仓库，存储以实际离境为目的的出口货物的仓库。出口配送型仓库，符合上一年度入仓货物的实际出仓离境率不低于99%等条件的，可以申请享受国内货物。

3. 设立

申请人应向仓库所在地主管海关提交书面申请由主管海关受理并报直属海关审批。

4. 存储期限

出口监管仓库所存货物的存储期限为6个月。经主管海关同意可以延期，但延期不得超过6个月。货物存储期满前，仓库经营企业应当通知发货人或者其代理人办理货物的出境或者进口手续。

（三）保税物流中心

保税物流中心有A型和B型两种。保税物流中心（A型）是指经海关批准，由中国境内企业法人经营，专门从事保税仓储物流业务的海关监管场所。保税物流中心（B型）是指经海关批准，由我国境内一家企业法人经营，多家企业进入并从事保税仓储物流业务的海关集中监管场所。以下所述保税物流中心特指保税物流中心（B型）。

课堂讨论

保税物流中心A型和B型有何区别？

1. 功能

保税物流中心被赋予了进口保税政策、出口退税政策及灵活的外汇政策，拥有较为强大的政策功能。

（1）存放货物的范围。包括国内出口货物，转口货物和国际中转货物，外商暂存货物，加工贸易进出口货物，供应国际航行船舶和航空器的物料、维修用零部件，供维修外国产品所进口寄售的零配件，未办结海关手续的一般贸易进口货物，经海关批准的其他未办结海关手续的货物。

（2）存储货物的期限。货物保税存储期限为2年，确有正当理由的，经主管海关同意可以予以延期，除特殊情况外，延期不得超过1年。

（3）开展业务的范围。可保税存储进出口货物及其他未办结海关手续的货物，对所存货物开展流通性简单加工和增值服务，全球采购和国际分拨、配送，转口贸易和国际中转业务，经海关批准的其他国际物流业务。

保税物流中心不得开展以下业务：商业零售；生产和加工制造；维修、翻新和拆解存储国家禁止进出口货物，以及危害公共安全、公共卫生或者健康、公共道德或者秩序的国家限制进出口货物；存储法律、行政法规明确规定不能享受保税政策的货物；其他与保税物流中心无关的业务。

2. 设立

申请人的申请事项由主管直属海关受理，由海关总署、财政部、国家税务总局、国家外汇管理局审批。在保税物流中心内设立企业由主管海关受理，报直属海关审批。

3. 进出货物监管

（1）物流中心与境外（一线）之间进出货物的监管。除实行出口被动配额管理和中华人民共和国参加或者缔结的国际条约及国家另有明确规定的以外，不实行进出口配额、许可证件管理。

从境外进入物流中心的货物，属于保税物流中心可以存储的货物，按照保税货物办理相关手续；中心内企业进口自用的货物、物品，以及开展物流服务所需的进口机器设备等，按照进口货物的有关规定和税收政策办理相关手续。

保税物流中心进出口货物，按照全国通关一体化方式进行申报。

（2）物流中心与境内（二线）之间进出货物的监管。物流中心内企业根据需要经主管海关批准，可以分批进出货物，并按照海关规定办理月度集中报关，但集中报关不得跨年度办理。

物流中心货物进入境内视同进口（二线进口货物），按照货物实际贸易方式和实际状态办理进口报关手续；货物属许可证件管理商品的，企业还应当取得有效的许可证件，海关对有关许可证件电子数据进行系统自动比对验核；实行集中申报的进出口货物，应当适用每次货物进出口时海关接受申报之日实施的税率、汇率。进口申报流程为：保税物流中心外企业填制进口报关单向保税物流中心主管海关申报，贸易方式根据企业贸易实际填报；中心内企业已设立金关二期[①]保税底账的，以保税核注清单[②]形式向海关申报，两份单证内容要求一致，同时提交海关审核。

下列货物从物流中心进入境内时依法免征关税和进口环节税：用于在保修期限内免费维修有关外国产品并符合无代价抵偿货物有关规定的零部件，用于国际航行船舶和航空器的物料，国家规定免税的其他货物。

货物从境内进入物流中心视同出口（二线出口货物），办理出口报关手续，如需缴纳出口关税，应当按照规定纳税；属于许可证件管理的商品，还应当取得有效的出口许可证件。

---

① 全国所有海关特殊监管区域、保税监管场所已全面推广应用金关二期海关特殊监管区域管理系统、保税物流管理系统。金关二期海关特殊区域管理系统支持特殊区域、物流中心、保税仓库、出口监管仓库、加工贸易手（账）册等各类保税监管账册间货物的流转。

② 保税核注清单是所有金关二期保税底账的进、出、转、存的唯一凭证。保税核注清单全面支持企业料号级管理的需求，可以实现企业料号级管理、通关项号级申报。凡是设立了金关二期保税账册的企业，海关特殊监管区域、保税监管场所间或与区（场所）外企业间进出货物的，区（场所）内企业可不再办理备案清单申报手续。

海关对有关出口许可证件电子数据进行系统自动比对验核。出口申报流程为：保税物流中心外企业填制出口报关单向保税物流中心主管海关申报，贸易方式根据企业贸易实际填报；中心内企业以保税核注清单形式向海关申报，两份单证内容要求一致，同时提交海关审核。

从境内运入物流中心的原进口货物，境内发货人应当向海关办理出口报关手续，经主管海关验放；已经缴纳的关税和进口环节海关代征税，不予退还。

以下情况，海关办理出口货物退税证明手续：

1）货物从境内进入物流中心已办结报关手续的；

2）境内运入物流中心，供中心内企业自用的国产的机器设备、装卸设备、管理设备、检验检测设备等。

以下情况，海关不办理出口货物退税证明手续：

1）境内运入物流中心，供中心内企业自用的生活消费用品、交通运输工具；

2）境内运入物流中心，供中心内企业自用的进口的机器设备、装卸设备、管理设备、检验检测设备等；

3）物流中心之间、物流中心与出口加工区和已实行国内货物入仓环节出口退税政策的出口监管仓库等海关特殊监管区域或者海关保税监管场所往来的货物。

物流中心与海关特殊监管区域、其他保税监管场所之间可以进行货物流转并按照规定办理相关海关手续。

三、 海关特殊监管区域

实例分析

国务院新闻办公室于2019年1月10日（星期四）上午10时举行国务院政策例行吹风会，海关总署有关负责人就海关特殊监管区域发展的具体情况答记者问：

海关特殊监管区域的设立是随着我国对外开放的发展而逐渐形成的。在我国对外开放过程中，保税加工贸易的发展是其中一个重要的形态。在保税加工发展过程中，企业需要一些符合发展的政策和功能，为了适应这种发展的要求，国家研究实施了设立海关特殊监管区域的相关政策。

从1990年开始，我国先后推出六种形态的海关特殊监管区域，从最早的保税区设立到后来的出口加工区、保税物流园区、保税港区以及综合保税区和跨境工业区等六种类型的海关特殊监管区域。这六种特殊监管区域在设立之初有不同的政策功能特点，比如保税区当时主要是为了服务和保障保税加工企业对一些设备和料件进行保税监管的需要而设立的。出口加工区主要是立足于推动外贸发展、服务企业扩大出口而设立的。随着对外开放的进一步发展，保税物流业务蓬勃兴起，为了推动区港一体化，更好地发挥保税区的物流枢纽的作用功能，又建立了保税物流园区。随后，为配合我国航运中心建设，建立了保税港区。由于各种不同的特殊区域功能各异，不能够适应企业的综合性要求，因此国家提出在此基础上建立综合保税区，整合优化各种特殊区域的一些政策和功能，实行统一化要求。现在的综合保税区是海关特殊监管区域的最高形态。

海关特殊监管区域的发展受到了广大进出口企业的普遍欢迎，在我国对外开放当中发挥了积极作用。它的作用归纳起来体现在以下四个方面：一是促外贸、引外资的先导区作用，二是带动中西部地区开放发展的助推器作用，三是引领新业态探索创新的孵化器作用，四是自贸试验区制度创新的实验室作用。

海关特殊监管区域包括保税区、出口加工区、跨境工业区、保税物流园区、保税港区以及综合保税区六种类型。根据相关政策，除保税区外，其他海关特殊监管区域将统一整合优化为综合保税区，新出台的政策措施也将仅仅赋予综合保税区。以下仅对综合保税区进行介绍。

（一）综合保税区功能

综合保税区是指经国务院批准，集保税区、出口加工区、保税物流园区、港口的功能于一身，具有口岸、物流、加工等功能的海关特殊监管区域。综合保税区是开放型经济的重要平台，对发展对外贸易、吸引外商投资、促进产业转型升级发挥着重要作用。综合保税区可以开展下列业务：

（1）研发、加工、制造、再制造；

（2）检测、维修；

（3）货物存储；

（4）物流分拨；

（5）融资租赁；

（6）跨境电商；

（7）商品展示；

（8）国际转口贸易；

（9）国际中转；

（10）港口作业；

（11）期货保税交割；

（12）国家规定可以在区内开展的其他业务。

（二）综合保税区管理

综合保税区实行封闭式管理。综合保税区与中华人民共和国关境内的其他地区之间设置符合海关监管要求的卡口、围网、视频监控系统及海关监管所需的其他设施。海关对进出综合保税区的运输工具、货物、物品及综合保税区内企业、场所进行监管。区内企业应当自开展业务之日起，定期向海关报送货物的进区、出区和储存情况。

综合保税区享受的税收和外汇管理政策为：国外货物入区保税；货物出区进入境内销售按货物进口的有关规定办理报关手续，并按货物实际状态征税；区外货物入区视同出口，实行退税。

区内企业设立电子账册，电子账册的备案、核销等作业按有关规定执行。

经综合保税区主管海关批准，区内企业可以在综合保税区综合办公区专用的展示场所举办商品展示活动。展示的货物应当在海关备案，并接受海关监管。

综合保税区内货物可以自由流转。区内企业转让、转移货物的，双方企业应当及时向海关报送转让、转移货物的品名、数量、金额等电子数据信息。

综合保税区货物不设存储期限。

经海关核准，区内企业可以办理集中申报手续。实行集中申报的区内企业应当对 1 个自然月内的申报清单数据进行归并，填制进出口货物报关单，在次月月底前向海关办理集中申报手续。集中申报适用报关单集中申报之日实施的税率、汇率。集中申报不得跨年度办理。

（三）综合保税区货物的进出

综合保税区货物进出与法检货物入区检疫

1. 综合保税区与境外之间进出货物

海关对综合保税区与境外之间进出的货物实行备案制管理，对从境外进入综合保税区的货物予以保税。货物的收发货人或者代理人应当如实填写进出境货物备案清单，向海关备案。

保税监管企业已设立金关二期保税底账的，在办理货物进出境时，相关企业应向海关报送保税核注清单数据信息，再办理备案清单申报手续。备案清单申报数据由保税核注清单数据归并生成。

实战训练

项目三“案例导入”中，A 报关公司概要申报后，提货进入综合保税区，再制作保税核注清单完成第二步的“完整申报”。查询海关总署公告 2018 年第 23 号，说明保税核注清单需要填写哪些栏目，并根据案例中提供的信息填写其中可以填写的栏目，最后说明保税核注清单报送海关后需要修改如何处理。

海关总署公告 2018 年第 23 号

下列货物从境外进入综合保税区，海关免征进口关税和进口环节海关代征税：

（1）区内生产性的基础设施建设项目所需的机器、设备和建设生产厂房、仓储设施所需的基建物资；

（2）区内企业开展综合保税区允许范围内的业务所需的机器、设备、模具及其维修用零配件；

（3）区内企业和行政管理机构自用合理数量的办公用品。

从境外进入综合保税区，供区内企业和行政管理机构自用的交通运输工具、生活消费用品，按进口货物的有关规定办理申报手续，海关按照有关规定征收进口关税和进口环节税。

从综合保税区运往境外的货物免征出口关税。

综合保税区与境外之间进出的货物，除法律、行政法规另有规定的外，不实行关税配额、许可证件管理。

对于同一配额、许可证件项下的货物，海关在进区环节已经验核配额、许可证件的，在出境环节不再要求企业出具配额、许可证件原件。

2. 综合保税区与区外非特殊监管区域或场所之间进出货物

对于综合保税区与区外之间进出的货物，区内企业或者区外收发货人按照进出口货物的有关规定向综合保税区主管海关办理申报手续。需要征税的，区内企业或者区外收发货人按照货物进出区时的实际状态缴纳税款；属于配额、许可证件管理商品的，区内企业或者区外收货人还应当向海关出具配额、许可证件。海关对有关许可证件电子数据进行系统自动比对验核。对于同一配额、许可证件项下的货物，海关在进境环节已经验核配额、许可证件的，在出区环节不再要求企业出具配额、许可证件原件。

保税监管企业已设立金关二期保税底账的，在办理综合保税区与区外企业间进出货物时，相关企业应向海关报送保税核注清单数据信息，区内企业可不再办理备案清单申报手续。

区内货物出区直接进入生产或消费领域流通的按进口货物办理进口手续；属于优惠贸易协定项下货物，符合海关总署相关原产地管理规定的，按协定税率或者特惠税率办理海关征税手续。

区内货物出区符合保税或者特定减免税条件的，可以按保税货物或者特定减免税货物办理海关手续。

海关监管货物从综合保税区与区外之间进出的，综合保税区主管海关可以要求提供相应的担保。

境内（区外）货物、设备以出口报关方式进入综合保税区的，其出口退税按照国家有关规定办理；境内（区外）货物、设备属于原进口货物、设备的，原已缴纳的关税、进口环节海关代征税，海关不予退还。

除另有规定外，海关对前款货物比照保税货物进行管理，对前款设备比照减免税设备进行管理。

海关对下列境内入区的不涉出口关税、不涉贸易管制证件、不要求退税且不纳入海关统计的货物、物品，实施便捷进出区管理模式：

（1）区内的基础设施、生产厂房、仓储设施建设过程中所需的机器、设备、基建物资；

（2）区内企业和行政管理机构自用的办公用品；

（3）区内企业所需的劳保用品；

（4）区内企业用于生产加工及设备维护的少量、急用物料；

（5）区内企业使用的包装物料；

（6）区内企业使用的样品；

（7）区内企业生产经营使用的仪器、工具、机器、设备；

（8）区内人员所需的生活消费品。

上述货物、物品可不采用报关单、备案清单方式办理进区手续；如需出区，实行与进区相同的便捷管理模式。区内企业做好便捷进出区的日常记录，相关情况可追溯。

3. 综合保税区与其他海关特殊监管区域或者保税监管场所之间往来的货物

海关对于综合保税区与其他综合保税区等海关特殊监管区域或者保税监管场所之间往来的货物，实行保税监管。

综合保税区与其他综合保税区等海关特殊监管区域或者保税监管场所之间的流转货物，不征收关税和进口环节税。

（四）境外入区的涉及法定检疫要求的产品监管模式

1. 境外入区动植物产品监管模式

海关对境外进入综合保税区的动植物产品的检验项目实行“先入区、后检测”监管模式。

其中的动植物产品是指从境外进入综合保税区后再运往境内（区外），以及加工后再运往境内（区外）或出境，依据我国法律法规规定应当实施检验检疫的动植物产品（不包括食品）。检验项目包括动植物产品涉及的农（兽）药残留、环境污染物、生物毒素重金属等安全卫生项目。

动植物产品在进境口岸完成动植物检疫程序后，对需要实施检验的项目，可先行进入综合保税区内的监管仓库，海关再进行有关检验项目的抽样检测和综合评定，并根据检测结果进行后续处置。

2. 境外入区食品监管模式

海关对境外进入综合保税区的食品实施“抽样后即放行”监管。综合保税区内进口的食品，需要进入境内的，可在综合保税区进行合格评定，分批放行；凡需要进行实验室检测的，可在满足以下条件的基础上抽样后即予以放行：

（1）进口商承诺进口食品符合我国食品安全国家标准和相关检验要求（包括包装要求和储存、运输温度要求等）；

（2）进口商已建立完善的食品进口记录和销售记录制度并严格执行。

经实验室检测发现安全卫生项目不合格的，进口商应按照《中华人民共和国食品安全法》的规定采取主动召回措施，并承担相应的法律责任。

项目四

电商与通关政策

学习目标

知识目标

1. 了解跨境电商进出口通关政策
2. 熟悉跨境电商 B2B 出口申报要求
3. 掌握跨境电商 B2C 进出口申报要求

能力目标

掌握跨境电商进出口海关监管要求，能办理跨境电商 B2C 和 B2B 申报

思政目标

领会国家推动跨境电商等新业态、新模式加快发展，培育外贸新动能的意义，认识国家相关扶持和监管政策对跨境电商良性发展的作用

案例导入

2020 年 10 月 21 日上午，山东省临沂市首单跨境电商网购保税进口（1210）业务在临沂综合保税区顺利通关，标志着临沂跨境电商 1210 模式落地实施，实现了临沂跨境电子商务综合试验区建设的又一重要突破。

2020 年以来，临沂综保区认真调研分析，创新业务模式，在 2019 年开通跨境电商直邮出口 9610 业务的基础上，2020 年 9 月 1 日又成功开通了 9710、9810 业务。1210 通关模式是临沂市获批跨境电商综合试验区之后的又一次重大业务模式创新，具有时效快、成本低、全程海关监管、享受综合税率等优势，培育了稳外贸新的增长点，为推动临沂实现“由大到强”“由美到富”“由新到精”战略性转变注入了新的活力。

1210 模式下保税仓库内的货物实行一单一报、一清，货物卖出后缴纳关税，未卖出的货物可暂不报关，亦可直接退回国外。该模式在通关效率、商品质量、性价比方面都有明显优势。

阅读以上案例，思考以下问题：

1. 临沂综合保税区开展9610通关模式的跨境电商零售出口业务，可采取哪种方式办理报关手续？这种方式有哪些特点？

2. 案例中提及跨境电商网购保税进口（1210）业务“具有时效快、成本低、全程海关监管、享受综合税率等优势”，为什么1210通关模式具有这些优势？

3. 9710、9810通关模式适用于哪种跨境电商业务模式？两者有何区别？

思维导图

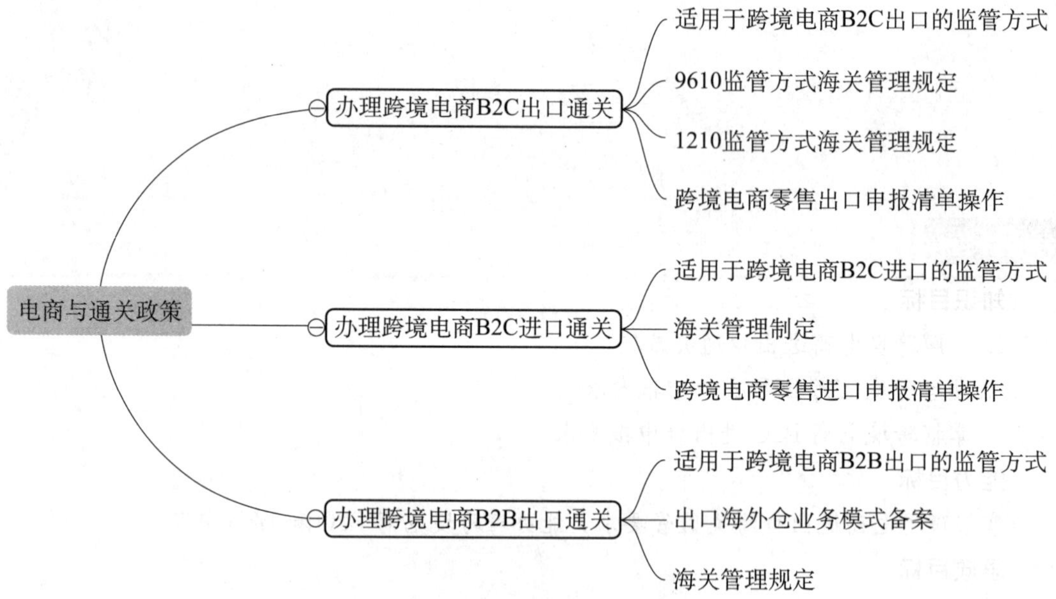

任务一　办理跨境电商 B2C 出口通关

【任务分析】

了解跨境电商 B2C 出口的两种海关监管方式，熟悉 1210 方式的通关要求，掌握 9610 方式的通关要求，能进行跨境电商零售出口申报清单操作。

一、适用于跨境电商 B2C 出口的监管方式

适用于跨境电商 B2C 出口的监管方式分 9610 和 1210 两个代码。

海关监管方式代码 9610，全称“跨境贸易电子商务”，简称“电子商务”，适用于境内个人或电子商务企业通过电子商务交易平台实现交易，并采用“清单核放、汇总申报”模式办理通关手续的电子商务零售进出口商品。

跨境电商 B2C 出口监管方式与 9610 海关管理规定

海关监管方式代码 1210，全称“保税跨境贸易电子商务”，简称“保税电商”，适用于境内个人或电子商务企业在经海关认可的电子商务平台实现跨境交易，并通过海关特殊监管区域或保税监管场所进出的电子商务零售进出境商品。

以 9610 海关监管方式开展跨境电商零售出口业务（一般出口模式）和以 1210 海关监管方式开展跨境电商零售出口业务（特殊区域出口模式）的电子商务企业、海关特殊监管区域或保税监管场所内跨境贸易电子商务经营企业、支付企业和物流企业应当按照规定向海关备案，并通过电子商务通关服务平台实时向电子商务通关管理平台传送交易、支付、仓储和物流等数据①。

二、9610 监管方式海关管理规定

（一）监管作业场所

跨境电子商务零售出口商品监管作业场所必须符合海关相关规定。跨境电商监管作业场所经营人、仓储企业应当建立符合海关监管要求的计算机管理系统，并按照海关要求交换电子数据。其中开展跨境电商一般出口业务的监管作业场所应按照快递类或者邮递类海关监管作业场所规范设置。

① 目前尚未能与国外第三方支付平台进行数据联网，因此暂不需要提供支付单信息。

（二）清单申报

跨境电商零售出口商品申报前，跨境电商企业或其代理人、物流企业应当分别通过国际贸易“单一窗口”或跨境电商通关服务平台向海关传输交易、收款、物流等电子信息，并对数据真实性承担相应法律责任。

跨境电商零售商品出口时，跨境电商企业或其代理人应提交“中华人民共和国海关跨境电商零售出口商品申报清单”（简称“申报清单”），采取“清单核放、汇总申报”方式办理报关手续；跨境电商综合试验区（简称“跨境电商综试区”）内符合条件的跨境电商零售商品出口，可采取“清单核放、汇总统计”方式办理报关手续，不再汇总形成出口货物报关单。

“清单核放、汇总统计”方式下，采取“简化归类、清单申报、汇总统计”的原则。简化归类：对不涉及出口征税、出口退税、许可证件管理，且单票价值在人民币 5 000 元以内的跨境电商 B2C 出口商品，电商企业可以按照《进出口税则》4 位税号申报（原申报税号为 10 位）。清单申报：电商企业或其代理人向海关提交申报清单，办理出口商品通关手续，不再汇总申报出口货物报关单。汇总统计：符合以上条件的跨境电商出口商品，按照申报清单汇总统计，经跨境电商综试区所在地直属海关审核后直接报海关总署统计司，统计司对跨境电商申报数据采取单项统计。

实例分析

跨境电商正孕育着巨大的发展机遇。2020 年 4 月 27 日，国务院发布《关于同意在雄安新区等 46 个城市和地区设立跨境电子商务综合试验区的批复》（以下简称“批复”），对 46 个城市和地区设立跨境电商综试区的请示作出批复。

据了解，此前，国务院分别在 2015 年 3 月、2016 年 1 月、2018 年 7 月、2019 年 12 月，分四批在杭州、天津、石家庄等 59 个城市开展了跨境电商综试区建设。加上此次新设的 46 个跨境电商综试区，全国跨境电商综试区已达到 105 个，覆盖了 30 个省区市，形成了陆海内外联动、东西双向互济的发展格局。

从布局范围看，前两批 13 个综试区主要设在东部大中型城市，第三批开始向中西部和东北地区的省会城市扩展，第四批延展到二、三线城市。有业内人士认为，此次新的第五批综试区已拓展至三、四线外贸基础较好的城市，有几个地区值得关注：一是雄安新区，通过设立跨境电商综试区可以让其商贸流通和物流体系快速发展；二是东北黑河、吉林等地，无论是对边境贸易发展还是东北工业的振兴都可以起到很大的推动作用；三是新疆乌鲁木齐和甘肃天水等地，在这些地方设立综试区对我国西北地区和面向“一带一路”的电商发展将起到重要推动作用。

近年来，跨境电商在稳外贸、稳企业、促数字化转型等方面发挥了重要作用。特别是在新冠肺炎疫情期间，跨境电商成为我国外贸发展的重要渠道，并加速外贸创新发展。在疫情背景下，我国的外贸外资发展面临巨大压力，通过增设跨境电商综试区，可以对外贸外资起到引领带动作用。例如在疫情期间，全球的供应链面临巨大挑战，可以发挥跨境电商的作用，有效地加强商务沟通能力，改善供应链体系管理模式。

在政策方面，综试区也有其创新性和引领性。例如免征进出口，特别是零售方面的关税政策，一方面可以让跨境电商通关更加快捷，另一方面在降低成本的同时提高了效率，方便外贸企业轻装上阵。

在跨境电商综试区继续扩围的政策利好下，多地培育外贸新业态。据了解，跨境电商综合试验区已成为创新创业新高地。此前设立的各综试区共有“创客小镇”“众创空间”等各类孵化基地、平台 37 个，仅 2019 年新增跨境电商企业就超过 6 000 家。截至目前，跨境电商综试区企业品牌已经超过 3 000 个，综试区企业已建设海外仓超过 1 200 个，为广大百姓提供更多的创业渠道，创造更多的就业机会，对扩大就业、增加居民收入、促进经济社会发展具有重要意义。

跨境电商零售出口商品可采用“跨境电商”模式进行转关[①]。其中，跨境电商综试区所在地海关可将转关商品品名以总运单形式录入“跨境电子商务商品一批”，并需随附转关商品详细电子清单。

（三）查验

海关实施查验时，跨境电商企业或其代理人、跨境电商监管作业场所经营人、仓储企业应当按照有关规定提供便利，配合海关查验。

海关对跨境电商零售出口商品及其装载容器、包装物按照相关法律法规实施检疫，并根据相关规定实施必要的监管措施。

（四）汇总申报与退税

跨境电商零售商品出口后，跨境电商企业或其代理人应当于每月 15 日前（当月 15 日是法定节假日或者法定休息日的，顺延至其后的第一个工作日），将上月结关的申报清单依据清单表头同一收发货人、同一运输方式、同一生产销售单位、同一运抵国、同一出境关别，以及清单表体同一最终目的国、同一 10 位海关商品编码、同一币制的规则进行归并，汇总形成出口货物报关单向海关申报。跨境电商企业或平台凭报关单及相应单证资料办理结汇、退税手续。

跨境电商企业出口未取得有效进货凭证的货物，同时符合下列条件的，试行“免征（增值税、消费税）不退（出口退税）”政策：

（1）跨境电商企业在跨境电商综试区注册，并在注册地跨境电商线上综合服务平台登记出口日期、货物名称、计量单位、数量、单价、金额。

---

① 转关是指进出口货物在海关监管下，从一个海关运至另一个海关办理某项海关手续的行为，如货物在启运地出口报关运往出境地，由出境地海关监管出境；货物由进境地入境，向海关申请转关，运往另一个设关地点进口报关等。

（2）出口货物通过跨境电商综试区所在地海关办理电子商务出口申报手续。

（3）出口货物不属于财政部和税务总局根据国务院决定明确取消出口退（免）税的货物。

课堂讨论

跨境电商零售出口“免征不退”政策对跨境电商企业有哪些利好？

（五）退货规定

跨境电商出口企业、特殊区域（包括海关特殊监管区域和保税物流中心（B型））内跨境电商相关企业或其委托的报关企业（简称“退货企业”）可向海关申请开展跨境电商零售出口的退货业务。

申请开展退货业务的跨境电商出口企业、特殊区域内跨境电商相关企业应当建立退货商品流程监控体系，应保证退货商品为原出口商品，并承担相应的法律责任。

退货企业可以对原出口货物报关单、申报清单或出境货物备案清单所列全部或部分商品申请退货。

跨境电商出口退货商品可单独运回也可批量运回，退货商品应在出口放行之日起1年内退运进境。

退货企业应当向海关如实申报，接受海关监管，并承担相应的法律责任。

三、1210监管方式海关管理规定

（一）货物入区

跨境电商企业根据海外市场预期，提前备货，将物品运入特殊区域跨境电商保税仓库，海关依托金关二期系统对其实施电子账册管理。货物报关入区，与传统外贸的货物进入特殊区域相同，区外企业可提前办理结汇、退税等手续。

（二）出口通关

对跨境电商平台成交形成的订单进行清单申报，海关凭清单核放。根据订单的主体和运输方式的不同，存入特殊区域的商品运往境外分两种形式：如果是电商企业把电商平台成交的每一个小包裹直接交物流企业运给境外的消费者个人，出口通关的流程与9610出口模式类似，则须进行清单申报；如果是电商企业先把货物批量运往境外的海外仓，然后根据后续订单由海外仓直接配送给境外的消费者个人，则须进行报关单申报。

（三）退货

退货企业可向海关申请开展跨境电商特殊区域出口商品的退货业务，但应提前申请设立账册，并按照不同账册类型实施严格退货管理：“1210包裹零售出口”商品退货，应退回原跨境电商出口账册；“1210 出口海外仓零售”商品（包括消费者正常原因或滞销商品）退货，应退回原海外仓账册。企业需要对“1210 包裹零售出口”商品开展退货的，应通过“单一窗口”或跨境电商通关服务平台向海关申报“中华人民共和国海关跨境电子商务零售进出口商品退货单”（简称“退货单”）。在“退货单”放行前，应将退货商品存放在符合海关监管要求的专门区域。退货商品应具有可核验的标识，以便海关抽查核验。退货企业应保证退货商品为原出口商品，并承担相应的法律责任。海关查验无误后退货商品可按规定运抵原区域（中心），原区域（中心）的跨境电商出口底账相应核增。“1210 出口海外仓零售”的商品若需退货，区域（中心）内企业需要向海关申报保税核注清单，根据保税核注清单数据归并生成进口报关单（进境货物备案清单）。对出口海外仓的商品退货，在海关查验环节享有优先权。退货商品对应的进口报关单（进境货物备案清单）审核放行后，对应区域（中心）的原海外仓出口底账相应核增。

四、 跨境电商零售出口申报清单操作

（一）清单录入

登录“单一窗口”跨境电商出口子系统，点击左侧菜单栏“跨境电商出口”—“清单管理”—“清单录入”功能选项，可对清单进行新增、暂存、申报和删除等操作。点击“新增”，界面如图 4－1 所示：

图 4－1　“单一窗口”跨境电商出口子系统清单录入界面

界面中，带有星号的字段为必填项；灰色字段（例如预录入编号、海关清单编号、申报类型等）表示不允许录入，系统将根据相应操作或步骤后自动返填。

部分字段（例如企业内部编号、申报口岸、出口口岸等）需要用户手工录入，部分字段中的灰色字体为录入提示。

右侧带有三角形标识（例如运输方式、币制等）的字段，表示该类字段需要在参数中

进行调取，不允许用户随意录入。直接点击三角形图标，调出下拉菜单并在其中进行选择。也可直接输入已知的相应数字、字母或汉字，迅速调出参数，使用上下箭头选择后，点击回车键确认录入。

日期类字段（例如出口日期/申报日期等），需点击录入框后，在系统自动弹出的日历中选择日期。

可随时点击界面中的“暂存”按钮，将当前正在录入的基本信息数据进行保存，以防数据丢失。清单申报之前必须先进行暂存操作。

(二) 清单填制规范

跨境电商零售出口的申报清单与出口货物报关单具有同等法律效力，相关数据填制要求详见表 4－1：

表 4－1 跨境电商零售出口商品申报清单数据填制规范

序号	中文名称	必填项	说明
清单数据表头			
1	申报海关代码	是	办理通关手续的 4 位海关代码 JGS/T 18《海关关区代码》
2	申报日期	是	申报时间以海关审批反馈时间为准，格式：YYYYMMDDhhmmss
3	预录入编号	否	电子口岸生成标识清单的编号（B+8 位年月日+9 位流水号）
4	订单编号	是	电商平台的原始订单编号
5	电商平台代码	是	电商平台的海关注册登记编码
6	电商平台名称	是	电商平台的海关注册登记名称
7	物流运单编号	是	物流企业的运单包裹面单号
8	物流企业代码	是	物流企业的海关注册登记编码
9	物流企业名称	是	物流企业的海关注册登记名称
10	清单编号	否	海关审结生成标识清单的编号（4 位关区+4 位年+1 位进出口标记+9 位流水号）
11	进出口标记	是	I-进口，E-出口
12	出口口岸代码	是	商品实际出我国关境口岸海关的关区代码 JGS/T 18《海关关区代码》
13	出口日期	是	时间格式：YYYYMMDD
14	生产销售单位代码	是	出口发货人填写海关企业代码
15	生产销售单位名称	是	实际发货人的企业名称
16	收发货人代码	是	一般指电商企业的海关注册登记代码
17	收发货人名称	是	一般指电商企业的海关注册登记名称
18	报关企业代码	是	申报单位的海关注册登记代码
19	报关企业名称	是	申报单位的海关注册登记名称
20	区内企业代码	否	针对保税出口模式，区内仓储企业代码，用于一线出区核减账册
21	区内企业名称	否	针对保税出口模式，区内仓储企业名称
22	贸易方式	是	默认为 9610，可以为 1210 保税模式，支持多种跨境贸易方式
23	运输方式	是	海关标准的参数代码《JGS－20 海关业务代码集》－运输方式代码

续前表

序号	中文名称	必填项	说明
24	运输工具名称	否	进出境运输工具的名称或运输工具编号。填报内容应与运输部门向海关申报的载货清单所列相应内容一致；同报关单填制规范
25	航班航次号	否	进出境运输工具的航次编号
26	提（运）单号	否	提单或总运单的编号
27	总包号	否	物流企业对于一个提运单下含有多个大包的托盘编号（邮件为邮袋号）
28	监管场所代码	否	针对同一申报地海关下有多个跨境电子商务的监管场所，需要填写区分
29	许可证号	否	商务主管部门及其授权发证机关签发的进出口货物许可证的编号
30	运抵国（地区）	是	出口货物直接运抵的国家（地区），《JGS－20 海关业务代码集》国家（地区）代码表填写代码
31	指运港代码	是	出口运往境外的最终目的港的标识代码。最终目的港不可预知时，应尽可能按预知的目的港填报
32	运费	是	物流企业实际收取的运输费用
33	运费币制	是	海关标准的参数代码《JGS－20 海关业务代码集》－货币代码
34	运费标志	是	1－率，2－单价，3－总价
35	保费	是	物流企业实际收取的商品保价费用
36	保费币制	是	海关标准的参数代码《JGS－20 海关业务代码集》－货币代码
37	保费标志	是	1－率，2－单价，3－总价
38	包装种类代码	是	海关对进出口货物实际采用的外部包装方式的标识代码，采用 1 位数字表示，如：木箱、纸箱、桶装、散装、托盘、包、油罐车等
39	件数	是	件数（包裹数量）
40	毛重（千克）	是	商品及其包装材料的重量之和，计量单位为千克
41	净重（千克）	是	商品的毛重减去外包装材料后的重量，即商品本身的实际重量，计量单位为千克
42	备注	否	
清单数据表体			
43	商品项号	是	从 1 开始连续编号，与订单序号保持一致
44	企业商品编号	否	企业内部对商品唯一编号
45	海关商品编码	是	海关对进出口商品规定的类别标识代码，采用海关综合分类表的标准分类，总长度为 10 位数字代码，前 8 位由国务院关税税则委员会确定，后 2 位由海关根据代征税、暂定税率和贸易管制的需要增设
46	商品名称	是	同一类商品的名称。任何一种具体商品可以并只能归入表中的一个条目
47	规格型号	是	满足海关归类、审价以及监管的要求为准。包括：品名、牌名、规格、型号、成分、含量、等级等
48	条形码	是	商品条形码一般由前缀部分、制造厂商代码、商品代码和校验码组成。没有条形码填“无”

续前表

序号	中文名称	必填项	说明
49	最终目的国（地区）代码	是	海关标准的参数代码《JGS－20 海关业务代码集》国家（地区）代码表填写代码
50	币制	是	海关标准的参数代码《JGS－20 海关业务代码集》－货币代码
51	申报数量	是	
52	法定数量	是	
53	第二数量	否	
54	申报计量单位	是	海关标准的参数代码《JGS－20 海关业务代码集》－计量单位代码
55	法定计量单位	是	海关标准的参数代码《JGS－20 海关业务代码集》－计量单位代码
56	第二计量单位	否	海关标准的参数代码《JGS－20 海关业务代码集》－计量单位代码
57	单价	是	成交单价
58	总价	是	总价＝成交数量×单价

（三）清单申报

首先查询已录入的“暂存”状态的清单数据。点击左侧菜单栏“跨境电商出口”—“清单管理”—“清单申报”功能选项，输入相应的查询条件并点击“查询”按钮，系统会显示符合条件的数据，界面如图 4－2 所示：

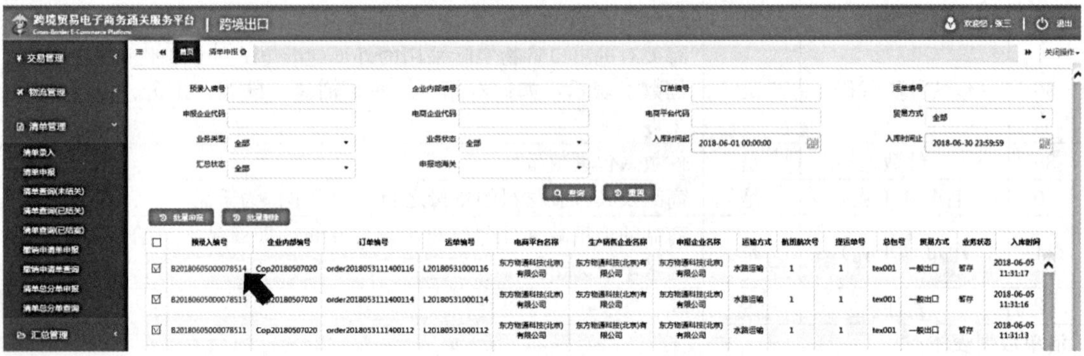

图 4－2 “单一窗口”跨境电商出口子系统清单申报界面

在显示的查询结果中点击某个“预录入编号”字段（见图 4－2 箭头所指处），页面将会跳转到该清单申报详情界面（见图 4－3），业务状态为“暂存”的可以单独对该清单数据进行申报。

也可在清单申报界面选择多个查询出的数据（见图 4－2 打钩处），点击弹出框的确认按钮进行批量申报。

除特殊情况外，申报清单应当采取通关无纸化作业方式进行申报。申报清单的修改或者撤销，参照海关进出口货物报关单的修改或者撤销有关规定办理。

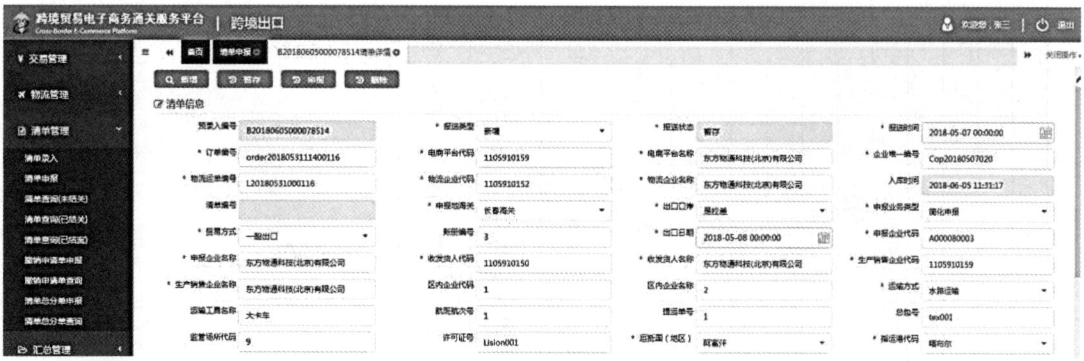

图 4-3　待申报清单详情界面

实战训练

根据以下跨境电商 B2C 出口业务订单、支付单和运单信息（见表 4-2～表 4-4），填制跨境电商零售出口申报清单。

任务二　办理跨境电商 B2C 进口通关

【任务分析】

了解跨境电商 B2C 进口的两种海关监管方式，熟悉 9610 方式的通关要求，掌握 1210 及 1239 方式的通关要求，能进行跨境电商零售进口申报清单操作。

一、适用于跨境电商 B2C 进口的监管方式

适用于跨境电商 B2C 进口的监管方式分 9610、1210 以及 1239 三个代码。9610 海关监管方式①适用于跨境电商零售进口业务直购进口模式，1210 海关监管方式②和 1239 海关监管方式适用于跨境电商零售进口业务网购保税进口模式。

海关监管方式代码 1210 用于进口时仅限经批准开展跨境贸易电子商务进口试点城市③的海关特殊监管区域和保税物流中心（B 型）。

---

① 具体概念见本项目任务一相关内容。

② 具体概念见本项目任务一相关内容。

③ 跨境电商零售进口试点城市为我国所有自由贸易试验区、跨境电商综合试验区、综合保税区、进口贸易促进创新示范区、保税物流中心（B 型）所在城市（及区域）。

表 4-2 订单

订单号	205655860959402467	订单类型	出口		
电商平台代码	1647530495	电商平台名称	深圳澳买电子商务有限公司		
电商企业代码	1647530495	电商企业名称	深圳澳买电子商务有限公司		
货款金额	90	运杂费	0	订单商品税款	0
币制	USD|美元	实际支付金额	90	订购人姓名	Smith Sophie Kate
订购人证件类型		订购人证件号码		支付企业	PayPal 支付|贝宝
支付交易编号	200002131203278992643838 56	收货人姓名	Smith Sophie Kate	收货人电话	0061456142142
收货人地址	021 Sir Samuel Griffith Drive, Brisbane Lookout, Mt Coot-tha, Brisbane, Australia			业务类型	一般出口 B2C
订购人电话	0061456142142			单证状态	

序号	商品货号	商品名称	商品描述	数量及单位	原产国	单价	总价
1	ISG06004	唇釉	1. 品名：唇釉；2. 用途：滋润，美化嘴唇；3. 包装：6ml/支	2 支	中国	美元 21	美元 42
2	ISG06005	睫毛膏	1. 品名：睫毛膏；2. 用途：美化眼部；3. 包装：6.5ml/支	1 袋	中国	美元 12	美元 12
3	ISG06007	腮红	1. 品名：腮红；2. 用途：修饰脸部；3. 包装：3.2g/件	2 件	中国	美元 18	美元 36

ⓘ 详情

表 4－3　支付单

<table>
<tr><td>支付单号</td><td>20000213120327899264383856</td><td>支付企业</td><td colspan="3">PayPal 支付|贝宝</td></tr>
<tr><td>电商平台代码</td><td>1647530495</td><td>电商平台名称</td><td colspan="3">深圳澳买电子商务有限公司</td></tr>
<tr><td>关区代码</td><td>请选择…</td><td>进出标志</td><td>出口</td><td>订单号</td><td>205655960959402467</td></tr>
<tr><td>支付人姓名</td><td>Smith Sophie Kate</td><td>支付人证件类型</td><td colspan="3"></td></tr>
<tr><td>支付人证件号</td><td></td><td>支付人电话</td><td colspan="3">0061456142142</td></tr>
<tr><td>币制代码</td><td>USD|美元</td><td>支付金额</td><td>90</td><td>支付时间</td><td>2020－03－30</td></tr>
<tr><td>业务类型</td><td>一般出口 B2C</td><td>单证状态</td><td colspan="3"></td></tr>
</table>

表 4－4　运单

<table>
<tr><td>物流运单编号</td><td>82971392831511</td><td>物流企业</td><td>邮政小包</td><td>进出标志</td><td>出口</td><td>订单号</td><td>205655860959402467</td></tr>
<tr><td>运费</td><td>0</td><td>保费</td><td>0</td><td>毛重(千克)</td><td>0.68</td><td>件数</td><td>1</td></tr>
<tr><td>币制</td><td>USD|美元</td><td>收货人姓名</td><td>Smith Sophie Kate</td><td>收货人电话</td><td colspan="3">0061456142142</td></tr>
<tr><td>收货人地址</td><td colspan="7">021 Sir Samuel Griffith Drive, Brisbane Lookout, Mt Coot-tha, Brisbane, Australia</td></tr>
<tr><td>主要货物信息</td><td colspan="3">唇釉_2_睫毛膏_1_腮红_2</td><td>关区代码</td><td colspan="3">请选择…</td></tr>
<tr><td>业务类型</td><td colspan="3">一般出口 B2C</td><td>单证状态</td><td colspan="3"></td></tr>
</table>

海关监管方式代码1239，全称"保税跨境贸易电子商务A"，简称"保税电商A"，适用于上述试点城市以外的境内电子商务企业通过海关特殊监管区域或保税物流中心（B型）一线进境的跨境电商零售进口商品。

以9610海关监管方式和以1210和1239海关监管方式开展跨境电商零售进口业务的电子商务企业、海关特殊监管区域或保税监管场所内跨境贸易电子商务经营企业、支付企业和物流企业应当按照规定向海关备案，并通过电子商务通关服务平台实时向电子商务通关管理平台传送交易、支付、仓储和物流等数据。

课堂讨论

直购进口和网购保税进口这两种进口模式分别适用于哪些商品？

二、 海关管理规定

（一）监管作业场所

跨境电商零售进口商品监管作业场所必须符合海关相关规定。跨境电商监管作业场所经营人、仓储企业应当建立符合海关监管要求的计算机管理系统，并按照海关要求交换电子数据。其中，开展跨境电商直购进口业务的监管作业场所应按照快递类或者邮递类海关监管作业场所规范设置。

跨境电商 B2C 进口海关管理规定

（二）清单申报

跨境电商零售进口商品申报前，跨境电商平台企业或跨境电商企业境内代理人、支付企业、物流企业应当分别通过"单一窗口"或跨境电商通关服务平台向海关传输交易、支付、物流等电子信息，并对数据的真实性承担相应责任。

交易信息，即订单信息，由电商平台推送给跨境通关服务平台，内容包括：电商平台信息、消费者信息（身份证信息）、收货信息、商品信息（价格、数量、HS编码、产品检验检疫备案编号等）、支付信息（实付金额、优惠金额等）等。支付信息，即订单对应的支付单信息，由支付公司推送给跨境通关服务平台，内容包括：支付企业信息、交易信息（支付流水、订单编号等）、电商平台信息、支付人信息等。物流信息，由物流企业推送给单一窗口平台，内容包括：物流企业信息、运输信息（物流单号、运费、收货信息）、货物详情信息等。

直购进口模式下，邮政企业、进出境快件运营人可以接受跨境电商平台企业或跨境电商企业境内代理人、支付企业的委托，在承诺承担相应法律责任的前提下，向海关传输交易、支付等电子信息。

网购保税进口业务，一线入区时以报关单方式进行申报[①]；直购进口以及网购保税二

① 从境外进入海关特殊监管区域则向海关报送保税核注清单数据信息，再办理备案清单申报手续。

线出区，跨境电商企业境内代理人或其委托的报关企业应提交申报清单，采取“清单核放”方式办理报关手续。海关将申报清单中的申报信息与订单信息、支付单信息和物流信息进行比对。只有订单、支付单、运单与申报清单中的信息比对通过后，海关才准许进入后续的通关环节。

跨境电商零售进口清单申报流程见图 4-4：

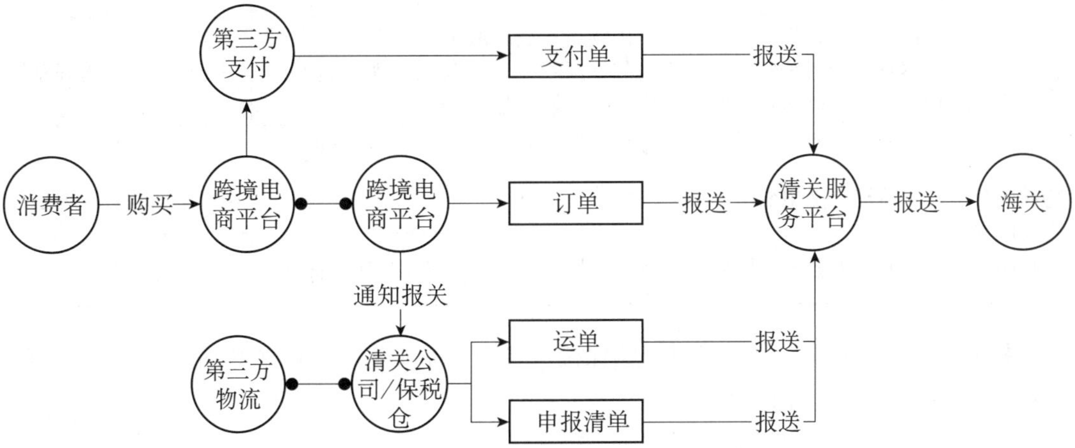

图 4-4 跨境电商零售进口清单申报流程

跨境电子商务零售进口商品可采用“跨境电商”模式进行转关。其中，跨境电商综试区所在地海关可将转关商品品名以总运单形式录入“跨境电子商务商品一批”，并需要随附转关商品详细电子清单。

(三) 通关监管要求

对跨境电商直购进口商品及网购保税进口（监管方式代码 1210）商品，按照个人自用进境物品监管，不执行有关商品首次进口许可批件、注册或备案要求。但对相关部门明令暂停进口的疫区商品和对出现重大质量安全风险的商品启动风险应急处置时除外。

网购保税进口（监管方式代码 1239）商品，属于《跨境电子商务零售进口商品清单》（见后文表 5-7）内的，免于向海关提交许可证件；一线入区时须按货物监管要求执行，二线出区时参照个人物品监管要求执行；依法需要执行首次进口许可批件、注册或备案要求的化妆品、婴幼儿配方奶粉、药品、医疗器械、特殊食品（包括保健食品、特殊医学用途配方食品等）等，按照国家相关法律法规的规定执行，具体见表 4-5：

表 4-5 部分进口商品国家有关许可批件、注册或备案要求

进口商品	相关规定	主管部门
化妆品	对进口特殊化妆品①和风险程度较高的化妆品新原料实行注册管理，对进口普通化妆品和其他化妆品新原料实行备案管理	国家药品监督管理局

① 我国《化妆品监督管理条例》中将用于染发、烫发、祛斑美白、防晒、防脱发的化妆品以及宣称新功效的化妆品称为特殊用途化妆品。

续前表

进口商品	相关规定	主管部门
婴幼儿配方奶粉	进口婴幼儿配方乳粉产品配方注册	国家市场监督管理总局
	国内收货人备案、境外生产企业注册、境外出口商或代理商备案	海关总署
药品	进口药品注册	国家药品监督管理局
医疗器械	进口第一类医疗器械实行备案管理，进口第二类、第三类医疗器械实行注册管理①	国家药品监督管理局
保健食品	首次进口的属于补充维生素、矿物质等营养物质的保健食品（其营养物质应当是列入《保健食品原料目录》的物质）实行备案管理，首次进口的其他保健食品实行注册管理	国家市场监督管理总局
	国内收货人备案、境外生产企业注册、境外出口商或代理商备案	海关总署
特殊医学用途配方食品	进口特殊医学用途配方食品注册	国家市场监督管理总局
	国内收货人备案、境外生产企业注册、境外出口商或代理商备案	海关总署

主管海关依托金关二期系统对网购保税进口的商品实施专用电子账册管理，记录商品的进、出、转②、存等情况。

（四）查验

海关实施查验时，跨境电商企业或其代理人、跨境电商监管作业场所经营人、仓储企业应当按照有关规定提供便利，配合海关查验。

海关对跨境电商零售进口商品及其装载容器、包装物按照相关法律法规实施检疫，并根据相关规定实施必要的监管措施。对需在进境口岸实施的检疫及检疫处理工作，应在完成后方可运至跨境电商监管作业场所。

网购保税一线入区，海关采取视频监控、联网核查、实地巡查、库存核对等方式对网购保税进口商品进行实货监管；在二线出区环节对运输车辆或核放单③实施一定比例的抽核。海关对跨境电商零售进口业务风险防控作业流程如图 4－5 所示：

（五）进口税缴纳

1. 跨境电商零售进口税

对跨境电商零售进口商品，海关按照国家关于跨境电商零售进口税收政策征收关税和进

① 第一类医疗器械指通过常规管理足以保证其安全性、有效性的医疗器械；第二类医疗器械指对其安全性、有效性应当加以控制的医疗器械；第三类医疗器械指植入人体，用于支持、维持生命或对人体具有潜在危险，对其安全性、有效性必须严格控制的医疗器械。

② “转”指网购保税进口商品在不同区域（中心）之间、同一区域（中心）内不同企业间流转。

③ 核放单是载货车辆进出海关特殊监管区域卡口的唯一凭证，由核注清单、提货单（先入区后报关）或出入库单生成。货物进出区前，企业需要录入核放单，并将核放单与载货车辆信息一一对应。载货车辆在进出卡口时，卡口系统会根据车辆信息找到对应的核放单信息，再进行通道判别。

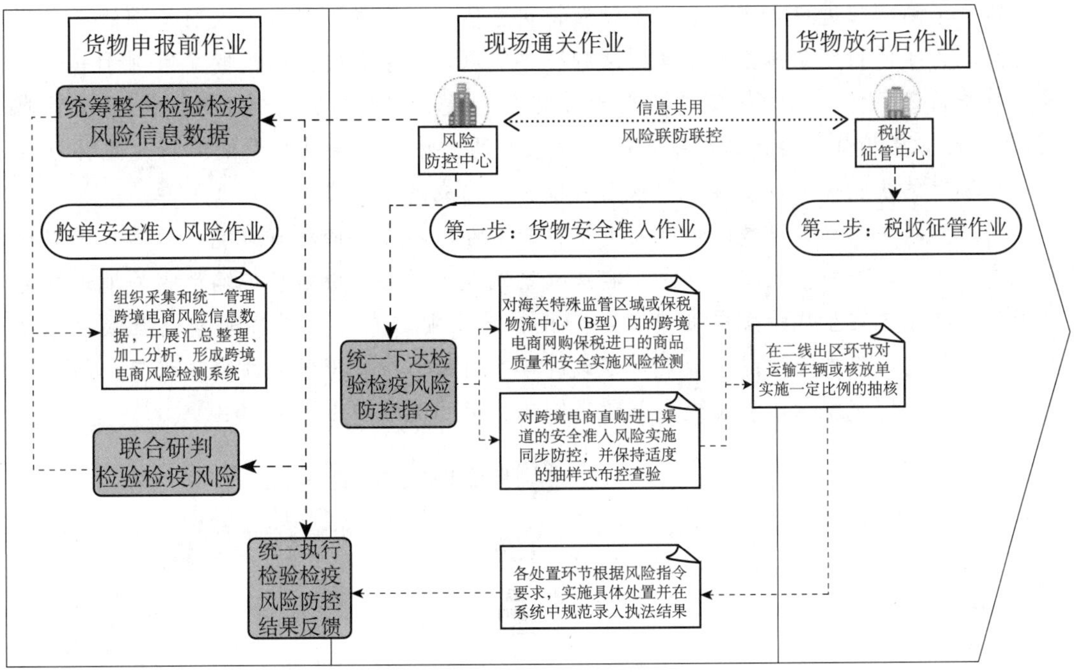

图 4-5 海关对跨境电商零售进口业务风险防控作业流程

口环节增值税、消费税，完税价格为实际交易价格，包括商品零售价格、运费和保险费。

实例分析

随着跨境电商进出口业务的迅猛增长，通过跨境电商零售进口渠道的走私行为也随之增多。

2018年，广州A公司通过伪报贸易方式，制作虚假“三单”，将本应通过一般贸易纳税进口的商品伪报为跨境电商零售进口，以逃避海关监管，偷逃国家税款。公诉部门指控，被告广州A公司在进口润滑油的过程中，为谋取非法利益，通过B电子商务有限公司的电商平台，以C支付网络服务股份有限公司为网络支付平台，以D物流有限公司为快递派送平台，采取制作虚假个人消费者订单、支付单、物流单的手段，通过跨境电商渠道，将本应按一般贸易进口的嘉实多、美孚、福特等型号润滑油，以化整为零的方式伪报成消费者个人自用物品进口。法院经审理认定，被告单位广州A公司、D物流有限公司均构成走私普通货物罪。

与一般贸易等其他的进口方式相比，跨境电商零售进口有其独特的政策优势。其中，最明显的就是税收红利，通过跨境电商零售进口商品在单次和个人年度限值之内，可享受更低的税率。根据最新规定，跨境电子商务零售进口商品，单次交易在人民币5 000元以内，并在个人年度交易限值人民币26 000元以内的，关税税率为0%；进口环节增值税、消费税按法定应纳税额的70%征收。而通过一般贸易渠道进口的商品，进口关税和进口环节税需要全额征收。

跨境电商零售进口本质上是国家针对特定主体——境内消费者个人所给予的一种税收优惠。为了使特定主体能够享受到这种税收优惠，国家有关部门采取了有别于一般贸易的特殊监管条件，比如一定的年度税收优惠额度、“交易、支付、物流”电子信息“三单”比对要相符、禁止二次销售等。如果脱离上述监管条件，致使非特定主体享受了不该享有的税收优惠，则属于偷逃国家税款，构成走私犯罪。

司法实践中的绝大多数跨境电商走私犯罪案件，均为不该享有跨境电商零售进口税收优惠的主体，采用“刷单”手法，非法收集他人的真实身份信息，编造收件地址和电话号码，在系统内生成跨境电商订单，委托物流企业、支付公司协助编造虚假物流信息、支付信息，将本应通过一般贸易方式进口的商品伪报成跨境电商零售进口，伪报贸易性质，偷逃国家税款，涉嫌走私普通货物罪。走私流程详见图 4-6：

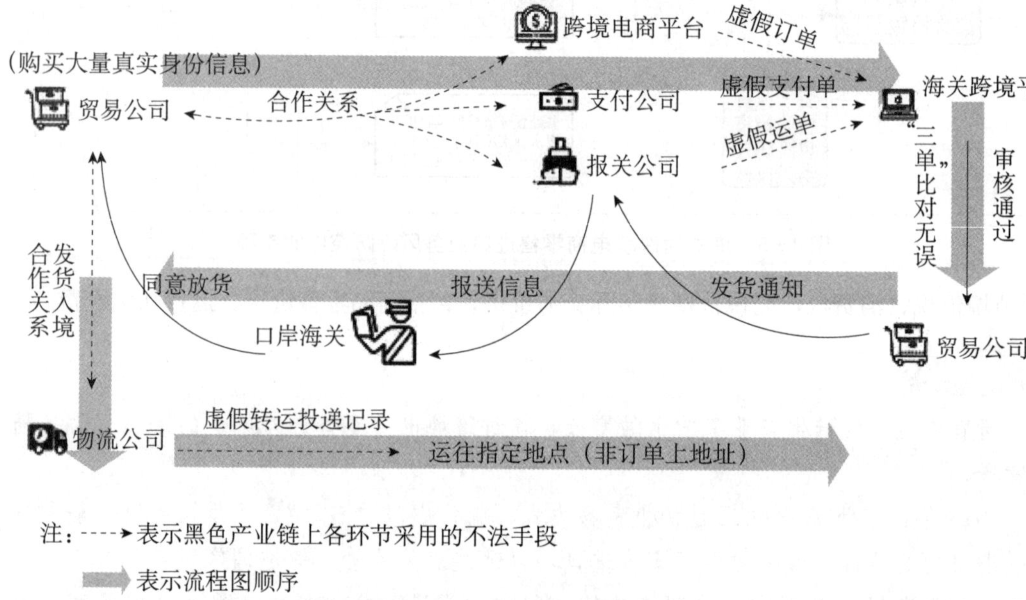

图 4-6 跨境电商渠道走私流程

普通的贸易渠道走私案件中，犯罪主体相对比较单一，通常只有货主以及提供通关服务的代理公司。跨境电商贸易与传统一般贸易相比，行业链条较长，参与主体比较多，包括跨境电商企业、跨境电商平台、物流公司、支付公司、境内消费者等几类。各参与主体均有可能牵涉走私犯罪。如上述案例中的跨境电商平台 B、支付平台 C、物流企业 D，以及仓储企业、境内消费者等主体，如果主观上知情，客观上参与实施了一定的走私行为，均有可能被定罪处罚。

2. 纳税义务人

跨境电商零售进口商品消费者（订购人）为纳税义务人。开展跨境电商零售进口业务的跨境电商平台企业、跨境电商企业境内代理人应对交易的真实性和消费者（订购人）身份信息的真实性进行审核，并承担相应的责任；身份信息未经国家主管部门或其授权的机构认证的，订购人与支付人应当为同一人。

3. 税款代收代缴义务人

在海关备案的跨境电商平台企业、物流企业或申报企业作为税款的代收代缴义务人，代为履行纳税义务，并承担相应的补税义务及相关法律责任。

4. 纳税要求

代收代缴义务人应当如实、准确地向海关申报跨境电商零售进口商品的商品名称、规格型号、税则号列、实际交易价格及相关费用等税收征管要素。为审核确定跨境电商零售进口商品的归类、完税价格等，海关可以要求代收代缴义务人按照有关规定进行补充申报。

海关对符合监管规定的跨境电商零售进口商品按时段汇总计征税款，代收代缴义务人应当依法向海关提交足额有效的税款担保。

海关放行后30日内未发生退货或修撤单的，代收代缴义务人在放行后第31日至第45日内向海关办理纳税手续。

（六）退货规定

在跨境电商零售进口模式下，跨境电商企业境内代理人或其委托的报关企业（简称"退货企业"）可向海关申请开展退货业务。跨境电商企业及其境内代理人应保证退货商品为原跨境电商零售进口商品，并承担相应的法律责任。

退货企业可以对原申报清单内全部或部分商品申请退货。

退货企业在申报清单放行之日起30日内申请退货，并且在申报清单放行之日起45日内将退货商品运抵原海关监管作业场所、原海关特殊监管区域或保税物流中心（B型）的，相应税款不予征收，并调整消费者个人年度交易累计金额。

退货企业应当向海关如实申报，接受海关监管，并承担相应的法律责任。

在海关特殊监管区域内开展的跨境电商网购保税零售进口商品的退货可采用退货中心仓模式，跨境电商企业境内代理人或其委托的海关特殊监管区域内仓储企业（简称"退货中心仓企业"）可在海关特殊监管区域内设置跨境电商零售进口商品退货专用存储地点，将退货商品的接收、分拣等流程在原海关特殊监管区域内开展。退货中心仓企业在退货中心仓内完成退货商品分拣后，对于符合退货监管要求的商品，按现行规定向海关信息化监管系统正式申报退货；对于不符合退货监管要求的商品，由退货中心仓企业复运出区域进行相应处置。

跨境电商零售进口二线出区通关流程见图4-7（从步骤②至步骤⑩）：

三、跨境电商零售进口申报清单操作

（一）清单录入

登录"单一窗口"跨境电商进口子系统，点击左侧菜单栏"跨境电商进口"—"清单

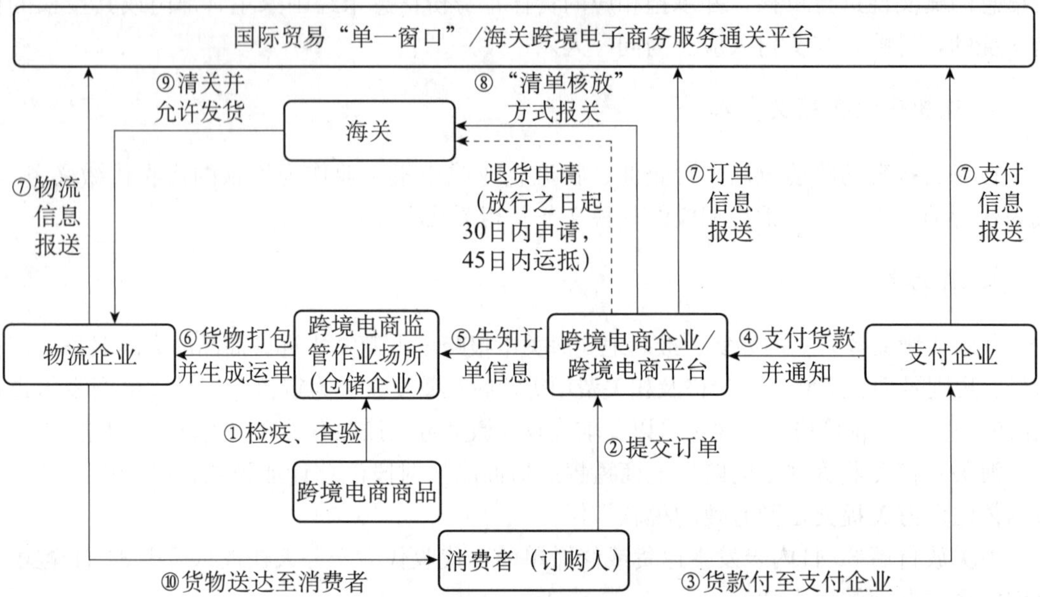

图 4-7　跨境电商零售进口二线出区通关流程

管理”—“清单申报”功能选项，可对清单进行新增、暂存、申报和删除等操作。点击新增，界面如图 4-8 所示：

图 4-8　“单一窗口”跨境电商进口子系统清单录入界面

界面中，各字段的输入要求同本项目任务一“跨境电商零售出口申报清单操作”中相应要求。

可随时点击界面中的“暂存”按钮，将当前正在录入的基本信息数据进行保存，以防数据丢失。

（二）清单填制规范

跨境电商零售进口的申报清单与进口货物报关单具有同等法律效力，相关数据填制要求详见表 4－6。

表 4－6　跨境电商零售进口商品申报清单数据填制规范

序号	中文名称	必填项	说明
清单表头			
1	预录入编号	否	电子口岸的清单编号（B+8 位年月日+9 位流水号）
2	订单编号	是	电商平台的原始订单编号
3	电商平台代码	是	电商平台识别标识
4	电商平台名称	是	电商平台名称
5	电商企业代码	是	电商企业的海关注册登记（备案）编码（18 位）
6	电商企业名称	是	电商企业的海关注册登记（备案）名称
7	物流运单编号	是	物流企业的运单包裹面单号
8	物流企业代码	是	物流企业的海关注册登记（备案）编码（18 位）
9	物流企业名称	是	物流企业的海关注册登记（备案）名称
10	担保企业编号	否	需与清单有关企业一致（电商企业或平台，申报企业）
11	账册编号	否	保税模式填写具体账号，用于保税进口业务在特殊区域辅助系统记账（二线出区核减）
12	清单编号	否	海关审结的清单编号（4 位关区+4 位年+1 位进出口标记+9 位流水号）
13	进出口标记	是	I-进口，E-出口
14	申报日期	是	申报时间以海关入库反馈时间为准，格式：YYYYMMDD
15	申报地海关代码	是	
16	进口口岸代码	是	商品实际进我国关境口岸海关的关区代码 JGS/T 18《海关关区代码》
17	进口日期	是	时间格式：YYYYMMDD
18	订购人证件类型	是	1-身份证；2-其他
19	订购人证件号码	是	海关监控对象的身份证号
20	订购人姓名	是	海关监控对象的姓名，要求个人实名认证
21	订购人电话	是	海关监管对象的电话，要求实际联系电话
22	收件人地址	是	收件人的地址，实际为运单收货人地址，不一定为个人实名认证的订购人住址
23	申报企业代码	是	申报单位的海关注册登记代码（18 位）
24	申报企业名称	是	申报单位的海关注册登记名称
25	区内企业代码	否	网购保税模式必填，用于区内企业核扣账册
26	区内企业名称	否	网购保税模式必填，用于区内企业核扣账册
27	监管方式	是	默认为 1210/9610 区分保税或一般模式

续前表

序号	中文名称	必填项	说明
28	运输方式	是	海关标准的参数代码《JGS - 20 海关业务代码集》- 运输方式代码。直购指跨境段物流运输方式。网购保税按二线出区
29	运输工具编号	否	直购进口必填。进出境运输工具的名称或运输工具编号填报内容应与运输部门向海关申报的载货清单所列相应内容一致；同报关单填制规范
30	航班航次号	否	直购进口必填。进出境运输工具的航次编号
31	提运单号	否	直购进口必填。提单或运单的编号，直购必填
32	监管场所代码	否	针对同一申报地海关下有多个跨境电子商务的监管场所，需要填写区分；海关特殊监管区域或保税物流中心（B 型）不需要填报
33	许可证号	否	商务主管部门及其授权发证机关签发的进出口货物许可证的编号
34	启运国（地区）	是	直购模式填写
35	运费	是	物流企业实际收取的运输费用
36	保费	是	物流企业实际收取的商品保价费用
37	币制	是	人民币（代码：142）
38	包装种类代码	否	海关对进出口货物实际采用的外部包装方式的标识代码，采用 1 位数字表示，如：木箱、纸箱、桶装、散装、托盘、包、油罐车等
39	件数	是	件数（包裹数量）
40	毛重（千克）	是	商品及其包装材料的重量之和，计量单位为千克
41	净重（千克）	是	商品的毛重减去外包装材料后的重量，即商品本身的实际重量，计量单位为千克
42	备注	否	
清单表体			
43	序号	是	从 1 开始连续编号（一一对应关联电子订单）
44	账册备案料号	否	1210 保税进口二线出区业务（必填），支持保税模式的账册核扣
45	企业商品货号	否	电商平台自定义的商品货号（SKU）
46	企业商品品名	否	电商平台的商品品名
47	商品编码	是	海关对进出口货物规定的类别标识代码，采用海关综合分类表的标准分类，总长度为 10 位数字代码，前 8 位由国务院关税税则委员会确定，后 2 位由海关根据代征税、暂定税率和贸易管制的需要增设
48	商品名称	是	中文名称，同一类商品的名称。任何一种具体商品可以并只能归入表中的一个条目
49	商品规格型号	是	满足海关归类、审价以及监管的要求为准。包括：品名、牌名、规格、型号、成分、含量、等级等
50	条码	否	商品条形码一般由前缀部分、制造厂商代码、商品代码和校验码组成。没有条形码填“无”
51	原产国（地区）	是	海关标准的参数代码《JGS - 20 海关业务代码集》国家（地区）代码表填写代码
52	币制	是	人民币（代码：142）
53	数量	是	

续前表

序号	中文名称	必填项	说明
54	法定数量	是	
55	第二数量	否	
56	计量单位	是	海关标准的参数代码《JGS－20 海关业务代码集》－计量单位代码
57	法定计量单位	是	海关标准的参数代码《JGS－20 海关业务代码集》－计量单位代码
58	第二计量单位	否	海关标准的参数代码《JGS－20 海关业务代码集》－计量单位代码
59	单价	是	成交单价
60	总价	是	
61	备注	否	

（三）清单申报

首先查询已录入的“暂存”状态的清单数据。点击左侧菜单栏“跨境电商进口”—“清单管理”—“清单申报”，输入相应的查询条件并点击“查询”按钮，系统会显示符合条件的数据。此时既可以单独对业务状态为“暂存”的某个清单数据（见图 4－9）进行申报，也可选择多个清单数据进行批量申报。

图 4－9　待申报清单详情界面

除特殊情况外，申报清单应当采取通关无纸化作业方式进行申报。申报清单的修改或者撤销，参照海关进出口货物报关单的修改或者撤销有关规定办理。

实战训练

根据以下跨境电商 B2C 进口业务订单、支付单和运单信息（见表 4－7～表 4－9），填制跨境电商零售进口申报清单。

表 4－7　订单

订单号	209796169399915692	订单类型	进口		
电商平台代码	1126349455	电商平台名称	广州盈海电子商务有限公司		
电商企业代码	1126349455	电商企业名称	广州盈海电子商务有限公司		
货款金额	229.2	运杂费	0	订单商品税款	20.86
币制	CNY|人民币	实际支付金额	250.06	订购人姓名	王玉洁
订购人证件类型	身份证	订购人证件号码	310103199111061846	支付企业	支付宝|支付宝网络技术有限公司
支付交易编号	20900794430692194959230685	收货人姓名	王玉洁	收货人电话	18651668299
收货人地址	上海市黄浦区淮海中路 39 号			业务类型	直购进口
订购人电话	18651668299			单证状态	

序号	商品货号	商品名称	商品描述	数量及单位	原产国	单价	总价
1	ISG13004	蔓越莓花茶	1. 品名：蔓越莓花茶；2. 用途：减少皮肤黑色素；3. 包装：200g/袋	2 袋	日本	人民币 38.6	人民币 77.2
2	ISG13002	脱脂奶粉	1. 成分含量：蛋白质（3.3g/100ml）、碳水化合物（5.5g/100ml）、脂肪（0.08g/100ml）、矿物质（284mg/100ml）等；2. 适合青少年、成年人、老年人食用；3. 包装规格：1 000g/袋	1 袋	日本	人民币 152	人民币 152

① 详情

表 4-8 支付单

<table>
<tr><td>支付单号</td><td>20900794430692194959230685</td><td>支付企业</td><td colspan="3">支付宝|支付宝网络技术有限公司</td></tr>
<tr><td>电商平台代码</td><td>1126349455</td><td>电商平台名称</td><td colspan="3">广州盈海电子商务有限公司</td></tr>
<tr><td>关区代码</td><td>请选择…</td><td>进出标志</td><td>进口</td><td>订单号</td><td>209796169399915692</td></tr>
<tr><td>支付人姓名</td><td>王玉洁</td><td>支付人证件类型</td><td colspan="3">身份证</td></tr>
<tr><td>支付人证件号</td><td>310103199111061846</td><td>支付人电话</td><td colspan="3">18651668299</td></tr>
<tr><td>币制代码</td><td>CNY|人民币</td><td>支付金额</td><td>250.06</td><td>支付时间</td><td>2020-03-30</td></tr>
<tr><td>业务类型</td><td>直购进口</td><td>单证状态</td><td colspan="3"></td></tr>
</table>

表 4-9 运单

<table>
<tr><td>物流运单编号</td><td>82947637924718</td><td>物流企业</td><td>EMS</td><td>进出标志</td><td>进口</td><td>订单号</td><td>209796169399915692</td></tr>
<tr><td>运费</td><td>0</td><td>保费</td><td>0</td><td>毛重(千克)</td><td>2</td><td>件数</td><td>1</td></tr>
<tr><td>币制</td><td>CNY|人民币</td><td>收货人姓名</td><td>王玉洁</td><td>收货人电话</td><td colspan="3">18651668299</td></tr>
<tr><td>收货人地址</td><td colspan="7">上海市黄浦区淮海中路 39 号</td></tr>
<tr><td>主要货物信息</td><td colspan="3">蔓越莓花茶_2_脱脂奶粉_1</td><td>关区代码</td><td colspan="3">请选择…</td></tr>
<tr><td>业务类型</td><td colspan="3">直购进口</td><td>单证状态</td><td colspan="3"></td></tr>
</table>

任务三 办理跨境电商 B2B 出口通关

【任务分析】

了解跨境电商 B2B 出口的两种海关监管方式，熟悉出口海外仓业务模式备案要求，掌握 9710、9810 两种监管方式的通关要求，能进行两种方式的出口申报操作。

一、适用于跨境电商 B2B 出口的监管方式

（一）9710 监管方式

海关监管方式代码“9710”，全称“跨境电子商务企业对企业直接出口”，简称“跨境电商 B2B 直接出口”，适用于跨境电商企业对企业（B2B）直接出口的货物。

以“9710”海关监管方式开展跨境电商 B2B 出口业务的境内企业通过跨境电商平台与境外企业达成交易后，通过跨境物流将货物直接出口送达境外企业，并根据海关要求传输相关电子数据。9710 海关监管方式出口业务流程见图 4－10：

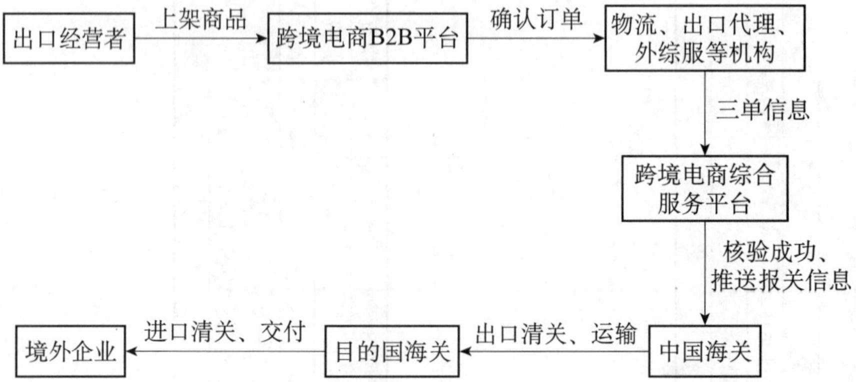

图 4－10　9710 海关监管方式出口业务流程

（二）9810 监管方式

海关监管方式代码“9810”，全称“跨境电子商务出口海外仓”，简称“跨境电商出口海外仓”，适用于跨境电商出口海外仓的货物。

以“9810”海关监管方式开展跨境电商 B2B 出口业务的境内企业将出口货物通过跨境

物流送达海外仓，通过跨境电商平台实现交易后从海外仓送达购买者，并根据海关要求传输相关电子数据。9810 海关监管方式出口业务流程见图 4-11：

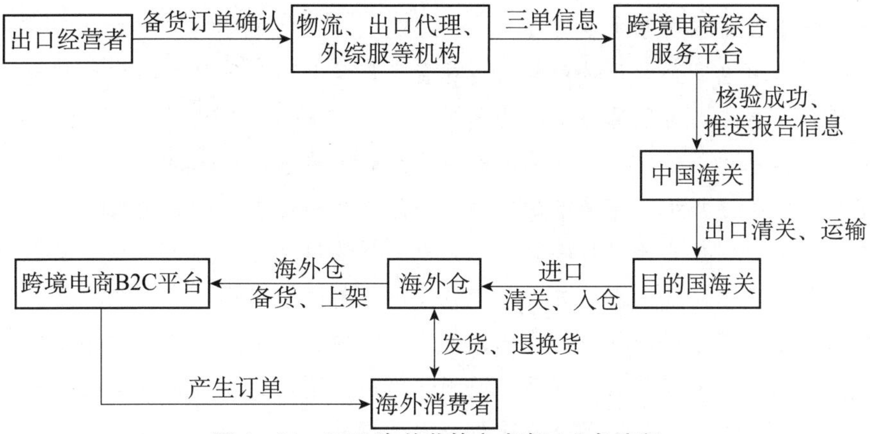

图 4-11　9810 海关监管方式出口业务流程

实例分析

为充分发挥跨境电商稳外贸保就业的积极作用，2020 年 6 月，海关总署发布《关于开展跨境电子商务企业对企业出口监管试点的公告》称，自 7 月 1 日起，在北京、天津、南京、杭州、宁波、厦门、郑州、广州、深圳、黄埔等 10 个海关开展跨境电商 B2B 出口监管试点。该试点将境内企业通过跨境物流将货物运送至境外企业或海外仓、通过跨境电商平台实现交易的贸易形式纳入海关跨境电商监管，包括跨境电商 B2B 直接出口（9710）和跨境电商出口海外仓（9810）两种模式。

7 月 1 日零时，宝时得科技（中国）有限公司 300 台价值 1.62 万欧元的吸尘器通过 9810 模式在南京海关下属苏州工业园区海关申报成功。接着，天津津贸通供应链管理服务有限公司的一批出口家具与其他 5 家参与 9710 模式监管试点企业的商品分别在天津海关下属新港海关、东疆海关和机场海关办结通关手续，被顺利放行。北京、杭州、宁波、厦门、郑州、广州、深圳、黄埔海关也纷纷传来捷报。

这是跨境电商新业态在经历了个人海淘（C2C）时代、商业零售（B2C）2.0 时代之后，正式迈入企业对企业（B2B）3.0 时代的标志，开启了规模化“卖全球”的跨境电商贸易新征程，对于支持出口企业尤其是中小企业抗击新冠肺炎疫情和恢复生产具有不同寻常的意义与促进作用。

近年来，跨境电商发展迅猛，已成为外贸领域新的增长点。特别是国内跨境电商企业发挥出口海外仓物流成本低、送达时效快、售后服务好等优势，大力发展跨境电商 B2B 出口业务，迅速拓展海外市场。但之前我国对跨境电商推行的监管制度和政策措施集中在跨境电商零售进出口（B2C）领域，而对占很大比例的跨境电商企业对企业（B2B）业务缺少针对性监管制度和政策措施，这导致以往企业的跨境电商 B2B 出口业务量无法显现，也无法像跨境电商 B2C 出口企业那样享受对新业态的支持政策。

此次改革为跨境电商 B2B 出口增设了专门监管方式，并配套推出通关便利化措施，有助于推动外贸新业态健康快速发展，帮助跨境电商出口企业疏解困难，标志着我国跨境电商优进优出改革取得了重要进展。

无论是对跨境电商企业还是对普通消费者，跨境电商监管改革实施后都会带来直接或间接的变化。首先，可以通过在网上传输订票或订舱单等信息，简化企业申报手续，实现报关全程信息化。其次，针对跨境电商物流时效要求高等特点，企业可以选择时效更强、组合更优的方式运送跨境电商货物，还能享受到优先查验的便利。

另外，此前一些企业通过跨境电商方式出口需要单独打包并逐个贴好面单，现在企业则可以采用跨境电商批量出口方式，节省了出口前的人工操作和物流成本。针对跨境电商出口的中小微企业出口单票价值低、单量大等情况，试点海关为中小微出口企业提供了申报便捷通道，采取了简化申报等便利化措施，不仅需要传输的单证少了，而且申报的项目也少了，进一步降低了企业通关成本、提升了通关效率，助力中小微企业拓展跨境电商出口业务。专家表示，随着上述试点工作的展开，相关改革会很快在全国层面推广复制。

二、 出口海外仓业务模式备案

开展出口海外仓业务的跨境电商企业，应当在海关开展出口海外仓业务模式备案。

跨境电商出口海外仓模式备案企业应为已在海关办理注册登记，且企业信用等级为非失信企业。备案企业须向监管地海关提供以下材料：

（1）“跨境电商海外仓出口企业备案登记表”一式一份；

（2）“跨境电商海外仓信息登记表”一仓一表，一式一份；

（3）海外仓证明材料，包括海外仓所有权文件（自有海外仓）、海外仓租赁协议（租赁海外仓）、其他可证明海外仓使用的相关资料（如海外仓入库信息截图、海外仓货物境外线上销售相关信息、情况说明等）；

（4）其他海关认为需要的材料，如企业营业执照。

三、 海关管理规定

跨境电商 B2B
出口申报

（一）申报

1. 申报流程

跨境电商企业或其委托的代理报关企业、境内跨境电商平台企业、物流企业应当通过“单一窗口”或“互联网+海关”的跨境电商通关服务系统和货物申报系统向海关提交报关单或清单数据、传输电子信息，并对数据的真实性承担相应的法律责任。

经校验通过的报关单或清单，由系统自动推送至海关 H2018 通关管理系统（简称

“H2018 系统”）或跨境电商出口统一版系统。对于单票金额超过人民币 5 000 元，或涉证、涉检、涉税的跨境电商 B2B 出口货物，企业应当通过 H2018 系统（报关单模式）办理通关手续。对于单票金额在人民币 5 000 元（含）以下且不涉证、不涉检、不涉税的低值货物，企业可选择通过 H2018 系统（报关单模式）或通过跨境电商出口统一版系统（清单申报模式）办理通关手续[①]。具体流程如图 4－12 所示。

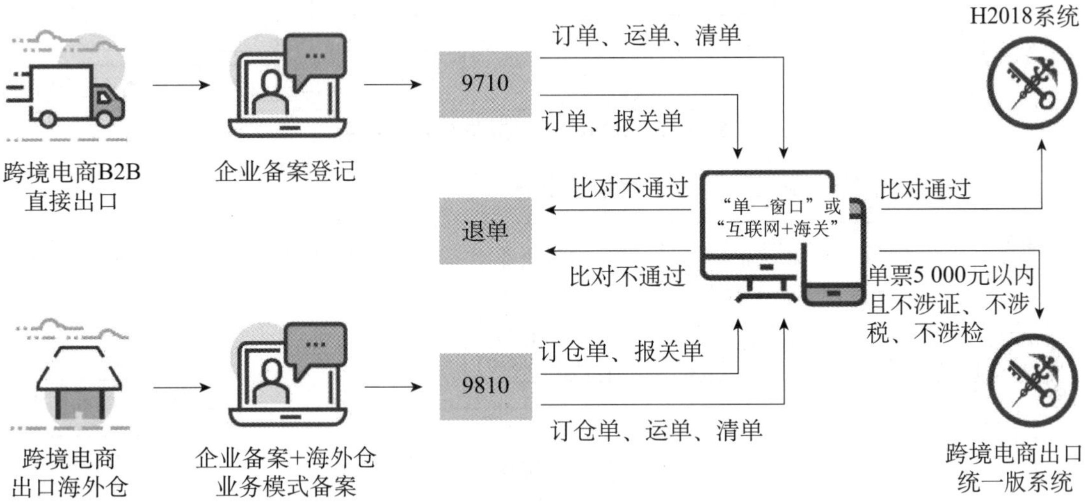

图 4－12 跨境电商 B2B 出口企业申报流程

2. 通过 H2018 系统通关

（1）电子信息传输。跨境电商 B2B 直接出口（9710 监管方式）申报前，跨境电商企业或跨境电商平台企业向海关传输交易订单信息；跨境电商出口海外仓（9810 监管方式）申报前，跨境电商企业向海关传输海外仓订仓信息。

（2）报关单申报。跨境电商企业或其代理人向海关申报报关单，系统对企业资质及申报内容进行校验，通过系统校验的，向 H2018 系统发送申报报关单。

H2018 系统报关单申报流程如图 4－13 所示：

3. 通过跨境电商出口统一版系统通关

（1）电子信息传输。跨境电商 B2B 直接出口（9710 监管方式）货物申报前，跨境电商企业、物流企业分别向海关传输交易订单、物流信息；跨境电商出口海外仓（9810 出口模式）货物申报前，跨境电商企业、物流企业分别向海关传输海外仓信息、物流信息。

（2）清单申报。跨境电商企业或其代理人向海关申报清单，系统对企业资质及申报内容进行校验，通过系统校验的，向出口统一版系统发送申报清单。清单无须汇总申报报关单。

---

① 清单申报模式流程简单，申报要素比报关单减少 57 项，通关时间短，但是对物流公司有资质要求（须具备快递业务经营许可证），且必须在具有监管场所的海关才适用清单申报。

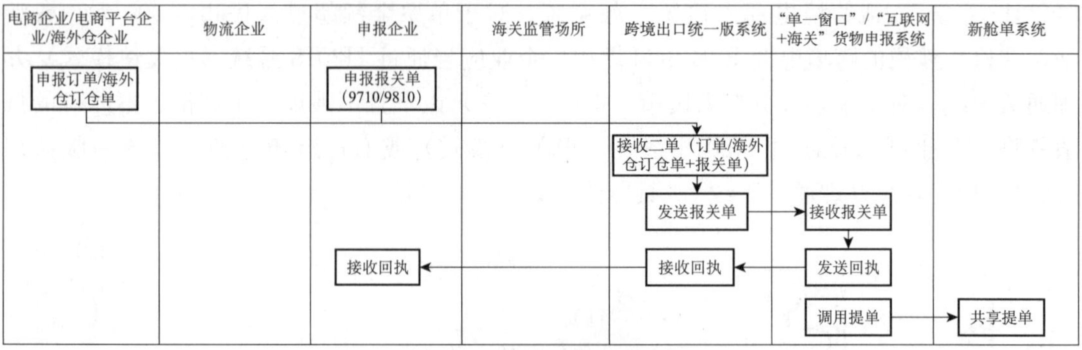

图 4－13　H2018 系统报关单申报流程

跨境电商出口统一版系统清单申报流程如图 4－14 所示：

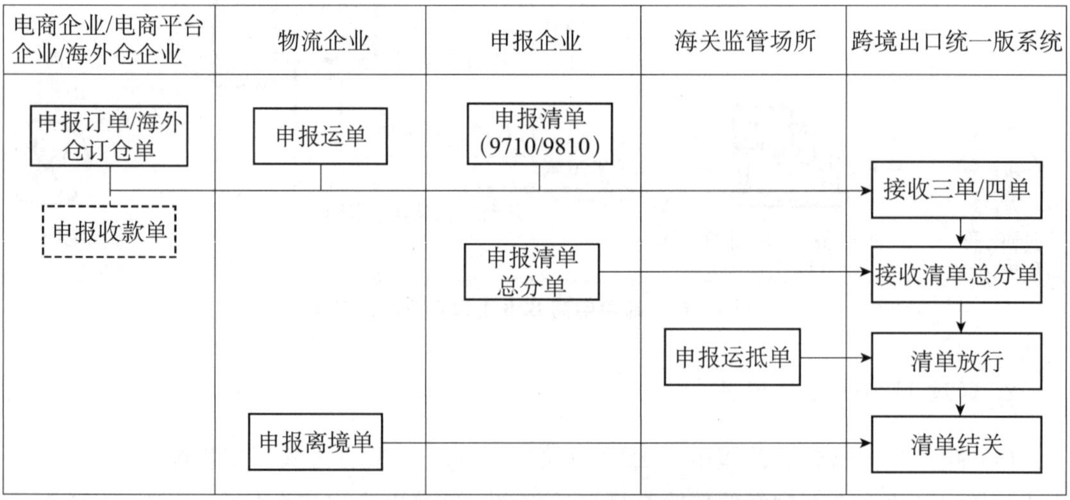

图 4－14　跨境电商出口统一版系统清单申报流程

4. 申报规范

跨境电商 B2B 出口业务可分为以下四种申报模式，其中：清单申报模式中，订单的报送须通过数据接入报文方式申报；报关单申报模式中，可通过数据接入报文申报，也可在"单一窗口"界面录入。

（1）9710 清单申报模式。①订单的订单类型为 B，电商平台代码（对于境外平台等无法提供情况）可填写"无"，电商平台名称按实际填写；②要求货值 5 000 元人民币及以下且不涉证、不涉检、不涉税；③清单的监管方式为 9710，可选《进出口税则》6 位税号简化申报；④其他单证和流程，参照 9610 出口。申报后的清单查询界面如图 4－15 所示。

（2）9810 清单申报模式。①订单的订单类型为 W，电商平台代码填写"无"，电商平台名称填写海外仓名称，备注填写海外仓地址；②要求货值 5 000 元人民币及以下且不涉证、不涉检、不涉税；③清单的监管方式为 9810，可选《进出口税则》6 位税号简化申报；④清单的收发货人（电商企业）或生产销售单位，提前在海关完成申报关区＋海外仓业务备案；⑤其他单证和流程，参照 9610 出口。申报后的清单查询界面如图 4－16 所示。

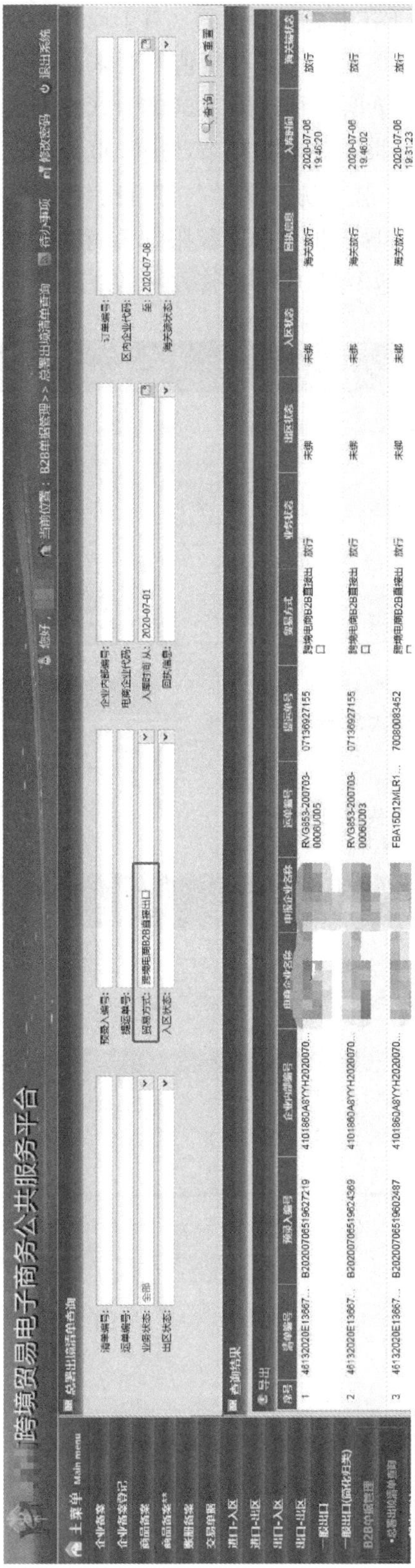

图4-15 9710清单申报模式清单查询界面

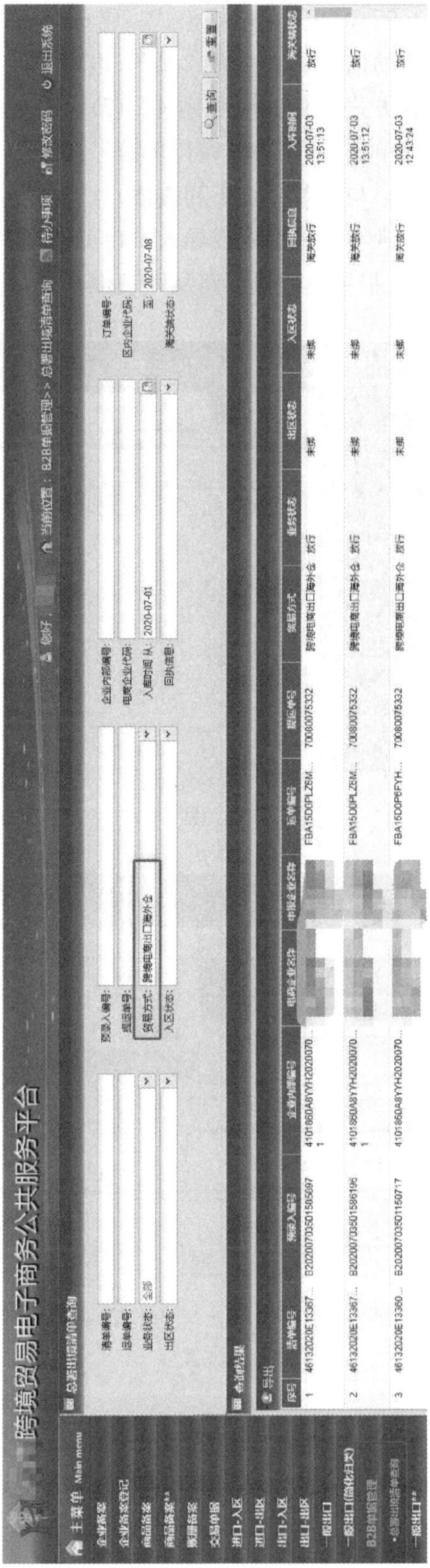

图4-16 9810清单申报模式清单查询界面

（3）9710 报关单申报模式。①订单的订单类型为 B，电商平台代码（对于境外平台等无法提供的情况）可填写“无”，电商平台名称按实际填写；②没有货值等要求；③报关单的监管方式为 9710（见图 4－17）；④报关单的随附单据类别代码 10000004（跨境电商 B2B 出口单证），填写电商订单编号（见图 4－18）；⑤报关单申报环节，进行报关单（表头和表体）与订单（表头和表体）比对校验（参考 9610 监管方式清单与订单比对）；⑥报关单可按现有方式录入或导入，也可选择跨境电商通道导入报关单（仅限 9710 和 9810 监管方式），报关单回执原路从跨境电商通道下发；⑦其他参照 0110 监管方式出口。

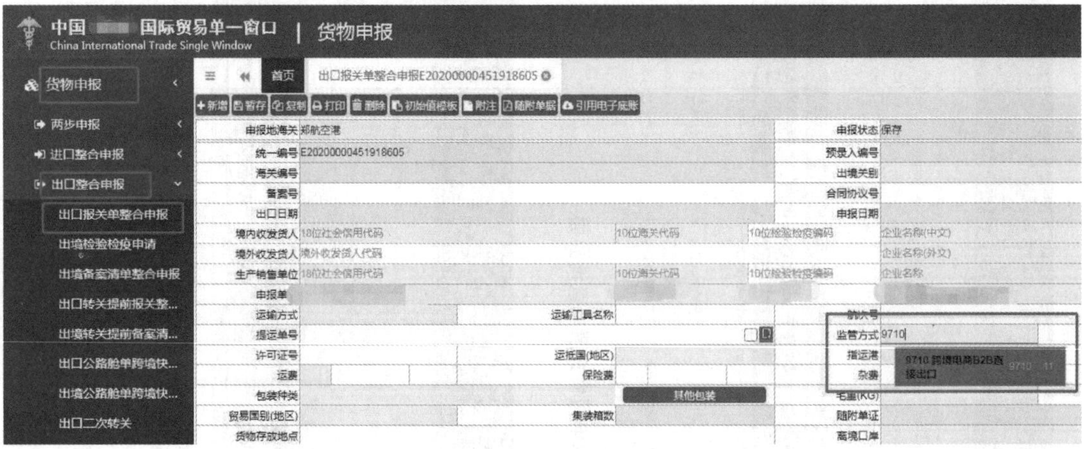

图 4－17　9710 报关单申报模式表头栏目界面

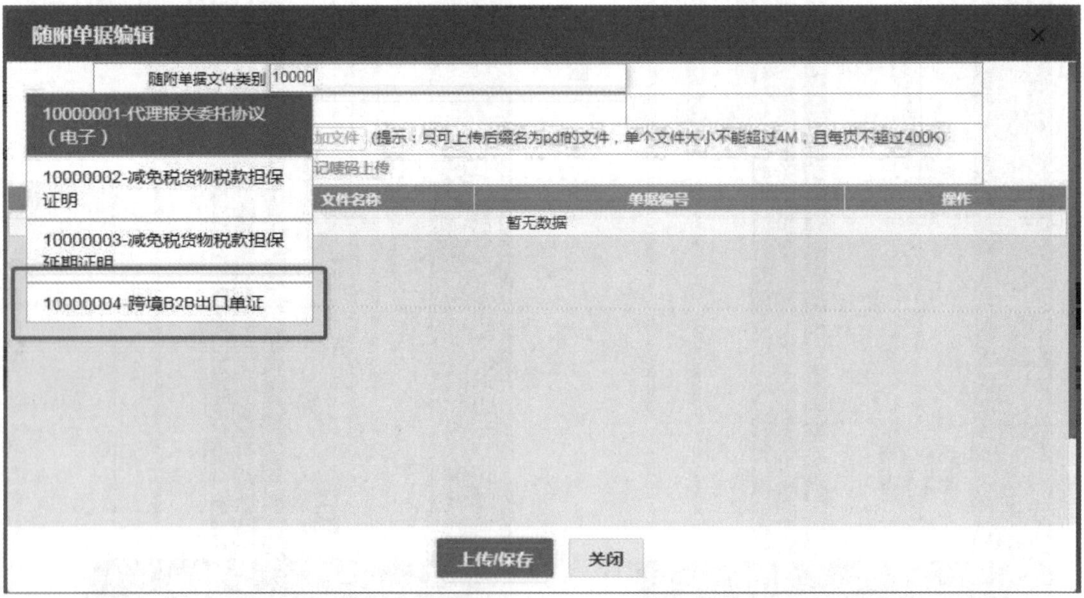

图 4－18　9710、9810 报关单申报模式随附单据编辑界面

（4）9810 报关单申报模式。①订单的订单类型为 W，电商平台代码填写“无”，电商

平台名称填写海外仓名称，备注填写海外仓地址；②没有货值等要求；③报关单的监管方式为 9810（见图 4-19）；④报关单的收发货人或生产销售单位，提前在海关完成申报关区＋海外仓业务备案；⑤报关单的随附单据类别代码 10000004（跨境电商 B2B 出口单证），填写海外仓订仓单编号（见图 4-18）；⑥报关单申报环节，进行报关单（表头和表体）与订单（表头和表体）比对校验（参考 9610 监管方式清单与订单比对）；⑦报关单可按现有方式录入或导入，也可选择跨境电商通道导入报关单（仅限 9710 和 9810 监管方式），报关单回执原路从跨境电商通道下发；⑧其他参照 0110 监管方式出口。

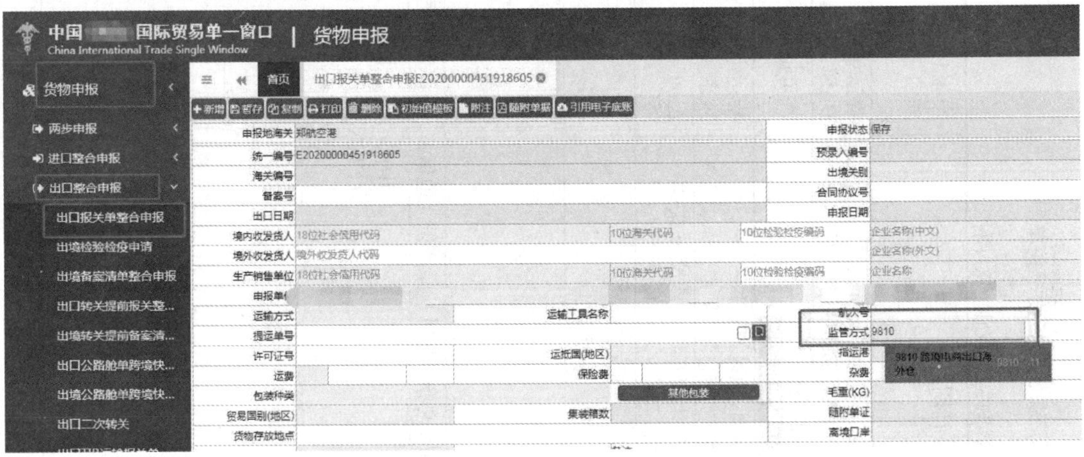

图 4-19　9810 报关单申报模式表头栏目界面

实战训练

指出以下出口货物报关单（见表 4-10）的报关业务背景，并说明报关单中涂黑的四个栏目“备案号”“征免性质”“随附单证及编号”“征免”应分别填写什么内容。

（二）转关

跨境电商 B2B 出口货物适用全国通关一体化，关区内企业可以选择通过 H2018 系统向属地海关进行申报，货物在口岸地海关进行验放。

跨境电商 B2B 出口货物可按照“跨境电商”类型进行转关。其中，在跨境电商综试区所在地海关通过跨境电商出口统一版系统申报的，可将货物品名以总运单形式录入“跨境电商商品一批”，并随附转关商品详细电子清单。

课堂讨论

B2B 出口货物按照“跨境电商”类型进行转关有哪些好处？

表 4-10　中华人民共和国海关出口货物报关单

预录入编号:E20210000688441045　海关编号:310120210517132124　（海曙海关）　仅供核对用　页码/页数:1/1

境内发货人　(3316965628) (91330109MA28L9XU22) 浙江保宏境通供应链管理有限公司	出境关别 (3104) 北仑海关	出口日期	申报日期 2021-08-19	备案号 [redacted]
境外收货人 Amazon. co. jp	运输方式(2) 水路运输	运输工具名称及航次号 LANTAU BRIDE/146E	提运单号 PASU51 54633020B	
生产销售单位 A 公司	监管方式 (9710) 跨境电商 B2B 直接出口	征免性质 [redacted]	许可证号	
合同协议号 E119	贸易国(地区)(HKG) 中国香港	运抵国(地区)(JPN) 日本	指运港(JPN501) 东京（日本）	离境口岸(380102) 宁波穿山港区
包装种类(22) 纸制或纤维板制盒/箱	件数 370　毛重(千克) 4 305	净重(千克) 4 089.75　成交方式(3) FOB	保费　保费	杂费
随附单证及编号 [redacted]				
标记唛码及备注 备注:拼箱 N/M 集装箱标箱数及号码:2;TXGU5501913;				

项号	商品编号	商品名称及规格型号	数量及单位	单价/总价/币制	原产国（地区）	最终目的国(地区)	境内货源地	征免
1	9403700000	树脂置物架 3|0|家用,置物用|塑料|J0ISCOPE| 33 * 13 * 45 CM	370 件 4 089.75 千克 370 件		中国 (CHN)	日本 (JPN)	南通其他(32069)	[redacted]

特殊关系确认:否　价格影响确认:否　支付特许权使用费确认:否　自报自缴:否

报关人员　报关人员证号	电话 兹申明对以上内容承担如实申报、依法纳税之法律责任	海关批注及签章
申报单位　宁波启诚报关有限公司	(3302980478)　(91330212MA2AHA0692) 申报单位(签章)	

（三）查验

跨境电商 B2B 出口货物应当符合检验检疫相关规定。海关实施查验时，跨境电商企业或其代理人、监管作业场所经营人应当按照有关规定配合海关查验。海关按规定实施查验，对跨境电商 B2B 出口货物可优先安排查验。

（四）退货

1. 一般规定

对跨境电商出口海外仓货物 1 年内退运进境的，以企业和商品为单元建立底账数据，退货申报指定原出口报关单及商品，在有效期内对退货进行总量控制管理，退货商品和数量不超过原出口数量。

2. 退运进口通关

原出口货物退运进境时，原发货人或其代理人填写进口货物报关单向进境地海关申报，并提交退运申请及有关情况说明、收发货人双方签订的退运协议及相关证明材料、原出口报关单等证明文件。若该批出口货物已收汇，还应提交当地主管出口退税的县级以上税务机关出具的“出口货物已补税/未退税证明”，证明该批货物未办理出口退税或所退税款已退回税务机关。

因品质或者规格原因（需出具有资质的商品检验机构出具的残损、短少、品质不良或者规格不符的检验证明书或其他有关证明），出口货物自出口之日起 1 年内原状退货复运进境的，经海关核实后不予征收进口关税和进口环节税，原出口时已经征收出口税的，只要重新缴纳因出口而退还的国内环节税的，自缴纳出口税款之日起 1 年内准予退还。

项目五 税费与归类基础

学习目标

知识目标

1. 了解《商品名称及编码协调制度》
2. 熟悉进口货物完税价格及原产地确定方法
3. 掌握进口关税、进口环节代征税以及进境物品进口税的计算方法

能力目标

掌握进口税费计算方法，能计算进口税费，能查询跨境电商零售进口商品税号

思政目标

认识海关落实党中央国务院决策部署，不断深化综合治税，坚持“量、质、效”并举，依法征管，应收尽收，坚决不征“过头税”，让人民群众和进出口企业在每一起案件中感受到公平正义。

案例导入

自2019年1月1日起，我国开始实施新的跨境电商零售进口税收政策。目前，广州海关正紧锣密鼓地进行各项准备工作。据了解，2019年起跨境电商零售进口渠道单次交易限值提高至5 000元，年度交易限值提高至2.6万元，消费者将享受到更多政策红利。

据广州海关相关负责人介绍，政策红利之一是“正面清单扩充，新增63个税目商品”。《跨境电子商务零售进口商品清单》调整，新增国内需求旺盛的63种税目商品，消费者可通过跨境电商零售进口渠道订购葡萄汽酒、麦芽酿造的啤酒、望远镜、电子游戏机、滑雪靴、旱冰鞋、蒸汽眼罩等商品。

如果单次交易超过5 000元的限值呢？据介绍，只要低于2.6万元的年度限值，且符合单一不可分割的要求，就可以通过跨境电商零售进口渠道进口，按一般贸易货物征收税款。

“以一款价值人民币 4 000 元的戴森吸尘器为例，之前这个商品无法从跨境电商零售进口渠道进口。新政策实施后，就可以走跨境电商零售进口渠道，而且可以享受较为优惠的税率。”广州海关隶属白云机场海关查验处负责人举例说。

阅读以上案例，思考以下问题：

1. 如以一般贸易方式从英国进口戴森吸尘器，如何确定关税税率及完税价格？
2. 如何计算从跨境电商零售进口渠道进口的戴森吸尘器的进境物品进口税？
3. 如何查询吸尘器的税号？

思维导图

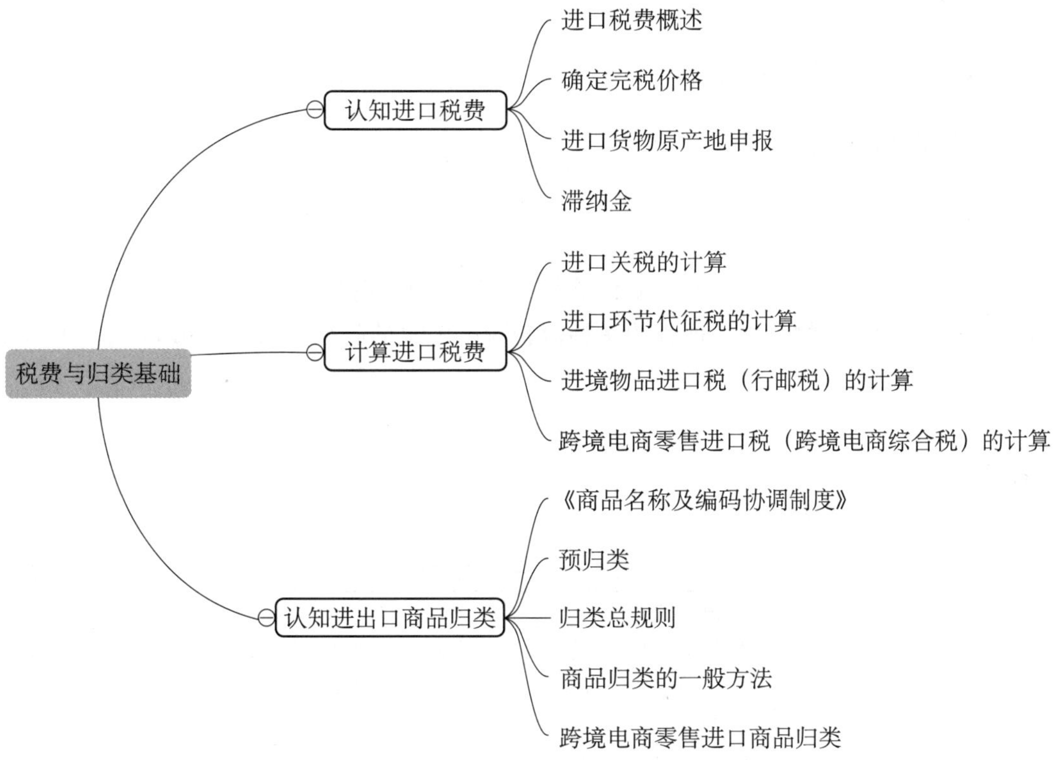

任务一 认知进口税费

【任务分析】

了解进口税费的内容，熟悉进口货物原产地申报，掌握成交价格估价方法，能确定完税价格以及适用的关税税率。

一、 进口税费概述

（一）进口关税①

1. 含义

进口关税是由海关代表国家，按照国家制定的关税政策和公布实施的税法及进出口税则，对进入关境的货物和物品征收的一种流转税。关税的起征点为人民币 50 元，低于人民币 50 元的免征。

2. 分类

关税具体分类见表 5－1：

表 5－1 关税的分类

序号	按照计征标准或计税方法分		按照是否施惠分	
1	从价税	以货物、物品的价格作为计税标准，以应征税额占货物价格的百分比为税率，价格和税额成正比例关系的关税。我国对进口货物征收关税主要采用从价税计税标准。	普通关税	对与本国没有签署贸易或经济互惠等友好协定的国家或地区原产货物征收的非优惠关税。目前我国对非原产于适用优惠税率的国家或地区的进口货物，以及无法判明原产地的进口货物，适用普通税率。
2	从量税	以货物和物品的计量单位（如重量、数量、容量等）作为计税标准，按每一计量单位的应征税额计征的征收关税方式。	最惠国关税	我国规定，原产于共同适用最惠国待遇条款的世界贸易组织成员的进口货物、原产于与我国签订含有相互给予最惠国待遇条款的双边贸易协定的国家或地区的进口货物，以及原产于我国关境内的进口货物，适用最惠国待遇关税。

① 按照货物的流向，关税可分为进口关税、出口关税和过境关税，以下仅介绍进口关税。

续前表

序号	按照计征标准或计税方法分		按照是否施惠分	
3	复合税	在《进出口税则》中，一个税目中的商品同时使用从价、从量两种标准计税，计税时按两者之和作为应征税额的征收关税方式。	协定优惠关税	我国规定，原产于与我国签订含有关税优惠条款的区域性贸易协定[①]的国家或地区的进口货物，适用协定税率。
4	滑准税	在《进出口税则》中预先按产品的价格高低分档制定若干不同的税率，然后根据进口商品价格变动而增减税率的征收关税方式。	特定优惠关税	特定优惠关税又称特惠关税，原产于与我国签订有特殊关税优惠条款的贸易协定国家或地区的进口货物，适用特惠税率。目前，我国对孟加拉国、老挝、缅甸、柬埔寨、埃塞俄比亚等国家部分进口商品实施特惠关税。

3. 税率适用

我国实行复式进口税则，即同一进口商品对应两种及以上的关税税率设置，实际工作中应对照《进出口税则》复式税率设置及随附关税税率附表，按表 5 - 2 所列原则，选取正确的适用税率。

表 5 - 2　同时适用多种进口关税率的进口货物税率适用规定

进口货物可选用的税率	适用税率
同时适用最惠国税率、进口暂定税率	应当适用暂定税率
同时适用最惠国税率、减征税率	优先适用减征税率
同时适用减征税率、进口暂定税率、协定税率、特惠税率	应当从低适用税率
适用普通税率的进口货物，存有进口暂定等税率	适用普通税率
适用关税配额税率、其他税率	关税配额内的，适用关税配额税率，配额税率基础上，还设有暂定税率的，适用暂定税率；关税配额外的，根据具体情况可从低适用不同税率

实战训练

项目五“案例导入”中，戴森吸尘器税号为 85081100，进口关税的普通税率、最惠国税率、协定税率和特惠税率分别是多少？请对协定税率分不同的自由贸易协定予以说明，对特惠税率列出具体的受惠国。

（二）进口环节代征税

进口货物、物品在办理海关手续放行后，进入国内流通领域，与国内货物同等对待，

① 详见项目三的表 3 - 13。

需要缴纳应征的国内税。进口货物、物品的国内税依法由海关在进口环节征收。目前，进口环节海关代征税主要有增值税、消费税两种。

1. 进口环节增值税

进口环节增值税是在货物、物品进口时，由海关依法向进口货物的法人或自然人征收的一种增值税。进口环节增值税征收采用从价计征方式，起征点为人民币 50 元，低于人民币 50 元的免征。

进口环节增值税税率包括基本税率（13%）和低税率（9%）。基本税率的范围包括：纳税人销售或者进口除适用低税率的货物以外的货物，以及提供加工、修理修配劳务。低税率的范围包括：农产品（含粮食）、自来水、暖气、石油液化气、天然气、食用植物油、冷气、热水、煤气、居民用煤炭制品、食用盐、农机、饲料、农药、农膜、化肥、沼气、二甲醚、图书、报纸、杂志、音像制品、电子出版物。

2. 进口环节消费税

进口环节消费税是在货物、物品进口时，由海关依法向进口货物的法人或自然人征收的一种消费税。进口环节消费税征收采用从价、从量、复合三种计征方式，起征点为人民币 50 元，低于人民币 50 元的免征。

进口环节消费税的税目、税率，依照《中华人民共和国消费税暂行条例》所附的“消费税税目税率表”执行。

进口环节消费税的征收范围，仅限于少数消费品。应税消费品大体可分为以下 4 种类型：

（1）一些过度消费会对人的身体健康、社会秩序、生态环境等方面造成危害的特殊消费品，如烟、酒、鞭炮、焰火、电池、涂料等；

（2）奢侈品、非生活必需品，如贵重首饰及珠宝玉石、化妆品等；

（3）高能耗消费品，如小轿车、气缸容量 250 毫升以上的摩托车等；

（4）不可再生和替代的资源类消费品，如汽油、柴油等。

二、 确定完税价格

我国海关税收征管主要使用从价计税方式，完税价格是海关计征进出口货物从价税时审查估定的应税价格，准确认定进出口货物完税价格是凭以计征关税和进口环节代征税的基础。以下介绍一般进口货物完税价格审定方法。

确定完税价格

（一）成交价格估价方法

进口货物的完税价格，由海关以该货物的成交价格为基础审查确定，并应包括货物运抵我国境内起卸前的运输及相关费用、保险费（完税价格为到岸价）。成交价格估价方法是《中华人民共和国海关审定进出口货物完税价格办法》规定的第一种估价方法，进口货物的完税价格应首先以成交价格估价方法审查确定。

进口货物的成交价格是指卖方向我国境内销售货物时，买方为进口该货物向卖方实付、应付的，并按照有关规定调整后的价款总额，包括直接支付的价款和间接支付的价款。成交价格不完全等同于贸易中实际发生的发票价格，需要按照规定进行调整，调整因素见表5-3。

表5-3　成交价格的调整因素

序号	计入项目（由买方支付的）	扣减项目（价款中单独列明的）
1	除购货佣金以外的佣金和经纪费用 注：购货佣金以外的佣金指销售佣金（卖方向其销售代理人支付的佣金），如果该佣金由买方直接付给卖方的代理人，则应计入完税价格	厂房、机械或者设备等货物进口后发生的建设、安装、装配、维修或者技术援助费用，但是保修费用除外
2	与进口货物作为一个整体的容器费	货物运抵境内输入地点起卸后发生的运输及其相关费用、保险费
3	包装材料费用和劳务费用	进口关税、进口环节代征税及其他国内税
4	协助的价值：买方以免费或以低于成本价的方式向卖方提供的货物或者服务的价值	为在境内复制进口货物而支付的费用
5	特许权使用费	境内外技术培训及境外考察费用
6	返给卖方的转售收益	同时符合下列条件的利息费用： ①利息费用是买方为购买进口货物而融资所产生的；②有书面的融资协议的；③利息费用单独列明的；④纳税义务人可以证明有关利率不高于在融资当时当地此类交易通常具有的利率水平，且没有融资安排的相同或者类似进口货物的价格与进口货物的实付、应付价格非常接近的

成交价格必须满足以下4个条件才能被海关接受，否则不能使用成交价格估价方法：

（1）卖方对进口货物的处置和使用不受限制；

（2）进口货物的价格不应受到某些条件或因素的影响而导致该货物的价格无法确定；

（3）卖方不得直接或间接从买方获得因转售、处置或使用进口货物而产生的任何收益，除非该收益能够被合理确定；

（4）买卖双方之间没有特殊关系，或虽有特殊关系但不影响成交价格。

（二）其他估价法

若进口货物的完税价格不能采用成交价格估价方法审查确定，则依次采用相同货物成交价格估价方法、类似货物成交价格估价方法、倒扣价格估价方法、计算价格估价方法、合理方法确定完税价格，其中倒扣价格估价方法和计算价格估价方法经纳税义务人申请，海关同意，可以颠倒适用次序。

1. 相同及类似货物成交价格估价方法

相同及类似货物成交价格估价方法，即以被估进口货物同时或大约同时向我国境内销售的相同货物及类似货物的成交价格为基础，审查确定进口货物完税价格的方法。

在运用这两种估价方法时，首先应使用和进口货物处于相同商业水平、大致相同数量的相同或类似货物的成交价格，只有在上述条件不满足时，才可采用以不同商业水平和不同数量销售的相同或类似进口货物的价格，但不能将上述价格直接作为进口货物的价格，还须对由此而产生的价格方面的差异作出调整。

此外，对进口货物与相同或类似货物之间由于运输距离和运输方式不同而在成本和其他费用方面产生的差异应进行调整。

2. 倒扣价格估价方法

倒扣价格估价方法即以进口货物、相同或类似进口货物在境内第一环节的销售价格为基础，扣除境内发生的有关费用来估定完税价格。其中“第一环节”是指有关货物进口后进行的第一次转售，且转售者与境内买方之间不能有特殊关系。

在使用倒扣价格估价方法时，还必须扣除以下 4 项费用：

（1）该货物的同级或同种类货物在境内第一环节销售时通常支付的佣金及利润和一般费用；

（2）货物运抵境内输入地点之后的运输及其相关费用、保险费；

（3）进口关税、进口环节代征税及其他国内税；

（4）加工增值额，如果以货物经过加工后在境内转售的价格作为倒扣价格的基础，则必须扣除上述加工增值部分。

3. 计算价格估价方法

计算价格估价方法是以发生在生产国或地区的生产成本作为基础的价格。按有关规定采用计算价格估价方法时，进口货物的完税价格由下列各项目的总和构成：

（1）生产该货物所使用的料件成本和加工费用；

（2）向境内销售同等级或者同种类货物通常的利润和一般费用（包括直接费用和间接费用）；

（3）货物运抵中华人民共和国境内输入地点起卸前的运输及其相关费用、保险费。

4. 合理方法

合理方法，是指当海关不能根据以上估价方法确定完税价格时，根据公平、统一、客观的估价原则，以客观量化的数据资料为基础审查确定进口货物的完税价格的估价方法。

（三）汇率的适用

进口货物的成交价格及有关费用以外币计价的，海关按照该货物适用税率之日所适用的计征汇率折合为人民币计算完税价格。完税价格采用四舍五入法计算至分。

海关每月使用的计征汇率为上一个月第三个星期三（第三个星期三为法定节假日的，顺延采用第四个星期三）中国人民银行公布的外币对人民币的基准汇率；以基准汇率币种以外的外币计价的，采用同一时间中国银行公布的现汇买入价和现汇卖出价的中间值（人民币元后采用四舍五入法保留 4 位小数）。如果上述汇率发生重大波动，海关总署认为必要时，可另行规定计征汇率，并对外公布。

三、 进口货物原产地申报

（一）原产地确定

为适应国际贸易的需要，并执行本国关税以及非关税方面的贸易措施，进口国必须对进口商品的原产地进行认定。

1. 原产地规则

（1）优惠原产地规则。优惠原产地规则是指一国为了实施国别优惠政策而制定的法律、法规，是以优惠贸易协定通过双边、多边协定形式或者是由本国自主制定的一些特殊原产地认定标准，因此也称为协定原产地规则。

优惠原产地规则主要有两种实施方式：一是通过自主方式授予，如欧盟普惠制（GSP）、中国对最不发达国家的特别优惠关税待遇；二是通过协定以互惠性方式授予，如《北美自由贸易协定》《中国-东盟全面经济合作框架协议》等。

我国目前实施的各个优惠贸易协定中均包含有相应的优惠原产地规则。

（2）非优惠原产地规则。非优惠原产地规则是指一国根据实施其海关税则和其他贸易措施的需要，由本国立法自主制定的规则，因此也称为自主原产地规则。按照世界贸易组织的规定，适用于非优惠性贸易政策措施的原产地规则，其实施必须遵守最惠国待遇原则，即必须普遍地、无差别地适用于所有原产地为最惠国的进口货物。它包括实施最惠国待遇、反倾销和反补贴税、保障措施、数量限制或关税配额、原产地标记或贸易统计、政府采购时所采用的原产地规则。

2. 原产地认定标准

在认定货物原产地时，会出现两种情况：一种是货物完全是在一个国家（地区）获得或生产制造，另一种是货物由两个或两个以上国家（地区）生产或制造。目前，世界各国（地区）原产地规则，无论是优惠原产地规则还是非优惠原产地规则，都包含这两种货物的原产地认定标准。

3. 我国原产地标准

《中华人民共和国海关进出口货物优惠原产地管理规定》就优惠贸易项下普遍适用的原产地认定作了统领性规定：对于完全在一国（地区）获得或者生产的货物，适用完全获得标准；对于非完全在一国（地区）获得或者生产的货物，适用实质性改变标准。

（1）完全获得标准。完全获得，即从优惠贸易协定成员国或者地区（简称“成员国或者地区”）直接运输进口的货物是完全在该成员国或者地区获得或者生产的，这些货物是指：

1）在该成员国或者地区境内收获、采摘或者采集的植物产品；

2）在该成员国或者地区境内出生并饲养的活动物；

3）在该成员国或者地区领土或者领海开采、提取的矿产品；

4）其他符合相应优惠贸易协定项下完全获得标准的货物。

原产于优惠贸易协定某一成员国或者地区的货物或者材料在同一优惠贸易协定另一成员国或者地区境内用于生产另一货物，并构成另一货物组成部分的，该货物或者材料应当视为原产于另一成员国或者地区境内。

为便于装载、运输、储存、销售进行的加工、包装、展示等微小加工或者处理，不影响货物原产地确定。在货物生产过程中使用，本身不构成货物物质成分，也不成为货物组成部件的材料或者物品，其原产地不影响货物原产地确定。

（2）实质性改变标准。实质性改变标准主要分税则归类改变标准、区域价值成分标准、制造加工工序标准、其他标准。

1）税则归类改变，是指原产于非成员国或者地区的材料在出口成员国或者地区境内进行制造、加工后，所得货物在《商品名称及编码协调制度》中税则归类发生了变化。

2）区域价值成分，是指出口货物船上交货价格（FOB）扣除该货物生产过程中该成员国或者地区非原产材料价格后，所余价款在出口货物船上交货价格（FOB）中所占的百分比。其计算公式为：

$$\text{区域价值成分}=\frac{\text{货物的出口价格（FOB）}-\text{非原产材料价格}}{\text{货物的出口价格（FOB）}}\times 100\%$$

不同协定框架下的优惠原产地规则均包含区域价值成分标准，但各有不同。

3）制造加工工序，是指赋予加工后所得货物基本特征的主要工序。

4）其他标准，是指除上述标准之外，成员国或者地区一致同意采用的确定货物原产地的其他标准。

实例分析

近年来，中美贸易不断升级，与美国相关的出口商品将成为海关重点监管和查验的对象，相关企业的海关法律风险也会增大。

国内A公司主要从事手机、平板电脑、智能产品的制造、销售和进出口业务。其中手机完全在中国境内生产，大量出口至美国。受中美贸易战冲击，美国对原产于中国的手机（HS编码：85171300）加征15%关税（有可能提高到30%），企业不堪重负。

国际贸易中的原产地指的是货物原产国，是货物的“经济国籍”，根据所适用的原产地规则确定生产或制造货物的国家。原产地的判定依据是原产地规则，我国的相关法律法规是《中华人民共和国进出口货物原产地条例》《关于非优惠原产地规则中实质性改变标准的规定》。原产地规则在国际贸易中有着非常重要的作用，如何利用原产地规则应对中美贸易摩擦、防范相关风险是中国企业关心的问题。

随着国际贸易的发展，原产地规则已从单纯的“海关技术性问题”发展为各国实施国际贸易政策措施（如反倾销、国别配额等）的重要工具，其中所采用的原产地判定标准各不相同，实践中的原产地判定又往往带有浓厚的保护主义色彩，规避与反规避斗争更是呈纷繁复杂之势。本质上，原产地规则是一种贸易保护措施，是贸易壁垒中的一种，属于非关税壁垒。原产地规则是保护本国生产者利益、提高本国产品在国际市场上的竞争力、控制外国产品在国内市场上的占有率、发展对外贸易的一种手段。

A公司能否避免被美方征收惩罚性关税？企业应首先确定手机原产地（非优惠原产地规则），根据非优惠原产地规则，HS编码中品目85.17内的产品落入《适用制造或者加工工序及从价百分比标准的货物清单》（简称《清单》），具体标准为：“插件、焊接、装配，并满足从价百分比标准”。为充分利用原产地规则，企业可将涉及焊接工艺的加工工序转移到第三国，如在印度制造手机电路板，在中国完成其余加工工序，令手机在中国境内工厂的生产环节中，仅发生“插件和装配”，不产生任何焊接工艺，从而不符合《清单》中“插件、焊接、装配，并满足从价百分比标准”的规定，不具备中国原产资格，出口时只可申请加工、装配证书，同时可不受加征关税影响。

企业还可以在反倾销、反补贴等贸易制裁中研究原产地规则，将完全国产的零部件、原材料，改为从其他国家寻求原材料替代品，令产品不具有中国原产资格，达到规避惩罚性关税的目的。

（二）原产地证书及签证机构

原产地证书是证明产品原产地的书面文件，是受惠国的产品出口到给惠国时享受关税优惠的重要凭证。进口原产地证书签发机构在各自由贸易协定或优惠安排中均有明确的规定，进口申报时必须提供指定机构签发的原产地证书。另外，部分自有贸易协定项下进口货物规定了可凭规定格式的原产地声明代替原产地证书。对低于一定金额的货物，部分自由贸易协定还规定了可免于提交原产地证书或原产地声明。

（三）申报

1. 对尚未实现原产地电子信息交换的优惠贸易协定项下的进口货物

对前文表3－13中未实现原产地电子信息交换的优惠贸易协定项下的进口货物，进口申报时，进口货物收货人或者其代理人应通过“优惠贸易协定原产地要素申报系统”填报原产地证据文件电子数据和直接运输规则①承诺事项，在填制进口货物报关单申报时以电子方式扫描上传原产地证明。

凭中国-瑞士自由贸易协定项下原产地声明申报进口时，无须以电子方式上传原产地声明；对免提交原产地证明的小金额进口货物，无须以电子方式上传原产地证明。

2. 对已实现原产地电子信息交换的优惠贸易协定项下的进口货物

对前文表 3－13 中已实现原产地电子信息交换的优惠贸易协定项下的进口货物，进口申报时，无须填报原产地证明电子数据和直接运输规则承诺事项，也无须以电子方式扫描上传原产地证明，只需按前文表 3－14 示范要求填制进口报关单“优惠贸易协定享惠”栏目即可。

（四）原产地核查

海关认为需要对进口货物收货人或其代理人提交的原产地证书的真实性、货物是否原产于优惠贸易协定成员国或者地区进行核查的，应当按照该货物适用的最惠国税率、普通税率或者其他税率收取相当于应缴税款的等值保证金放行货物。根据核查结果，办理保证金退还或保证金转税手续。

以下情况进口关税不适用协定或者特惠税率：

（1）进口货物收货人或其代理人在货物申报进口时没有提交有效原产地证书、原产地声明，也未就进口货物是否具备原产地资格向海关补充申报的；

（2）进口货物收货人或其代理人未提供商业发票、运输单证等其他商业单证，也未提交其他证明文件的；

（3）经查验或原产地核查，确认货物原产地与申报内容不符，或者无法确定货物真实原产地的；

（4）未按补充申报相关规定，在货物申报进口之日起一年内补交有效的原产地证书的；

（5）我国海关已要求优惠贸易协定有关成员方签证机构或原产地主管机构开展核查，在规定期限内未收到核查反馈结果的。

四、滞纳金

（一）征收范围

关税、进口环节增值税、进口环节消费税的纳税义务人或其代理人，应当自海关填发税款缴款书之日起 15 日内缴纳税款，逾期缴纳的，海关依法在原应纳税款的基础上，按

---

① 直接运输规则是指优惠贸易协定下进口货物从该协定成员国（地区）直接运输至我国境内，途中未经过该协定成员国（地区）以外的其他国家（地区）。虽经其他国家（地区）运输至中国境内，满足特定条件的，视为“直接运输”。

日加收滞纳税款万分之五的滞纳金。

（二）滞纳期间

税款缴纳期限内含有星期六、星期日或法定节假日不予扣除。缴纳期限届满日遇星期六、星期日等休息日或者法定节假日的，应当顺延至休息日或法定节假日之后的第一个工作日。国务院临时调整休息日与工作日的，则按照调整后的情况计算缴款期限。例如，缴款期限的最后一天是 9 月 30 日，该日恰好是星期日，国务院决定将 9 月 29 日、30 日与 10 月 4 日、5 日互相调换，即 9 月 29 日、30 日成为工作日，如果纳税义务人在 9 月 30 日仍未缴纳税款，则从 10 月 1 日开始即构成滞纳。

海关征收滞纳金自缴款期限届满之次日起，至纳税义务人缴纳税款之日止，滞纳期限内的星期六、星期日或法定节假日一并计算。

课堂讨论

海关于今日填发某批进口货物的税款缴款书，则进口货物收货人或其代理人最迟应于哪一天缴纳税款？自哪一天起，海关将征收滞纳金？

（三）征收标准

滞纳金按每票货物的关税、进口环节增值税和消费税单独计算，起征点为人民币 50 元，不足人民币 50 元的免于征收。

其计算公式为：

关税滞纳金金额＝滞纳关税税额×0.5‰×滞纳天数

进口环节海关代征税滞纳金金额＝滞纳进口环节海关代征税税额×0.5‰×滞纳天数

任务二 计算进口税费

【任务分析】

了解进境物品进口税的计算方法，熟悉跨境电子商务零售进口税的优惠政策及计算方法，掌握进口关税和进口环节代征税的计算方法，能正确计算各种进口税费。

一、 进口关税的计算

进口关税的计算

进口货物完税价格、关税、进口环节代征税，一律以人民币计征，采用四舍五入法计算至分。

（一）从价税

1. 计算公式

进口关税税额＝进口货物完税价格×进口从价关税税率

其中：

（1）进口货物完税价格使用 CIF 贸易术语成交并经海关审定：

进口关税税额＝CIF×进口从价关税税率

（2）进口货物完税价格使用 FOB 贸易术语成交并经海关审定：

进口关税税额＝(FOB＋运输及其相关费用＋保险费)×进口从价关税税率

（3）进口货物完税价格使用 CFR 贸易术语成交并经海关审定：

进口关税税额＝(CFR＋保险费)×进口从价关税税率

或 $$\text{进口关税税额}=\frac{\text{CFR}}{1-\text{保险费率}}\times\text{进口从价关税税率}$$

2. 计算程序

（1）根据原产地规则和税率适用规定，确定应税货物所适用的税率；

（2）根据审定完税价格办法的有关规定，确定应税货物的 CIF 价格；

（3）根据汇率适用规定，将以外币计价的 CIF 价格折算成人民币（完税价格）；

（4）按照计算公式正确计算应征税款。

3. 计算举例

境内某公司从香港进口日本产的食品生产线 2 台，成交价格 CIF 广州 50 000 美元/台。设 1 美元＝6.5 元人民币，最惠国税率为 7%，普通税率为 30%，求应征进口关税税额。

（1）货物原产于日本，适用最惠国税率 7%；

（2）完税价格为 CIF 价格 50 000 美元/台×2 台×6.5＝650 000 元；

（3）计算应征进口关税税额：

进口关税税额＝完税价格×关税税率

＝650 000×7%

＝45 500（元）

（二）从量税

1. 计算公式

应征税额＝进口货物数量×单位税额

2. 计算程序

（1）根据原产地规则和税率适用规定，确定应税货物所适用的税率；
（2）确定其实际进口量；
（3）根据汇率适用规定，将外币折算成人民币（完税价格）；
（4）按照计算公式正确计算应征税款。

3. 计算举例

某公司从香港购买一批日本产富士彩色胶卷 8 000 卷（宽度 35mm，长度 2m 之内），成交价格为 CIF 上海 HKD12/卷。设外汇折算为 1 港元＝0.838 4 元人民币，以上胶卷的规格为 0.05 平方米/卷。该批商品的最惠国税率为 10 元人民币/平方米，计算应征进口关税税额。

（1）货物进口量为 0.05 平方米/卷×8 000 卷＝400 平方米；
（2）计算应征进口关税税额：

进口关税税额＝货物数量×单位税额
＝400×10
＝4 000（元）

（三）复合关税

1. 计算公式

应征税额＝进口货物数量×单位税额＋进口货物完税价格×进口从价税税率

2. 计算程序

（1）根据原产地规则和税率适用规定，确定应税货物所适用的税率；
（2）确定其实际进口量；
（3）根据审定完税价格的有关规定，确定应税货物的 CIF 价格；
（4）根据汇率适用规定，将外币折算成人民币（完税价格）；
（5）按照计算公式正确计算应征税款。

3. 计算举例

国内某公司进口一批摄像机 80 台，成交价格为 CIF 境内某口岸 5 500 美元/台。该货物完税价格不高于 5 000 美元/台的，关税税率为单一从价税 35%；完税价格高于 5 000 美元/台的，关税税率为 3%，每台加 9 728 元从量税。设 1 美元＝6.508 1 元人民币，计算应征进口关税税额。

（1）进口货物完税价格为 CIF 价格 5 500 美元/台×80 台×6.508 1＝2 863 564 元；

（2）使用复合关税：关税税率为 3%，每台加 9 728 元从量税；

（3）计算应征进口关税税额：

应征税额＝货物数量×单位税额＋完税价格×关税税率

＝80×9 728＋2 863 564×3%

＝864 146.92（元）

二、进口环节代征税的计算

（一）进口环节消费税的计算

1. 计算公式

（1）实行从价定率办法计算纳税额，采用价内税的计税方法，即计税价格的组成中包括消费税税额。其计算公式为：

消费税应纳税额＝消费税组成计税价格×消费税比例税率

其中：

$$\text{消费税组成计税价格}=\frac{\text{关税完税价格}+\text{关税税额}}{1-\text{消费税比例税率}}$$

（2）从量定额征收的消费税的计算公式为：

消费税应纳税额＝应征消费税进口数量×消费税定额税率

（3）实行从价定率和从量定额复合计税办法计算纳税的组成计税价格，其计算公式为：

$$\text{消费税应纳税额}=\text{消费税组成计税价格}\times\text{消费税比例税率}+\text{应征消费税进口数量}\times\text{消费税定额税率}$$

其中：

$$\text{消费税组成计税价格}=\frac{\text{关税完税价格}+\text{关税税额}+\text{应征消费税进口数量}\times\text{消费税定额税率}}{1-\text{消费税税率}}$$

2. 计算程序

（1）根据有关规定，确定应税货物所适用的消费税税率/消费税税额；

（2）根据审定完税价格的有关规定，确定应税货物的 CIF 价格；

（3）根据汇率适用规定，将外币折算成人民币（完税价格）；
（4）按照计算公式正确计算消费税税额。

3. 计算举例

国内某公司进口英国产某品牌香烟 10 标准箱（1 标准箱＝250 条），成交价格为 CIF 国内某口岸 2 200 英镑/标准箱。关税税率为 25%。消费税适用复合消费税：每标准条进口完税价格≥70 元人民币时，按 56%从价税率＋150 元/标准箱从量税征收；每标准条进口完税价格＜70 元人民币时，按 30%从价税率＋150 元/标准箱从量税征收。设 1 英镑＝9.060 6 元人民币，计算应征进口环节消费税税额：

（1）完税价格为 2 200 英镑/标准箱×10 标准箱×9.060 6＝199 333.20 元；

（2）每标准条完税价格为$\frac{199\ 333.20\text{元}}{250\text{条/箱}\times 10\text{标准箱}}=79.733\ 28$元/条；

（3）适用复合消费税：56%从价税率＋150 元/标准箱从量税；

（4）计算应征进口环节消费税税额：

关税＝199 333.20×25%＝49 833.30（元）

从量消费税＝10×150＝1 500（元）

$$\text{消费税组成计税价格}=\frac{\text{关税完税价格}+\text{关税税额}+\text{应征消费税进口数量}\times\text{消费税定额税率}}{1-\text{消费税税率}}$$

$$=\frac{199\ 333.20+49\ 833.30+1\ 500}{1-56\%}$$

$$=569\ 696.590\ 91\text{（元）}$$

$$\text{消费税应纳税额}=\text{消费税组成计税价格}\times\text{消费税比例税率}+\text{应征消费税进口数量}\times\text{消费税定额税率}$$

$$=569\ 696.590\ 91\times 56\%+10\times 150$$

$$=320\ 530.09\text{（元）}$$

（二）进口环节增值税的计算

1. 计算公式

应纳税额＝增值税组成计税价格×增值税税率

其中：

增值税组成计税价格＝关税完税价格＋关税税额＋消费税税额

2. 计算程序

（1）根据有关规定，确定应税货物所适用的关税及增值税税率、消费税税率；
（2）根据审定完税价格的有关规定，确定应税货物的 CIF 价格；
（3）根据汇率适用规定，将外币折算成人民币（完税价格）；

（4）按照计算公式正确计算关税税额；

（5）按照计算公式正确计算消费税税额、增值税税额。

3. 计算举例

某公司进口货物一批，经海关审核其成交价格为 1 000 美元，已知该批货物的进口关税税率为 20%，进口环节消费税税率为 10%，进口环节增值税税率为 13%，设 1 美元＝6.3 元人民币，计算应征进口环节增值税税额。

（1）完税价格为 1 000 美元×6.3＝6 300 元；

（2）关税税额为 6 300 元×20%＝1 260 元；

（3）消费税组成计税价格为 $\frac{6\ 300\text{元}+1\ 260\text{元}}{1-10\%}$＝8 400 元；

（4）消费税税额为 8 400 元×10%＝840 元；

计算应征进口环节增值税税额：

增值税组成计税价格＝关税完税价格＋关税税额＋消费税税额

＝6 300＋1 260＋840

＝8 400（元）

增值税应纳税额＝增值税组成计税价格×增值税税率

＝8 400×13%

＝1 092（元）

实战训练

项目五“案例导入”中，以一般贸易方式从英国进口的戴森吸尘器，设完税价格为人民币 4 000 元，求进口关税和进口环节增值税税额。

三、进境物品进口税（行邮税）的计算

（一）适用范围

1. 进境旅客行李物品

进境居民旅客携带在境外获取的个人自用进境物品，总值在 5 000 元人民币以内（含 5 000 元）的；非居民旅客携带拟留在中国境内的个人自用进境物品，总值在 2 000 元人民币以内（含 2 000 元）的，海关予以免税放行，单一品种限自用、合理数量。进境旅客携带酒精饮料不超过 1 500 毫升（酒精含量 12 度以上），或香烟不超过 400 支，或雪茄不超过 100 支，或烟丝不超过 500 克，海关予以免税放行①。

① 针对香港、澳门地区居民及因私往来香港、澳门地区的内地居民的烟酒携带标准另有规定，此处略。

进境居民旅客携带超出 5 000 元人民币的个人自用进境物品，经海关审核确属自用的；进境非居民旅客携带拟留在中国境内的个人自用进境物品，超出人民币 2 000 元的，海关仅对超出部分的个人自用进境物品征税，对不可分割的单件物品，全额征税。

2. 进境个人邮递物品

个人邮寄进境物品，海关依法征收进口税，但应征进口税税额在人民币 50 元（含 50 元）以下的，海关予以免征。

个人寄自港、澳、台地区的物品，每次限值为 800 元人民币；寄自其他国家和地区的物品，每次限值为 1 000 元人民币。邮局海关在通关系统中对限值以内的邮件进行核税后，将邮件交给邮政企业工作人员，由邮政企业工作人员通知收件人缴纳税款。收件人接到邮政通知后，携带收件人本人身份证原件及复印件（委托他人办理的还须提供委托人身份证原件及复印件）于工作日到通知中指定的报关大厅办理通关手续。收件人也可选择通过手机或电脑在线办理缴税通关手续。

个人邮寄进境物品超出规定限值的，应办理退运手续或者按照货物规定办理通关手续。但邮包内仅有一件物品且不可分割的，虽超出规定限值，经海关审核确属个人自用的，可以按照个人物品规定办理通关手续。

邮运进口的商业性邮件，应按照货物规定办理通关手续。

3. 进境印刷品及音像制品

个人自用进境印刷品及音像制品在下列规定数量以内的，海关予以免税验放：

（1）单行本发行的图书、报纸、期刊类出版物每人每次 10 册（份）以下；

（2）单碟（盘）发行的音像制品每人每次 20 盘以下；

（3）成套发行的图书类出版物，每人每次 3 套以下；

（4）成套发行的音像制品，每人每次 3 套以下。

超出上述规定的数量，但是仍在合理数量以内的个人自用进境印刷品及音像制品，海关按照有关进境物品进口税的征收规定对超出规定数量的部分予以征税放行。

有下列情形之一的，海关对全部进境印刷品及音像制品按照进口货物依法办理相关手续：

（1）个人携带、邮寄单行本发行的图书、报纸、期刊类出版物进境，每人每次超过 50 册（份）的；

（2）个人携带、邮寄单碟（盘）发行的音像制品进境，每人每次超过 100 盘的；

（3）个人携带、邮寄成套发行的图书类出版物进境，每人每次超过 10 套的；

（4）个人携带、邮寄成套发行的音像制品进境，每人每次超过 10 套的；

（5）其他构成货物特征的。

有前款所列情形的，进境印刷品及音像制品的收发货人、所有人及其代理人可以依法申请退运其进境印刷品及音像制品。

（二）完税价格及税率

海关总署公布的《中华人民共和国进境物品完税价格表》（简称《完税价格表》）是核定进境物品完税价格及对应税率的依据，海关确定进境物品的完税价格遵循以下原则：

（1）《完税价格表》已列明完税价格的物品，按照《完税价格表》确定；

（2）《完税价格表》未列明完税价格的物品，按照相同物品相同来源地最近时间的主要市场零售价格确定其完税价格；

（3）实际购买价格是《完税价格表》列明完税价格的 2 倍及以上，或是《完税价格表》列明完税价格的 1/2 及以下的物品，进境物品所有人应向海关提供销售方依法开具的真实交易的购物发票或收据，并承担相关责任。海关可以根据物品所有人提供的上述相关凭证，依法确定应税物品完税价格。

进境物品进口税税率分 13%、20%和 50%三个档次，见表 5－4。

表 5－4 进境物品进口税税率表

税目序号	物品名称	税率（%）
1	书报、刊物、教育用影视资料；计算机、视频摄录一体机、数字照相机等信息技术产品；食品、饮料；金银；家具；玩具，游戏品、节日或其他娱乐用品；药品①	13
2	运动用品（不含高尔夫球及球具）、钓鱼用品；纺织品及其制成品；电视摄像机及其他电器用具；自行车；税目 1、3 中未包含的其他商品	20
3②	烟、酒；贵重首饰及珠宝玉石；高尔夫球及球具；高档手表；高档化妆品	50

注：①对国家规定减按 3%征收进口环节增值税的进口药品，按照货物税率征税。
②税目 3 所列商品的具体范围与消费税征收范围一致。

（三）计算公式

进境物品进口税为：

进口税＝完税价格（或实际购买价格）×税率

课堂讨论

项目五“案例导入”中提及的葡萄汽酒、麦芽酿造的啤酒、望远镜、电子游戏机、滑雪靴、旱冰鞋、蒸汽眼罩在《完税价格表》中的完税价格和对应的税率分别是多少？

四、跨境电商零售进口税（跨境电商综合税）的计算

跨境电商零售进口税的计算

（一）适用范围

跨境电商零售进口税收政策适用于从其他国家或地区进口的、《跨境电子商务零售进口商品清单》范围内的以下商品：

(1) 所有通过与海关联网的电子商务交易平台交易，能够实现交易、支付、物流电子信息“三单”比对的跨境电商零售进口商品；

(2) 未通过与海关联网的电子商务交易平台交易，但快递、邮政企业能够统一提供交易、支付、物流等电子信息，并承诺承担相应法律责任进境的跨境电商零售进口商品。

(二) 税收优惠政策及交易限值条件

跨境电商零售进口商品按照货物征收关税和进口环节增值税、消费税。为促进跨境电商零售进口健康发展，国家实施如下税收优惠政策：

跨境电商零售进口商品的单次交易限值为人民币 5 000 元，个人年度交易限值为人民币 26 000 元（可登录“掌上海关”微信小程序进行查询，见图 5－1）。在限值以内进口的跨境电商零售进口商品，关税税率暂设为 0%；进口环节增值税、消费税暂按法定应纳税额的 70%征收。

图 5－1　掌上海关查询“跨境个人消费信息”

超过单次限值、累加后超过个人年度限值的单次交易，均按照一般贸易方式全额征税。完税价格超过 5 000 元单次交易限值但低于 26 000 元年度交易限值，且订单下仅一件商品时，可以自跨境电商零售渠道进口，按照货物税率全额征收关税和进口环节增值税、消费税，交易额计入年度交易总额，但年度交易总额超过年度交易限值的，应按一般贸易管理。

(三) 计算公式

1. 完税价格

跨境电商零售进口税按从价税计征，完税价格为电商平台的实际交易价格（包括货物零售价格、运费[1]和保险费）。

由于优惠促销行为是电商常见的营销方式，海关遵循以下原则对优惠促销价格进行完税价格认定：

（1）按照实际交易价格原则，以订单价格为基础确定完税价格，订单价格原则上不能为零。

（2）对直接打折、满减等优惠促销价格的认定应遵守公平、公开原则，即优惠促销应是适用于所有消费者，而非仅针对特定对象或特定人群的，海关以订单价格为基础确定完税价格。

（3）在订单支付中使用电商代金券、优惠券、积分等虚拟货币形式支付的“优惠减免金额”，不应在完税价格中扣除，应以订单价格为基础确定完税价格。

2. 交易限值以内的跨境电商零售进口税计算公式

对于规定限值以内的跨境电商零售进口税，计算公式为：

$$\text{跨境电商零售进口税税额}=\text{完税价格}\times\text{跨境电商零售进口税税率}$$

其中：

$$\text{完税价格}=\text{购买总价}$$

$$\text{跨境电商零售进口税税率}=\frac{\text{进口环节消费税税率}+\text{进口环节增值税税率}}{1-\text{进口环节消费税税率}}\times 70\%$$

3. 计算举例

某进口跨境电商平台销售某品牌味美思酒，销售价格为168元/瓶，且下单立减70元。已知该酒的税号为22051000，求每瓶酒的跨境电商零售进口税税额。

$$\begin{aligned}\text{完税价格}&=\text{购买总价}\\&=168-70\\&=98\ (\text{元})\end{aligned}$$

根据税号查得该酒的进口环节消费税税率为10%，进口环节增值税税率为13%，则：

$$\begin{aligned}\text{跨境电商零售进口税税率}&=\frac{\text{进口环节消费税税率}+\text{进口环节增值税税率}}{1-\text{进口环节消费税税率}}\times 70\%\\&=\frac{10\%+13\%}{1-10\%}\times 70\%\\&=17.9\%\end{aligned}$$

$$\begin{aligned}\text{跨境电商零售进口税税额}&=\text{完税价格}\times\text{跨境电商零售进口税税率}\\&=98\times 17.9\%\\&=17.54\ (\text{元})\end{aligned}$$

---

[1] 直购进口模式下的运费为“门到门”全部运输费用，网购保税模式下的运费为从特殊监管区域及保税物流中心（B型）送交到消费者期间的运输费用。保险费也按照同样标准计算。

实例分析

2016年3月24日，财政部网站发布财政部、海关总署、国家税务总局联合下发的《关于跨境电子商务零售进口税收政策的通知》（财关税（2016）18号，以下简称“18号通知”），自4月8日起针对B2C（企业对消费者）进口商品按照货物征收关税和进口环节增值税、消费税，业界传闻已久的跨境电商税收新政终于浮出水面。

18号通知规定，跨境电商零售进口商品的单次交易限值为2 000元，个人年度交易限值为20 000元①。在限值以内进口的跨境电商零售进口商品，关税税率暂设为0%；进口环节增值税、消费税取消免征税额，暂按法定应纳税额的70%征收。

根据跨境电商业内人士和海关人士给出的结论，限额以内的税率最低为11.9%②。过去“税费50元以下免征”的免税历史结束。例如，一罐200元奶粉，之前50元免征税额，现在按新税率，要缴纳200×11.9%=23.8元税费。

对于即将到来的跨境电商税费改革，业内早有耳闻，也早有准备，大多数企业认为，税收占售价比例很低，不会影响现有的价格优势。比如日本象印500毫升的保温杯，日本的批发价是人民币100元左右，中国总代理进口价（含税、运费）为140～150元人民币，然而，传统贸易到零售环节经过层层加价再加上上架费，零售价高达400多元，跨境电商售价通过日本的分销进口，售价在200元左右。这意味着跨境电商征税11.9%，转嫁到商品价格即使上调11.9%，也比实体零售便宜一半。

但对于奢侈品，若是商品价值高于2 000元，在税率方面则跟一般贸易一样，并且完税价格更高。也就是说，这个政策对奢侈品电商极为不利。例如高档手表，此前可以享受30%行邮税，现在则是“关税+增值税+消费税”，且以零售价为完税价格。

18号通知规定，“所有通过与海关联网的电子商务交易平台交易”执行新税制，未接入海关系统的国外网站购买商品仍按旧的行邮税方式计征。我国将目前行邮税四档税目（对应税率分别为10%、20%、30%、50%）调整为三档（15%、30%、60%）③，海关人士明确，按照新的行邮税，海淘购买成本也增加了。

那怎样海淘才划算呢？前提条件是选一个没有接入海关系统的国外网站。行邮税税目分类第一档15%的税率（50元以下免征），相当于免税金额约为333元，两包花王纸尿片和两盒牛栏奶粉还是买得到的。第二档税率为30%，免税额约为167元，买件特价的品牌服装勉强可以。但第三档税率60%的免税额只有83元，第三档税目下的化妆品、香水等就买不了。而名牌包包、化妆品、相机等高价商品，一般超过2 000元，都必须按照新税制缴税。

新税改表明了国家鼓励跨境电商规范化发展的态度是明确的。从长远来看，行业规

---

① 自2019年1月1日起，单次交易限值提高至5 000元，年度交易限值提高至26 000元。

② 按当时最低进口增值税税率17%、进口消费税税率0计算的税率。如按当下最低进口增值税税率13%、进口消费税税率0计算，税率为9.1%。

③ 现三档税率分别为13%、20%、50%。

范程度变高，税收、监管都有了明确的法规，对消费者而言，意味着商品可追溯源头、等待收货的时间缩短、易于退换货，消费者的合法权益得到保障，跨境电商企业未来有更为广阔的市场发展空间。

任务三 认知进出口商品归类

【任务分析】

了解《商品名称及编码协调制度》及海关预归类规定，熟悉归类总规则，掌握跨境电商零售进口商品归类方法，能查找跨境电商零售进口商品税号。

一、《商品名称及编码协调制度》

进出口商品归类是在《商品名称及编码协调制度》（简称《协调制度》）商品分类目录体系下确定进出口货物商品编码的活动。

协调制度与预归类

海关合作理事会（1994 年更名为“世界海关组织”）于 1983 年 6 月通过了《协调制度公约》及其附件《协调制度》（英文简称 HS）。自 1988 年 1 月 1 日正式生效以来，《协调制度》商品分类目录广泛应用于海关税则、国际贸易统计、原产地规则等多个领域，国际贸易中超过 98% 的商品按《协调制度》分类。

《协调制度》将国际贸易涉及的各种商品按照生产类别、自然属性和不同功能用途等分为 21 类 97 章，每一章由若干品目构成，品目项下又细分出若干一级子目和二级子目。为避免各品目和子目所列商品发生交叉归类，在类、章下加有类注、章注和子目注释。

我国海关于 1992 年 1 月 1 日起开始采用《协调制度》，在《协调制度》的基础上增设本国三级子目和四级子目，形成了我国海关进出口商品分类目录，并编制出《税则》和《统计商品目录》。

《税则》中的商品号列称为税则号列（简称“税号”，报关单中称为商品编号），为征税需要，每项税号后列出了该商品的税率。

《协调制度》中编码为 6 位数，我国《税则》中的编码为 8 位数，其中第 7 位、第 8 位是我国根据实际情况加入的本国子目。以本项目“案例导入”中的吸尘器税号 85081100

为例，前 4 位 8508 是品目（其中 85 为章号，即属于第 85 章；08 为顺序号），第 5 位编码 1 代表一级子目，第 6 位编码 1 代表二级子目，第 7 位、第 8 位依次代表三级子目和四级子目。也有一些商品的税号是 10 位数，其中第 9 位、第 10 位为本国附加码。

二、预归类

（一）归类预裁定

在货物拟进出口 3 个月前，进口货物收货人或出口货物发货人可以就进出口货物的商品归类申请预裁定。申请人通过电子口岸“海关事务联系系统”（QP 系统）① 或“互联网＋海关”平台（见图 5－2）提交“预裁定申请书”以及相关材料。海关在接到“预裁定申请书”以及相关材料之日起 10 日内审核决定是否受理；决定受理的，制发“受理决定书”。

图 5－2　“互联网＋海关”平台商品归类预裁定申请入口

海关对申请人申请的归类预裁定事务依据有关法律、行政法规、海关规章以及海关总署公告作出预裁定决定，自受理之日起 60 日内制发“预裁定决定书”，并送达申请人。“预裁定决定书”自送达之日起生效，有效期为 3 年。除涉及申请人商业秘密的，海关将通过网站等方式公开预裁定决定内容。通过海关总署“归类预裁定查询”系统（见图 5－3）可查询已生效的归类预裁定结果（见表 5－5 示例）。

---

① 在此系统中进入预裁定模块，选择“归类预裁定”可进行申请、补正、查询、打印等各类操作。

图 5－3　海关总署“归类预裁定查询”系统

表 5－5　归类预裁定结果示例

归类预裁定

相关编号	R－2－2200－2021－0049
决定税号	16042019
商品名称（中文）	大大姆儿童营养鱼松（三文鱼）
商品名称（英文）	STIR FRIED SALMON FISH FLOSS
商品名称（其他）	无
商品描述	密封罐预包装食品，每罐净含量 75 克，直接食用，用于市场销售。密封罐内鱼松形状为疏松微粒细粉状。配料中，三文鱼肉配比率为 94.22%，其他配料为 5.78%，分别是白砂糖 3.85%、酿造酱油 1.03%和植物油 0.90%。生产工艺流程：(1) 三文鱼肉鲜度及重金属检测；(2) 解冻清洗；(3) 水煮；(4) 初胚搅拌翻炒；(5) 熟胚翻炒；(6) 异物杂质筛检；(7) 成品质量检测；(8) 金属检测；(9) 装罐密封；(10) 装箱；(11) 入库。
归类意见	大大姆儿童营养鱼松为密封罐预包装，呈疏松微粒细粉状，配料为三文鱼肉 94.22%、白砂糖 3.85%、酿造酱油 1.03%、植物油 0.90%，生产工艺为：鲜度及重金属检测—解冻清洗—水煮—初胚搅拌翻炒—熟胚翻炒—异物杂质筛检—成品质量检测—金属检测—装罐密封—装箱—入库。根据归类总规则一及六，该商品应归入税则号列 1604.2019。
发布单位	上海海关

申请人进出口与“预裁定决定书”列明的同一商品时，应当按照预裁定决定的税号申报，并在报关单“备注”栏内填写“预裁定＋‘预裁定决定书’编号”（如某份预裁定决

定书编号为 R－2－0100－2018－0001，则填写内容为“预裁定 R－2－0100－2018－0001”)，海关予以认可。

实例分析

在国际贸易中，不断出现的新商品、新设备，给进口报关时的商品归类带来难题。如何精准地确定一项商品的税则编码直接影响适用的税率高低以及货物通关时效，特别是对于一些疑难、复杂商品，企业往往无所适从。2020 年，北京海关推进预裁定制度，企业在商品尚未进口前，就可通过海关电子口岸或“互联网＋”平台提交预裁定申请，使通关效率大幅提升。

SMC（中国）有限公司作为北京市重点企业，每天的进口报关单超 50 票，新商品、新设备层出不穷。新商品归类难问题成为企业通关过程中“难以逾越的技术鸿沟”。

“由于我们公司技术更新快，每年都会进口很多新的产品，其中一些功能结构非常复杂，面对海关归类这一专业技术，我们实在没有百分百的信心能够保证申报正确，通常会在几个税号之间拿捏不定，又怕申报错误影响了通关效率，真的是饱受煎熬。”SMC（中国）有限公司进出口部相关负责人说起原先工作中因商品归类所造成的困扰，依旧面露难色。

北京海关今年推出的预裁定制度为企业解决了难题。“现在有了预裁定，由海关归类专家为我们出具专业的归类意见，再也不用为归类疑难问题担心了，通关效率也得到了保障。”该负责人说。

据了解，海关预裁定制度是海关为了促进贸易安全与便利、优化营商环境、增强企业对进出口贸易活动的可预见性，履行我国在世界贸易组织《贸易便利化协定》的相关承诺而实施的重要便利措施。它要求货物在实际进出口前，海关应已注册登记外贸货物收发人的申请，对其与实际进出口活动有关的海关事务提前作出相关裁定。这一制度降低了企业不合规申报的风险，大大降低了企业的贸易成本，成为广大进出口企业享受到的又一项改革“红利”。

海关预裁定服务上线后，企业便可足不出户，在商品尚未进口前，通过海关电子口岸或海关“互联网＋”平台，向海关提交预裁定申请。海关出具参考税号后，企业便可以通过“海关认证”税号向海关进行申报。目前，全国海关预裁定信息实现互联共享，北京海关为北京企业制发的预裁定决定，在全国海关均可适用。

“我们推出的这个预裁定制度，不仅能够简化企业通关流程、提高通关效率，还能帮助企业提前准确了解关税政策及涉税要素，有效评估交易成本，便于企业合理安排生产和经营。”北京海关负责此项工作的关员说。

(二) 进口商品样品预先归类咨询

进口货物收货人进口以下商品样品可向拟进口地直属海关提出预先归类咨询服务申请：

（1）通过装运前检验等方式完成安全质量预评估的进口商品，即持有装运前质量安全预评估证明的商品；

（2）拟进口商品的样品，即企业批量进口货物之前，提前进口少量用于法定检验目的的相同商品。

申请人通过“互联网＋海关”平台或国际贸易“单一窗口”提交“进口商品样品预先归类咨询申请表”，同时提交满足商品样品归类的相关资料和相关证明材料。海关自受理之日起 20 日内回复咨询结果。

预先归类咨询服务结果仅供参考，如需预先确定具有法律效力的归类事项，须申请归类预裁定。

三、 归类总规则

为保证《协调制度》解释的统一性，设立了归类总规则，作为整个《协调制度》商品归类的总原则。

（一）规则一

类、章及分章的标题，仅为查找方便而设；具有法律效力的归类，应按品目条文和有关类注或章注确定，如品目、类注或章注无其他规定，则按以下规则确定。

应用举例：涤纶制针织紧身胸衣

该商品为针织布制的紧身胸衣，由于紧身胸衣属于衣着附件，因此，归类时似应按“针织衣着附件”归入第六十一章。但根据第六十一章章注二（一）和第六十二章章注一的规定，“第六十一章不包括品目 62.12 的商品”。尽管针织紧身胸衣属针织衣着附件，但由于具有法律效力的依据是注释，而不是标题，因此，根据归类总规则一的规定（具有法律效力的归类，应按品目条文和有关类注或章注确定），针织紧身胸衣不能按标题（针织衣着附件）作依据归入第六十一章，而应按章注（机织衣着附件）作依据归入第六十二章。该商品应按“机织衣着附件”归入第六十二章，并归入商品编码 6212.3010。

（二）规则二

规则二（一）：品目所列货品，应视为包括该项货品的不完整品或未制成品，只要在报验时该项不完整品或未制成品具有完整品或制成品的基本特征；还应视为包括该项货品的完整品或制成品（或按本款规则可作为完整品或制成品归类的货品）在报验时的未组装件或拆散件。

应用举例：缺少车座的各部分未组装的山地自行车

该商品属于山地自行车的不完整品，其虽缺少车座，但已具有山地自行车完整品的基本特征。根据归类总规则二（一）的规定，“只要在进口或出口时的不完整品或未制成品具有完整品或制成品的基本特征，则应按完整品或制成品进行归类”。该商品应按“完整的山地自行车”归入商品编码 8712.0030。

规则二（二）：品目中所列材料或物质，应视为包括该种材料或物质与其他材料或物质混合或组合的物品。品目所列某种材料或物质构成的货品，应视为包括全部或部分由该种材料或物质构成的货品。由一种以上材料或物质构成的货品，应按规则三的原则归类。

应用举例：含20%柑橘皮的绿茶（每包净重6千克）

含20%柑橘皮的绿茶属于由柑橘皮和绿茶组成的混合物，虽含有20%的柑橘皮，但由于其基本特征还是茶，而非柑橘皮，因此，根据归类总规则二（二）的归类规定，“品目中所列的材料，应包括全部或部分由该种材料构成的货品”。该商品应按“绿茶”归入商品编码0902.2090。

（三）规则三

当货品按规则二（二）或由于其他原因看起来可归入两个或两个以上品目时，应按以下规则归类：

规则三（一）：列名比较具体的品目，优先于列名一般的品目。但是，如果两个或两个以上品目都仅述及混合或组合货品所含的某部分材料或物质，或零售的成套货品中的部分货品，即使其中某个品目对该货品描述得更为全面、详细，这些货品在有关品目的列名应视为同样具体。

应用举例：电动剃须刀

电动剃须刀属于家用电动器具，归类时似可按“家用电动器具”归入第八十五章的品目85.09，又可按“电动剃须刀、电动毛发推剪及电动脱毛器”归入第八十五章的品目85.10。但由于品目85.10已有该商品的列名，因此，根据归类总规则三（一）列名比较具体的品目优于列名一般的归类原则，本商品应按“电动剃须刀、电动毛发推剪及电动脱毛器”的具体列名归入品目85.10，而不应按“家用电动器具”归入品目85.09。本题商品应归入商品编码8510.1000。

规则三（二）：混合物、不同材料构成或不同部件组成的组合物以及零售的成套货品，如果不能按照规则三（一）归类，在本款可适用的情况下，应按构成货品基本特征的材料或部件归类。

应用举例：八宝粥罐头（内装有八宝粥并附有一塑料小勺）

该商品为零售的、由八宝粥和一塑料小勺组成的成套货品。根据归类总规则三（二）的零售成套货品的归类规定：“零售的成套货品，必须同时符合下列三个条件：①零售包装；②由归入不同品目的物品构成；③用途上是相互补充、配合使用的。”由于本套货品符合零售成套货品的规定，其中的八宝粥构成了这个零售成套货品的基本特征，因此该商品应按“八宝粥食品”归入商品编码2106.9090。

规则三（三）：货品不能按照规则三（一）或（二）归类时，应按号列顺序归入其可归入的最末一个品目。

应用举例：由50%牛肉与50%鱼肉混合而成的饺子馅

该商品为肉类的混合食品。归类时应按“肉制食品”归入第十六章，其中牛肉属于品目16.02的商品，鱼肉属于品目16.04的商品。由于两者含量相等，无法根据归类总规则三（二）确定其基本特征，因此，根据归类总规则三（三）的从后归类原则，该商品应按从后品目（16.04的"鱼肉"）归入商品编码1604.2099。

（四）规则四

根据上述规则无法归类的货品，应归入与其最相类似的货品的品目。

（五）规则五

除上述规则外，本规则适用于下列货品的归类：

规则五（一）：制成特殊形状或适用于盛装某一或某套物品，适合长期使用的照相机套、乐器盒、枪套、绘图仪器盒、项链盒及类似容器，如果与所装物品同时报验，并通常与所装物品一同出售的，应与所装物品一并归类。但本款不适用于本身构成整个货品基本特征的容器。

应用举例：长方形香皂装在长方形塑料肥皂盒内（每盒一块），该肥皂盒有底有盖并适合长期使用

根据归类总规则五（一）的规定，适合于供长期使用的包装容器必须符合下列要求：①制成特定形状或形式；②适合长期使用；③与所装物品一同报验；④与所装物品一同出售；⑤不构成整个物品的基本特征。该商品符合上述规定，属于适合于供长期使用的包装容器，由于肥皂盒本身只是物品的包装物，无论从价值还是从作用来看，不构成整个物品的基本特征，因此，该容器应与物品一起归类，肥皂和盒子应一并归入商品编码3401.1100。

规则五（二）：除归类总规则五（一）规定的以外，与所装货品同时报验的包装材料或包装容器，如果通常是用来包装这类货品的，应与所装货品一并归类。但明显可重复使用的包装材料和包装容器不受本款限制。

应用举例：装着液晶数字电视机的瓦楞纸箱

装着液晶数字电视机的瓦楞纸箱属于明显不能重复使用的包装容器。这些容器都是货物的一次性包装物，在向海关报验时，它们必须是包装着货物的。当货物开拆后，包装材料或容器一般不能够再作原用途使用了。由于该瓦楞纸箱具有明显不可重复使用的特性，因此瓦楞纸箱应与液晶数字电视机一并归类，该商品应按"液晶数字电视机"归入商品编码8528.7222。

（六）规则六

货品在某一品目项下各子目的法定归类应按子目条文或有关的子目注释以及以上各条规则（在必要的地方稍加修改后）来确定，但子目的比较只能在同一数级上进行。除条文另有规定的以外，有关的类注、章注也适用于本规则。

应用举例：氧化铅含量为20%的铅晶质玻璃花瓶

铅晶质玻璃花瓶属于玻璃制品，归类时应按"玻璃及其制品"归入第七十章，并按

“室内装饰用的玻璃器皿”归入品目 70.13。本题商品似可按具体列名归入子目 7013.9100，也可按“其他玻璃制品”归入子目 7013.9900，根据第七十章子目注释规定“子目号 7013.91 所称铅晶质玻璃，仅指按重量计氧化铅含量不低于 24%的玻璃”。由于归类总规则六规定，子目的法定归类应按子目条文或有关的子目注释等来确定，因此本题商品应按子目注释归入商品编码 7013.9900。

四、商品归类的一般方法

(一) 确定品目

总体思路：商品特性分析→初判大概位置→查品目条文→查类注、章注→运用规则二、三→确定品目。具体步骤如下：

第一步：根据有关资料分析商品特性（如组成、结构、加工、用途等），商品的说明书、机电仪器的原理等都有助于对商品的了解，可能成为归类的关键依据；

第二步：根据《协调制度》的分类规律初步分析该商品可能涉及的类、章和品目（可能有几个）；

第三步：查找涉及的几个有关品目的品目条文；

第四步：查看所涉及的品目所在章和类的注释，检查一下相关章注和类注是否有特别的规定；

第五步：仍然有几个品目可归而不能确定时，运用规则二、三（主要是规则三）。

通过以上几个步骤，一般即可确定该商品的品目归类。

(二) 确定子目

子目只需要在品目项下确定，其范围要小很多，具体方法是查一级子目条文→查子目注释→查二级子目条文→……→确定子目。商品名称前面都有短横，代表不同级别的子目，如：

“-”表示一级子目；

“--”表示二级子目；

“---”表示三级子目；

“----”表示四级子目。

四级子目确定后，即确定了商品的 8 位税号。但有些商品还需要确定最后 2 位附加码，最终确定商品的 10 位税号。

课堂讨论

进出口商品归类错误，会带来哪些后果？海关将如何处罚？

五、 跨境电商零售进口商品归类

（一）《跨境电子商务零售进口商品清单》税号

我国对跨境电商零售进口商品实行清单管理，清单内的商品才能适用跨境电商零售进口税收政策。2016 年以来，我国对《跨境电子商务零售进口商品清单》进行了四次调整（见表 5－6），现已涵盖跨境电商实际进口的绝大部分商品，可满足国内大部分消费者的需求。

表 5－6　近年来《跨境电子商务零售进口商品清单》变化

时间	公告	清单商品
2016 年 4 月 6 日	财政部等 11 部门关于公布跨境电子商务零售进口商品清单的公告（2016 年第 40 号）	包括 1 142 个 8 位税号商品，涵盖部分食品饮料、服装鞋帽、家用电器以及部分化妆品、纸尿裤、儿童玩具、保温杯等
2016 年 4 月 15 日	财政部等 13 部门关于公布跨境电子商务零售进口商品清单（第二批）的公告（2016 年第 47 号）	共 151 个 8 位税号商品，其中包含生鲜、保健品、蜂蜜、粮食、医疗器械等
2018 年 11 月 20 日	财政部等 13 部门关于调整跨境电子商务零售进口商品清单的公告（2018 年第 157 号）	增加了葡萄汽酒、麦芽酿造的啤酒、健身器材等 63 个税目商品
2019 年 12 月 24 日	财政部等 13 部门关于调整扩大跨境电子商务零售进口商品清单的公告（2019 年第 96 号）	新增冷冻水产品、酒类、电器等 92 个税目商品，共包含 1 413 个 8 位税号商品
2022 年 1 月 28 日	财政部等 8 部门关于调整跨境电子商务零售进口商品清单的公告（2022 年第 7 号）	在跨境电子商务零售进口商品清单（2019 年版）基础上，增加了滑雪用具、家用洗碟机、番茄汁等 29 项商品。同时调整了部分商品的税则号列，优化了部分清单商品备注

计算跨境电商零售进口税，须掌握最新清单内的商品税号，以确定其进口环节消费税税率和进口环节增值税税率。表 5－7 为 2022 年版《跨境电子商务零售进口商品清单》内所有商品税号。

表 5－7　《跨境电子商务零售进口商品清单》（2022 年版）商品税号

第一类　活动物；动物产品
02101900*、02102000*、03061100*、03061200*、03061490*、03061500*、03061630*、03061690*、03061730*、03061911*、03061919*、03061990*、03063290*、03063399*、03069200*、03069390*、03071190*、03071200*、03072199*、03072210*、03072290*、03072910*、03072990*、03073190*、03073200*、03074299*、03074390*、03074990*、03075200*、03077200*、03077900*、03078290*、03078400*、03078800*、03079190*、03079200*、03079900*、03081200*、03081900*、04011000*、04012000*、04014000*、04015000*、04021000*、04022100*、04022900*、04029100*、04029900*、04032010*、04032090*、04039000*、04041000*、04049000*、04051000*、04052000*、04061000*、04063000*、04069000*、04079090*、04089900*、04090000*、04101000*、04109010*、04109021*、04109022*、04109023*、04109029*、04109090*、05080010*

第二类　植物产品
07129050*、07129099*、07132090*、08011100*、08011990*、08012200*、08013200*、08021100*、08021200*、08022200*、08023100*、08023200*、08025100*、08025200*、08026190*、08026200*、08029100*、08029200*、08029990*、08039000*、08041000*、08042000*、08043000*、08044000*、08045010*、08045020*、08045030*、08051000*、08054000*、08055000*、08059000*、08061000*、08062000*、08081000*、08092900*、08094000*、08104000*、08106000*、08109050*、08109090*、08131000*、08132000*、08133000*、08134010*、08134030*、08134090*、08135000*、08140000*、09011100*、09012100、09012200、09019010、09019020、09021010、09021090、09022010、09022090、09023010、09023031、09023039、09023090、09024010、09024039、09024090、09030000、09041100*、09041200*、09042100*、09042200*、09061900*、09062000*、09083200*、09096210*、09102000*、09103000*、09109100*、09109900*、10049000*、10061089*、10062020*、10063020*、10063080*、10089090*、11010000、11022000*、11029029*、11029090*、11031100*、11041200*、11041990*、11042200*、11042300*、11042990*、11063000、11081100、11081300、11082000、12024200*、12030000*、12040000*、12073090、12079999*、12081000*、12089000*、12093000*、12112011*、12112019*、12112091*、12112092*、12112099*、12116000*、12119011*、12119015*、12119039*、12119050*、12119099*、12122110*、12122141*、12122142*、12122149*、12122190*、12129912*、12129919*、12129999*、13021940、13021990、14049090*
第三类　含油子仁及果实；杂项子仁及果实；工业用或药用植物；稻草、秸秆及饲料
15041000*、15042000*、15043000*、15060000*、15079000、15081000、15089000、15092000、15093000、15094000、15099000、15101000、15109000、15111000、15121100、15121900、15131100、15131900、15141100、15149110、15149190、15149900、15151100、15151900、15152100、15152900、15153000、15155000、15156000、15159040、15159090、15161000、15162000、15163000、15179090、15180000
第四类　食品；饮料、酒及醋；烟草、烟草及烟草代用品的制品
16010030*、16021000*、16022000*、16023299*、16024910*、16024990*、16025010*、16025090*、16030000*、16041190、16041200、16041300、16041400、16041500、16041700、16041800、16041990、16042019、16042099、16043200、16051000、16053000、16055200、16055400、17011400*、17019100*、17019910*、17019990*、17021100、17022000、17023000、17024000、17026000、17029011*、17029012*、17029090*、17031000、17041000、17049000、18010000*、18050000、18061000、18062000、18063100、18063200、18069000、19011010、19011090、19012000、19019000、19021100、19021900、19022000、19023010、19023020、19023030、19023090、19024000、19030000、19041000、19042000、19043000、19049000、19051000、19053100、19053200、19054000、19059000、20011000、20019090、20021010、20021090、20029011、20029090、20031019、20031090、20051000、20052000*、20054000、20055199、20055990、20057000、20058000、20059970、20059991、20059999、20060090、20071000、20079100、20079910、20079990、20081110、20081120、20081130、20081190、20081910、20081920、20081999、20082090、20083010、20084010、20085000、20086090、20087010、20087090、20088000、20089300、20089700、20089931、20089934、20089939、20089990、20091200、20091900、20092100、20092900、20093110、20093190、20094100、20095000、20096100、20096900、20097100、20097900、20098100、20098912、20098913、20098914、20098915、20098916、20098919、20098920、20099010、20099090、21011100、21011200、21012000、21013000、21023000、21031000、21032000、21033000、21039090、21041000、21042000、21050000、21061000、21069030、21069040、21069050、21069061*、21069062*、21069090、22011010、22011020、22019011、22019019、22019090、22021000、22029100、22029900、22030000、22041000、22042100、22042900、22043000、22051000、22059000、22060010、22060090、22082000、22083000、22084000、22085000、22086000、22087000、22089010、22089020、22089090、22090000、23024000、23065000、23091010*、23091090*、23099010*、23099090*

第五类　矿产品
25010011、25010019、27101991、27101992
第六类　化学工业及其相关工业的产品
28112210、28352600、28363000、28365000、28539010、28539090、29012990、29054910、29146200、29161500、29232000、29239000、29252900、29322090、29329990、29362100、29362200、29362300、29362400、29362500、29362600、29362700、29362800、29362900、29369010、29369090、29381000、29400090、30049051、30049054、30051010、30051090、30059010、30059090、30061000、30067000、32030019、32041700、32042000、32131000、32151900、32159010、32159090、33011200、33011300、33011990、33012500、33012920、33012960、33012999、33013090、33019010、33019090、33029000、33030000、33041000、33042000、33043000、33049100、33049900、33051000、33052000、33053000、33059000、33061010、33061090、33062000、33069010、33069090、33071000、33072000、33073000、33074100、33074900、33079000、34011100、34011910、34011990、34012000、34013000、34023100、34023900、34024100、34024200、34024900、34025010、34025090、34029000、34039900、34049000、34051000、34052000、34053000、34054000、34059000、34060000、34070090、35011000、35021100、35022000、35029000、35030010、35030090*、35040090、35052000、35061000、35069110、35069190、35069900、35079090、37031010、37032010、38021010、38089111、38089119、38089210、38089400、38099100、38101000、38221900、38249920、38249999
第七类　塑料及其制品；橡胶及其制品
39173200、39173900、39181090、39189090、39191099、39199090、39201090、39204300、39204900、39206200、39209100、39209990、39211100、39211290、39211390、39211990、39219090、39221000、39222000、39229000、39231000、39232100、39232900、39233000、39235000、39239000、39241000、39249000、39251000、39261000、39262011、39262090、39263000、39264000、39269010、39269090、40070000、40081100、40081900、40141000、40149000、40151900、40159090、40161090、40169200、40169390、40169500、40169990、40170020
第八类　生皮、皮革、毛皮及其制品；鞍具及挽具；旅行用品、手提包及类似容器；动物肠线（蚕胶丝除外）制品
42010000、42021110、42021190、42021210、42021290、42021900、42022100、42022200、42022900、42023100、42023200、42023900、42029100、42029200、42029900、42031000、42032100、42032990、42033010、42034000、42050090、43031010、43039000、43040020
第九类　木及木制品；木炭；软木及软木制品；稻草、秸秆、针茅或其他编结材料制品；篮筐及柳条编结品
44141000、44149010*、44149090、44191100、44191210、44191290、44191900、44192000、44199010、44199090、44201190、44201990、44209090、44211000、44219190、44219910、44219990、45041000、46021100
第十类　木浆及其他纤维状纤维素浆；纸及纸板的废碎品；纸、纸板及其制品
48026200、48030000、48061000、48114100、48115110、48115910、48115991、48115999、48119000、48142000、48149000、48171000、48172000、48173000、48181000、48182000、48183000、48185000、48189000、48192000、48194000、48195000、48196000、48201000、48202000、48203000、48204000、48205000、48209000、48236100、48236910、48236990、48239030、48239090、49019900、49029000、49030000、49089000、49090010、49090090、49100000、49111010、49119100
第十一类　纺织原料及纺织制品
54076100、56012100、56012290、56012900、56031110、56031190、56039190、56039210、56039290、56039390、56039490、56041000、56074900、56075000、56079090、56081900、56090000、57032100、57032900、57050020、57050090、58021090、58061090、58110020、59112000、61012000、61013000、61019090、61021000、61022000、61023000、61029000、61031020、61031090、61032200、61032300、

第十一类　纺织原料及纺织制品

61032990、61033100、61033200、61033300、61033900、61034200、61034300、61034900、61041300、61042200、61042300、61042990、61043100、61043200、61043300、61043900、61044100、61044200、61044300、61044400、61044900、61045100、61045200、61045300、61045900、61046100、61046200、61046300、61046900、61051000、61052000、61059000、61061000、61062000、61069000、61071100、61071200、61072200、61079100、61082100、61082200、61082910、61083100、61083200、61089100、61089200、61091000、61099010、61099090、61101100、61101200、61101910、61101990、61102000、61103000、61109010、61109090、61112000、61113000、61119010、61119090、61121100、61121200、61121900、61123100、61124100、61130000、61142000、61143000、61151000、61152100、61152200、61152910、61152990、61153000、61159400、61159500、61159600、61159900、61161000、61169100、61169200、61169300、61169900、61171011、61171019、61171020、61171090、61178010、61178090、61179000、62012000、62013010、62013090、62014010、62014090、62019000、62022000、62023090、62024010、62024090、62029000、62031100、62032200、62032300、62033100、62033200、62033300、62033910、62033990、62034100、62034290、62034390、62034990、62041200、62041300、62042200、62042300、62042990、62043100、62043200、62043300、62043910、62043990、62044100、62044200、62044300、62044400、62044910、62044990、62045100、62045200、62045300、62045910、62045990、62046100、62046200、62046300、62046900、62052000、62053000、62059010、62059020、62059090、62061000、62062000、62063000、62064000、62069000、62071100、62071920、62071990、62072100、62072910、62079100、62079910、62082100、62082200、62089100、62089200、62089910、62089990、62092000、62093000、62099010、62099090、62101020、62101030、62102000、62103000、62105000、62113220、62113290、62113320、62113390、62113990、62114210、62114290、62114310、62114390、62114910、62114990、62121010、62121090、62122010、62122090、62123010、62123090、62129010、62132090、62141000、62142010、62142020、62142090、62143000、62144000、62149000、62151000、62159000、62160000、62171010、62171090、62179000、63011000、63012000、63013000、63014000、63019000、63021090、63022190、63023110、63023191、63023192、63023199、63023290、63023929、63025190、63026010、63026090、63029100、63029300、63029910、63029990、63041121、63042010、63042090、63049121、63049129、63049990、63053900、63071000、63072000、63079010、63079090、63080000

第十二类　鞋、帽、伞、杖、鞭及其零件；已加工的羽毛及其制品；人造花；人发制品

64019210、64019290、64019900、64021200、64021900、64022000、64029100、64029910、64029921、64029929、64031200、64031900、64032000、64035111、64035119、64035191、64035900、64039111、64039119、64039191、64039199、64039900、64041100、64041910、64041990、64042010、64042090、64051010、64051090、64052000、64059010、64059090、64061000、64069091、64069092、65050020、65050091、65050099、65061000、65069100、65069920、65069990、66011000、66019100、66019900、67041100、67041900、67042000、67049000

第十三类　石料、石膏、水泥、石棉、云母及类似材料的制品；陶瓷产品；玻璃及其制品

68029990、68043010、68043090、68052000、68069000、68109990、69109000、69111011、69111019、69111021、69111029、69119000、69120010、69120090、69131000、69141000、69149000、70099100、70099200、70101000、70102000、70109010、70109020、70109030、70109090、70131000、70132200、70132800、70133300、70133700、70134100、70134200、70134900、70139900、70181000、70189000、70200099

第十四类　天然或养殖珍珠、宝石或半宝石、贵金属、包贵金属及其制品；仿首饰；硬币

71131110、71131190、71131911、71131919、71131921、71131929、71132090、71161000、71162000、71171100、71171900、71179000

第十五类　贱金属及其制品
73194090、73199000、73211100、73211900、73219000、73231000、73239100、73239200、73239300、73239420、73239490、73239900、73241000、73249000、73259990、73269090、74182000、74192010、74198010、74198099、76071190、76071900、76072000、76151090、76152000、76169990、82015000、82032000、82041100、82052000、82055100、82055900、82083000、82100000、82111000、82119100、82119200、82119300、82119400、82121000、82122000、82130000、82141000、82142000、82149000、82151000、82152000、82159100、82159900、83014000、83024100、83024200、83025000、83059000、83062100、83062990、83063000、83081000、83089000、83099000、83100000
第十六类　机器、机械器具、电气设备及其零件；录音机及放声机、电视图像、声音的录制和重放设备及其零件、附件
84132000、84135010、84135020、84138100、84142000、84145110、84145120、84145130、84145191、84145192、84145193、84145199、84145990、84146010、84151010、84151021、84158110、84158210、84181010、84181020、84181030、84182110、84182120、84182130、84182920、84182990、84183029、84184029、84191200、84191910、84198100、84199010、84199090、84211210、84211990、84212110、84212990、84213910、84213990、84219910、84219990、84221100、84224000、84231000、84233010、84248910、84341000、84342000、84351000、84381000、84386000、84433110、84433190、84433212、84433213、84433219、84433221、84433229、84433290、84439990、84501110、84501120、84501190、84501200、84501900、84502012、84512100、84672910、84701000、84713010、84713090、84715040、84716050、84716071、84716072、84716090、84717011、84717019、84717030、84717090、84719000、84729022、84729030、84798390、84798920、84798999、84818040、84818090、84819090、84858090、85011010、85044019、85044099、85049090、85051190、85051900、85059090、85069090、85073000、85081100、85081900、85087010、85094010、85094090、85098010、85098020、85098090、85099000、85101000、85102000、85103000、85109000、85122010、85122090、85131010、85131090、85161010、85161020、85161090、85162931、85162932、85162939、85163100、85163200、85164000、85165000、85166010、85166030、85166040、85166050、85166090、85167110、85167120、85167130、85167190、85167210、85167220、85167290、85167910、85167990、85168000、85169090、85171300、85171410、85171420、85171490、85176294、85176299、85182100、85182200、85182900、85183000、85184000、85189000、85198910、85198990、85232110、85234990、85235110、85235120、85235210、85258922、85258929、85258933、85258939、85269110、85269200、85271300、85279200、85285211、85287221、85287222、85287229、85287291、85287292、85287299、85287300、85366900、85392991、85392999、85395100、85395210、85395220、85415111、85415129、85437099、85439090
第十七类　车辆、航空器、船舶及有关运输设备
87120020、87120030、87120041、87120049、87120081、87120089、87120090、87131000、87150000
第十八类　光学、照相、电影、计量、检验、医疗或外科用仪器及设备、精密仪器及设备；钟表；乐器；上述物品的零件、附件
90013000、90014010、90014091、90014099、90015010、90015091、90015099、90021131、90021139、90031100、90031910、90031920、90031990、90039000、90041000、90049010、90049090、90051000、90058010、90069199、90085039、90111000、90118000、90138010、90138090、90173000、90184990、90189020、90191010、90191090、90192010、90192020、90192090、90200000、90211000、90251100、90251990、90258000、90259000、90275090、90291090、91011100、91011990、91012100、91021100、91021200、91021900、91022100、91022900、91029100、91029900、91031000、91039000、91051100、91052100、91059900、91069000、91139000、92079000、92099990
第十九类　武器、弹药及其零件、附件
无

第二十类　杂项制品
94012090、94016190、94016900、94017190、94017900、94018090、94019990、94032000、94037000、94038990、94039100、94039900、94042100、94042900、94043090、94044010、94044020、94044030、94044040、94044090、94049010、94049020、94049030、94049040、94049090、94051100、94051900、94052100、94052900、94054100、94054210、94054290、94054910、94054990、94055000、95030010、95030021、95030029、95030060、95030083、95030089、95030090、95045020、95045030、95045080、95049010、95051000、95059000、95061100、95061200、95061900、95062900、95063100、95063200、95063900、95065900、95066210、95066900、95067010、95067020、95069119、95069190、95069910、95069990、95071000、95072000、95073000、95079000、96011000、96020010、96031000、96032100、96032900、96033010、96033090、96034019、96035091、96039090、96050000、96081000、96082000、96083020、96083090、96084000、96085000、96086000、96089100、96089990、96091010、96091020、96092000、96099000、96100000、96131000、96132000、96138000、96151100、96151900、96159000、96161000、96162000、96170011、96170019、96170090、96190011、96190019、96190020、96190090、96200010、96200090
第二十一类　艺术品、收藏品及古物
无

注：税号后有 * 表示仅限网购保税商品，其中 18010000（整颗或破碎的可可豆，生的或焙炒的）网购保税范围仅限生可可豆。

实战训练

查找项目五“案例导入”中提及的葡萄汽酒、麦芽酿造的啤酒、望远镜、电子游戏机、滑雪靴、旱冰鞋、蒸汽眼罩的 8 位税号。

（二）典型跨境电商零售进口商品归类注意事项

1. 第一类

普通奶粉是将牛奶或羊奶去除水分后制得的粉末，主要营养成分为乳糖、乳蛋白（酪蛋白、乳清蛋白）、乳脂、矿物质、维生素及其他微量成分。普通奶粉一般应按浓缩的乳归入品目 0402，但添加的物质不应超出第四章总注释的规定[①]。

配方奶粉是为满足婴幼儿的营养需要，在普通奶粉基础上去除部分酪蛋白，增加乳清蛋白，并添加维生素、核苷酸、不饱和脂肪酸等营养成分制得的冲调食品。配方奶粉所添加的物质超出了第四章总注释的规定，故应按品目 0401～0404 所列货品制的其他品目未列名食品归入品目 1901。适合婴幼儿食用的零售包装配方奶粉应归入本国子目 19011010。

① 第四章总注释第一款：“上述第（一）项至第（五）项的产品，除含有天然乳成分（例如，添加维生素或天然盐的乳）外，还可以含有乳品液态运输时为保持其天然浓度而加入的少量稳定剂（例如，磷酸二钠、柠檬酸三钠、氯化钙）及少量抗氧剂或乳中一般没有的维生素。这些乳品还可含有加工所需的少量化学品（例如，碳酸氢钠）；成粉状或粒状的乳品可含有防结素（例如，磷脂、无定形二氧化硅）。”

2. 第二类

经不同工艺制成的商品茶一般可分为绿茶、红茶、青茶、黑茶、黄茶、白茶等，其中绿茶是不经氧化的茶类，又称不发酵茶，主要是将茶叶经杀青、揉捻、干燥等工序制得，应归入子目 090210 或 090220；红茶属于氧化的茶类，又称全发酵茶，是将茶叶经萎凋、揉捻、发酵、干燥等工序制得，应归入子目 090230 或 090240。

抹茶由纯绿茶干燥研磨成粉，可直接泡水饮用，也可加工制作成其他食品。根据第九章总注释："这类产品可以是完整的，也可以捣碎或制作成粉末。"抹茶由纯绿茶研磨制成，应按茶归入品目 0902。

3. 第三类

深海鱼油胶囊的主要成分为深海鱼油（富含 EPA，即二十五碳五烯酸和 DHA，即二十二碳六烯酸），由明胶胶囊包裹，适宜成年人服用。鱼油为单一成分，胶囊仅为便于服用和保存。深海鱼油胶囊应按鱼肝油以外的鱼油归入品目 1504。

4. 第四类

品目 2206 的其他发酵饮料包括两类商品：

一是除品目 2203～2205 所列以外的各种发酵饮料，包括苹果酒、梨酒、蜂蜜酒、葡萄干酒、麦芽酒、云杉酒、清酒或米酒、棕榈酒、姜啤酒及草药啤酒等，属于发酵酒的兜底税目。

二是无酒精饮料与发酵饮料的混合物及各种发酵饮料的混合物，如柠檬酒与啤酒或酿造酒的混合物、啤酒与酿造酒的混合物。

例如，某种梅酒的主要原料为纯米酒、梅、冰糖、红紫苏，其不属于品目 2203 所列的啤酒或品目 2204、2205 所列的葡萄酒，故应作为其他发酵饮料归入品目 2206；另一种梅酒的配料为米烧酒、梅子、果糖，其基酒米烧酒属于蒸馏酒，添加梅子和果糖后，应作为利口酒[①]归入品目 2208。

5. 第六类

供医疗、外科、牙科或兽医用的辅助用品是指软填料、纱布、绷带、橡皮膏及类似物品，归类时分几种情况分别考虑：

（1）已经药物浸涂的以上物品，例如，浸渍碘或水杨酸甲酯等的软填料，浸、涂药物的橡皮膏等，应归入品目 3005。

（2）未经药物浸涂的以上物品，但已制成零售形式或零售包装供医疗、外科、牙科或兽医用，应归入品目 3005。例如，未经药物浸涂的软填料及纱布，倘若它们不需要重新包

① 利口酒为通过蒸馏工艺制得的，已添加糖、蜂蜜或其他天然甜料以及精汁或香精的烈性酒。

装，只能直接出售（例如，受所附标签或特殊折叠方式所限）给用户（个人、医院等）用于医疗、外科、牙科或兽医方面，则仍应归入品目 3005。

（3）未经药物浸涂的以上物品，但未制成零售形式或零售包装供医疗、外科、牙科或兽医用，则不能归入品目 3005。

6. 第七类

卫生洁具归入品目 3922。归入该品目的卫生洁具一般永久固定于房舍内或某一地点上，通常与供水系统或下水道相连接，如浴缸、洗涤槽；还包括类似规格及用途的其他卫生洁具，如便携式坐浴盆、婴儿浴盆及野营用的盥洗设备。但肥皂盘、毛巾架、牙刷架、卫生纸架、毛巾钩等则不能作为本品目的卫生洁具，它们如果是供永久固定安装在墙内、墙上或建筑物的其他地方，应归入品目 3925“建筑用品”，否则归入品目 3924“盥洗用具”。

7. 第八类

归入品目 4202 的商品主要是衣箱、提箱、公文箱、眼镜盒、旅行包、手提包等各类容器，其材料可以是皮革或再生皮革，也可以是某些其他材料。

根据品目 4202 的条文，这些容器包括两类，两类容器所用的材料不同。一类容器是衣箱、提箱、小手袋、公文箱、公文包、书包、眼镜盒、望远镜盒、照相机套、乐器盒、枪套等。根据第四十二章章注三（一）的规定，这类容器只要不是非供长期使用的带把手塑料薄膜袋和编结材料制品，均应归入品目 4202。另一类容器是旅行包、食品保温包、化妆包、手提包、运动包、购物袋、钱包、瓶盒、首饰盒、文具盒等，这类容器必须是用皮革或再生皮革、塑料片、纺织材料、钢纸或纸板制成，或者全部或主要用上述材料或纸包覆而制成，其他材料制的不归入品目 4202。

由于品目 4202 容器所用的材料可以是皮革或再生皮革，也可以是某些其他材料，因此，容器的归类应首先考虑品目 4202，而不是首先考虑按制成材料来归类。符合 4202 品目条文及章注三规定的容器，应归入品目 4202，否则归入其他有关章。

8. 第九类

木制的画框、相框、镜框等归入品目 4414。镶有玻璃的木制画框和相框，仍按画框和相框归入品目 4414。但装有镜子的镜框，则以镜子为基本特征归入品目 7009。当画框中装有画作时，如果框架的种类及价值与作品相称，则应与作品一并归类。如果框架的种类及价值与作品不相称，则应分开归类。

9. 第十类

卫生纸、面巾纸、餐巾纸及类似的家庭或卫生用纸，纤维素絮纸及纤维素纤维网纸，归入品目 4803。归入品目 4803 的卫生用纸是符合第四十八章章注八规定的大规格的纸；不符合章注八规格的卫生类用纸，如成卷的卫生纸（零售用，宽度 10 厘米），应归入品目

4818；不符合章注八规定的纤维素絮纸及纤维素纤维网纸应归入品目 4818、4819 或 4823。

某些纸及其制品由于基本特征已属于其他章的特征，因此应归入其他相应的章。例如，香水纸归入品目 3307，肥皂纸归入品目 3401，感光纸归入品目 3703，捕蝇纸归入品目 3808，石蕊试纸归入品目 3822，纸帽归入品目 6506，纸伞归入品目 6601，砂纸归入品目 6805 等。

10. 第十一类

第六十一章的服装由第十一类包括的各种纤维加工而成，纺织纤维以外的各原料加工成的服装不归入本章，如塑料服装归入品目 3926，橡胶服装归入品目 4015，皮革服装归入品目 4203，纸制服装归入品目 4818。

11. 第十二类

对于“运动鞋靴”，第六十四章有子目注释规定，仅限于子目注释上所提的范畴，即带有或装有鞋底钉、止滑柱、夹钳、马蹄掌或类似品的体育专用鞋靴，滑冰靴、滑雪靴及越野滑雪用鞋靴、滑雪板靴，角力靴，拳击靴及赛车鞋。这需要避免和市面上所称的“运动鞋”的鞋靴混淆起来，影响准确归类。另外，本章子目注释所称的“运动鞋靴”不包括类似的装有冰刀或轮子的滑冰鞋，它们应该根据本章章注一（六）归入品目 9506 项下。

12. 第十六类

根据第八十五章章注四的规定，不是所有家用的电动器具均可归入品目 8509。能按品目 8509“家用电动器具”归类的商品，必须符合商品重量不超过 20 千克的规定（列名的食品研磨机及搅拌器、水果或蔬菜的榨汁器、地板打蜡器除外）。品目 8509 不适用于离心干衣机（品目 8421）、家用洗衣机（品目 8450）、电热器具（品目 8516）等。

洁肤仪，有时候也称作洗脸刷，一般是通过电动机旋转刷头，配合或不配合洗面奶对面部进行清洁的一种仪器。洁肤仪在清洁肌肤的同时也可促进血液循环，提高肌肤光泽，并使肌肤更好地吸收护肤品，从而达到美容保健的作用。装有电动机的手持式洁肤仪，一般应作为家用电动器具归入品目 8509。某些类型的洁肤仪包含可替换的刷头和按摩头，因其同时具有品目 8509 和 9019 所列功能，故应作为多功能机器（或仪器）按主要功能归入相应品目。主要功能不能确定时，应根据总规则三（三）的规定从后归入品目 9019。

13. 第二十类

供儿童或成人娱乐用的玩具归入品目 9503，确定子目时主要考虑玩具的属性。归入该品目的玩具主要包括：

（1）儿童乘骑的带轮玩具（如三轮车、踏板车、踏板汽车等）、玩偶车，这些带轮的玩具通常由儿童通过脚踏板或手摇自己推进，或由马达驱动。但儿童乘骑的由链条驱动的两轮（不包括两侧辅助的支承轮）自行车不属于玩具，仍具有自行车的特征，应按缩小比例的自行车归入品目 8712。

（2）玩偶及其零件、附件（如玩偶用的服装、鞋、靴、帽等）。

（3）车辆玩具、火车玩具、飞机玩具（不论是否电动），手枪玩具，运动器材玩具（不论是否成套，如成套的保龄球、高尔夫球等），乐器玩具（钢琴、喇叭、口琴、音乐盒等），按比例缩小的模型及类似娱乐用模型，各种智力玩具等。

参考文献

［1］邢光远，史金召，路程．“一带一路”倡议下中国跨境电商的政策演进与发展态势［J］．西安交通大学学报（社会科学版），2020，40（5）．

［2］吴昇．代理报关下商品归类争议责任归属研究［J］．对外经贸，2018（6）．

［3］朱昉，须捷，李涛，贺腾，秦途捷，徐菲，冯晓鹏．跨境电商进出口商品退货指引［J］．中国海关，2021（4）．

［4］《中国海关报关专业教材》编写组．2021 中国海关报关专业教材［M］．北京：中国海关出版社有限公司，2021．

［5］顾佩军．图解：全面深化海关业务改革，促进跨境贸易高度便利［M］．北京：中国海关出版社有限公司，2019．

［6］宗慧民．进出口商品归类［M］．2 版．北京：中国海关出版社，2018．

［7］陈征科．商品归类精要［M］．上海：复旦大学出版社，2019．

［8］关务水平测试教材编委会．关务水平测试大纲细则及真题解析（2020 年版）［M］．北京：中国海关出版社有限公司，2020．

［9］中华人民共和国海关总署网站，http://www.customs.gov.cn/．

图书在版编目（CIP）数据

跨境电商通关：含活页练习册：微课版/韩斌主编. -- 北京：中国人民大学出版社，2022.5
ISBN 978-7-300-30570-7

Ⅰ.①跨… Ⅱ.①韩… Ⅲ.①电子商务-教材 Ⅳ.①F713.36

中国版本图书馆 CIP 数据核字（2022）第 061994 号

教育部首批国家级职业教育教师教学创新团队电子商务专业领域实践课题（跨境电子商务核心课程新形态教材和教学资源建设，项目编号：SJ2020110102）建设成果
国家级"跨境电子商务综合服务应用技术协同创新中心"建设成果
中国特色高水平高职专业群（国际贸易实务）建设成果

跨境电商通关（含活页练习册）（微课版）

主　编　韩　斌
副主编　王恩江
Kuajing Dianshang Tongguan

出版发行	中国人民大学出版社		
社　　址	北京中关村大街 31 号	**邮政编码**	100080
电　　话	010－62511242（总编室）		010－62511770（质管部）
	010－82501766（邮购部）		010－62514148（门市部）
	010－62515195（发行公司）		010－62515275（盗版举报）
网　　址	http://www.crup.com.cn		
经　　销	新华书店		
印　　刷	中煤（北京）印务有限公司		
规　　格	185 mm×260 mm　16 开本	**版　　次**	2022 年 5 月第 1 版
印　　张	19.5　插页 1	**印　　次**	2022 年 5 月第 1 次印刷
字　　数	416 000	**定　　价**	45.00 元

目　录

CONTENTS

项目一　海关与报关管理

实训与评价

实训 1－1　课堂讨论

阅读任务一课堂讨论（课本 P4），填写表 1－1 的实训报告。

表 1－1　课堂讨论实训报告与评价

<table>
<tr><td colspan="5">实训报告与评价 1－1</td></tr>
<tr><td>实训属性</td><td colspan="4">课堂讨论</td></tr>
<tr><td>实训目的</td><td colspan="4">了解走私的概念，理解海关查缉走私的重要意义</td></tr>
<tr><td rowspan="6">项目小组成员</td><td>姓名</td><td>班级</td><td>学号</td><td>责任分工</td></tr>
<tr><td></td><td></td><td></td><td></td></tr>
<tr><td></td><td></td><td></td><td></td></tr>
<tr><td></td><td></td><td></td><td></td></tr>
<tr><td></td><td></td><td></td><td></td></tr>
<tr><td></td><td></td><td></td><td></td></tr>
<tr><td>实训方式和步骤</td><td colspan="4">1. 结合《中华人民共和国海关法》（扫描右侧二维码），并联系相关新闻报道开展讨论。
2. 各项目小组进行交流和互评。
3. 思考并总结，完成实训报告。
《中华人民共和国海关法》</td></tr>
<tr><td>实训成果</td><td colspan="4">讨论并回答：
1. 什么叫走私？</td></tr>
</table>

<table>
<tr><td>实训成果</td><td colspan="3">2. 走私行为对社会经济有哪些危害？</td></tr>
<tr><td rowspan="11">实训过程评价</td><td>评价指标</td><td>自评</td><td>组内自评</td></tr>
<tr><td>达成本次实训项目目标（50 分）</td><td></td><td></td></tr>
<tr><td>能有效利用资源查找有效信息（5 分）</td><td></td><td></td></tr>
<tr><td>能通过自己的理解有条理地表述所学知识，较好地掌握专业知识点（5 分）</td><td></td><td></td></tr>
<tr><td>完成自己分工的工作，认同工作价值，并在工作中获得满足感（5 分）</td><td></td><td></td></tr>
<tr><td>同学之间相互尊重、保持信息交流，既有独立思考又有合作学习（5 分）</td><td></td><td></td></tr>
<tr><td>能提出有意义的问题或能发表个人见解（5 分）</td><td></td><td></td></tr>
<tr><td>具有较强的信息分析能力和理解能力，能够倾听、协作分享（5 分）</td><td></td><td></td></tr>
<tr><td>按时按质完成工作任务（5 分）</td><td></td><td></td></tr>
<tr><td>能发现问题、提出问题、分析问题、创新性地解决问题（5 分）</td><td></td><td></td></tr>
<tr><td>获得了进一步发展的能力（10 分）</td><td></td><td></td></tr>
<tr><td></td><td>总分</td><td></td><td></td></tr>
<tr><td>小组活动中有益的经验和做法</td><td colspan="3"></td></tr>
<tr><td>个人总结和反思</td><td colspan="3"></td></tr>
</table>

实训 1－2　实战训练

阅读任务一实战训练（课本 P10），填写表 1－2 的实训报告。

表 1－2　实战训练实训报告与评价

<table>
<tr><td colspan="5">实训报告与评价 1－2</td></tr>
<tr><td>实训属性</td><td colspan="4">实战训练</td></tr>
<tr><td>实训目的</td><td colspan="4">掌握海关的领导体制与机构</td></tr>
<tr><td rowspan="6">项目小组成员</td><td>姓名</td><td>班级</td><td>学号</td><td>责任分工</td></tr>
<tr><td></td><td></td><td></td><td></td></tr>
<tr><td></td><td></td><td></td><td></td></tr>
<tr><td></td><td></td><td></td><td></td></tr>
<tr><td></td><td></td><td></td><td></td></tr>
<tr><td></td><td></td><td></td><td></td></tr>
<tr><td>实训方式
和步骤</td><td colspan="4">1. 查询青岛海关网站（扫描右侧二维码）和相关资料，调研青岛海关的组织机构，查询菏泽海关管辖范围。
2. 各项目小组进行交流和互评。
3. 思考并总结，完成实训报告。
中华人民共和国青岛海关</td></tr>
<tr><td>实训成果</td><td colspan="4">1. 青岛海关和菏泽海关是什么关系？

2. 菏泽海关管辖哪些地区的海关业务？</td></tr>
</table>

<table>
<tr><td rowspan="12">实训过程评价</td><td>评价指标</td><td>自评</td><td>组内互评</td></tr>
<tr><td>达成本次实训项目目标（50分）</td><td></td><td></td></tr>
<tr><td>能有效利用资源查找有效信息（5分）</td><td></td><td></td></tr>
<tr><td>能通过自己的理解有条理地表述所学知识，较好地掌握专业知识点（5分）</td><td></td><td></td></tr>
<tr><td>完成自己分工的工作，认同工作价值，并在工作中获得满足感（5分）</td><td></td><td></td></tr>
<tr><td>同学之间相互尊重、保持信息交流，既有独立思考又有合作学习（5分）</td><td></td><td></td></tr>
<tr><td>能提出有意义的问题或能发表个人见解（5分）</td><td></td><td></td></tr>
<tr><td>具有较强的信息分析能力和理解能力，能够倾听、协作分享（5分）</td><td></td><td></td></tr>
<tr><td>按时按质完成工作任务（5分）</td><td></td><td></td></tr>
<tr><td>能发现问题、提出问题、分析问题、创新性地解决问题（5分）</td><td></td><td></td></tr>
<tr><td>获得了进一步发展的能力（10分）</td><td></td><td></td></tr>
<tr><td>总分</td><td></td><td></td></tr>
<tr><td>小组活动中有益的经验和做法</td><td colspan="3"></td></tr>
<tr><td>个人总结和反思</td><td colspan="3"></td></tr>
</table>

实训 1－3　课堂讨论

阅读任务二课堂讨论（课本 P13），填写表 1－3 的实训报告。

表 1－3　课堂讨论实训报告与评价

<table>
<tr><td colspan="5">实训报告与评价 1－3</td></tr>
<tr><td>实训属性</td><td colspan="4">课堂讨论</td></tr>
<tr><td>实训目的</td><td colspan="4">了解进境物品报关的一般规定</td></tr>
<tr><td rowspan="6">项目小组成员</td><td>姓名</td><td>班级</td><td>学号</td><td>责任分工</td></tr>
<tr><td></td><td></td><td></td><td></td></tr>
<tr><td></td><td></td><td></td><td></td></tr>
<tr><td></td><td></td><td></td><td></td></tr>
<tr><td></td><td></td><td></td><td></td></tr>
<tr><td></td><td></td><td></td><td></td></tr>
<tr><td>实训方式和步骤</td><td colspan="4">1. 分工查找《中华人民共和国进境物品完税价格表》，并查询海关总署公告 2010 年第 54 号（扫描右侧二维码）开展讨论。
2. 各项目小组进行交流和互评。
3. 思考并总结，完成实训报告。
海关总署公告 2010 年第 54 号</td></tr>
<tr><td>实训成果</td><td colspan="4">讨论并回答：
1. 单位完税价格超过 5 000 元的物品如下：
<table><tr><td>序号</td><td>品名及规格</td><td>完税价格/单位</td></tr><tr><td></td><td></td><td></td></tr><tr><td></td><td></td><td></td></tr><tr><td></td><td></td><td></td></tr><tr><td></td><td></td><td></td></tr><tr><td></td><td></td><td></td></tr><tr><td></td><td></td><td></td></tr><tr><td></td><td></td><td></td></tr><tr><td></td><td></td><td></td></tr><tr><td></td><td></td><td></td></tr><tr><td></td><td></td><td></td></tr><tr><td></td><td></td><td></td></tr><tr><td></td><td></td><td></td></tr><tr><td></td><td></td><td></td></tr><tr><td></td><td></td><td></td></tr></table>2. 进境居民旅客携带以上物品（单件自用），海关如何验放？</td></tr>
</table>

	评价指标	自评	组内互评
实训过程评价	达成本次实训项目目标（50分）		
	能有效利用资源查找有效信息（5分）		
	能通过自己的理解有条理地表述所学知识，较好地掌握专业知识点（5分）		
	完成自己分工的工作，认同工作价值，并在工作中获得满足感（5分）		
	同学之间相互尊重、保持信息交流，既有独立思考又有合作学习（5分）		
	能提出有意义的问题或能发表个人见解（5分）		
	具有较强的信息分析能力和理解能力，能够倾听、协作分享（5分）		
	按时按质完成工作任务（5分）		
	能发现问题、提出问题、分析问题、创新性地解决问题（5分）		
	获得了进一步发展的能力（10分）		
	总分		
小组活动中有益的经验和做法			
个人总结和反思			

实训 1-4　实战训练

阅读任务二实战训练（课本 P16），填写表 1-4 的实训报告。

表 1-4　实战训练实训报告与评价

<table>
<tr><td colspan="5">实训报告与评价 1-4</td></tr>
<tr><td>实训属性</td><td colspan="4">实战训练</td></tr>
<tr><td>实训目的</td><td colspan="4">掌握跨境电商模式，了解跨境电商平台运营模式</td></tr>
<tr><td rowspan="6">项目小组成员</td><td>姓名</td><td>班级</td><td>学号</td><td>责任分工</td></tr>
<tr><td></td><td></td><td></td><td></td></tr>
<tr><td></td><td></td><td></td><td></td></tr>
<tr><td></td><td></td><td></td><td></td></tr>
<tr><td></td><td></td><td></td><td></td></tr>
<tr><td></td><td></td><td></td><td></td></tr>
<tr><td>实训方式和步骤</td><td colspan="4">1. 研读并理解我国跨境电商模式，查询我国知名进口跨境电商平台运营模式。
2. 各项目小组进行交流和互评。
3. 思考并总结，完成实训报告。</td></tr>
<tr><td>实训成果</td><td colspan="4">1. 山东德新国际贸易有限公司的跨境电商业务属于哪种模式？

2. 山东德新国际贸易有限公司可以通过国内哪些跨境电商平台完成此模式的跨境电商业务？</td></tr>
</table>

	评价指标	自评	组内互评
实训过程评价	达成本次实训项目目标（50分）		
	能有效利用资源查找有效信息（5分）		
	能通过自己的理解有条理地表述所学知识，较好地掌握专业知识点（5分）		
	完成自己分工的工作，认同工作价值，并在工作中获得满足感（5分）		
	同学之间相互尊重、保持信息交流，既有独立思考又有合作学习（5分）		
	能提出有意义的问题或能发表个人见解（5分）		
	具有较强的信息分析能力和理解能力，能够倾听、协作分享（5分）		
	按时按质完成工作任务（5分）		
	能发现问题、提出问题、分析问题、创新性地解决问题（5分）		
	获得了进一步发展的能力（10分）		
	总分		
小组活动中有益的经验和做法			
个人总结和反思			

实训 1－5　课堂讨论

阅读任务三课堂讨论（课本 P20），填写表 1－5 的实训报告。

表 1－5　课堂讨论实训报告与评价

<table>
<tr><td colspan="5">实训报告与评价 1－5</td></tr>
<tr><td>实训属性</td><td colspan="4">课堂讨论</td></tr>
<tr><td>实训目的</td><td colspan="4">了解报关单位备案无纸化改革</td></tr>
<tr><td rowspan="6">项目小组成员</td><td>姓名</td><td>班级</td><td>学号</td><td>责任分工</td></tr>
<tr><td></td><td></td><td></td><td></td></tr>
<tr><td></td><td></td><td></td><td></td></tr>
<tr><td></td><td></td><td></td><td></td></tr>
<tr><td></td><td></td><td></td><td></td></tr>
<tr><td></td><td></td><td></td><td></td></tr>
<tr><td>实训方式和步骤</td><td colspan="4">1. 查找报关单位备案无纸化改革的相关报道，理解改革的具体内容，并就改革的意义开展讨论。
2. 各项目小组进行交流和互评。
3. 思考并总结，完成实训报告。</td></tr>
<tr><td>实训成果</td><td colspan="4">讨论并回答：
1. 什么叫报关单位备案无纸化改革？

2. 改革后，报关单位办理备案可以享受哪些便利？</td></tr>
</table>

<table>
<tr><td rowspan="12">实训过程评价</td><td>评价指标</td><td>自评</td><td>组内互评</td></tr>
<tr><td>达成本次实训项目目标（50分）</td><td></td><td></td></tr>
<tr><td>能有效利用资源查找有效信息（5分）</td><td></td><td></td></tr>
<tr><td>能通过自己的理解有条理地表述所学知识，较好地掌握专业知识点（5分）</td><td></td><td></td></tr>
<tr><td>完成自己分工的工作，认同工作价值，并在工作中获得满足感（5分）</td><td></td><td></td></tr>
<tr><td>同学之间相互尊重、保持信息交流，既有独立思考又有合作学习（5分）</td><td></td><td></td></tr>
<tr><td>能提出有意义的问题或能发表个人见解（5分）</td><td></td><td></td></tr>
<tr><td>具有较强的信息分析能力和理解能力，能够倾听、协作分享（5分）</td><td></td><td></td></tr>
<tr><td>按时按质完成工作任务（5分）</td><td></td><td></td></tr>
<tr><td>能发现问题、提出问题、分析问题、创新性地解决问题（5分）</td><td></td><td></td></tr>
<tr><td>获得了进一步发展的能力（10分）</td><td></td><td></td></tr>
<tr><td>总分</td><td></td><td></td></tr>
<tr><td>小组活动中有益的经验和做法</td><td colspan="3"></td></tr>
<tr><td>个人总结和反思</td><td colspan="3"></td></tr>
</table>

实训 1－6　实战训练

阅读任务三实战训练（课本 P26），填写表 1－6 的实训报告。

表 1－6　实战训练实训报告与评价

<table>
<tr><td colspan="5">实训报告与评价 1－6</td></tr>
<tr><td>实训属性</td><td colspan="4">实战训练</td></tr>
<tr><td>实训目的</td><td colspan="4">了解海关 AEO 高级认证依据和标准</td></tr>
<tr><td rowspan="6">项目小组成员</td><td>姓名</td><td>班级</td><td>学号</td><td>责任分工</td></tr>
<tr><td></td><td></td><td></td><td></td></tr>
<tr><td></td><td></td><td></td><td></td></tr>
<tr><td></td><td></td><td></td><td></td></tr>
<tr><td></td><td></td><td></td><td></td></tr>
<tr><td></td><td></td><td></td><td></td></tr>
<tr><td>实训方式和步骤</td><td colspan="4">1. 阅读海关高级认证企业标准说明，并根据山东德新国际贸易有限公司的企业性质选择适用的认证企业标准。
2. 各项目小组进行交流和互评。
3. 思考并总结，完成实训报告。</td></tr>
<tr><td>实训成果</td><td colspan="4">1. 山东德新国际贸易有限公司应符合什么认证标准？

2. 山东德新国际贸易有限公司通过高级认证应满足什么条件？</td></tr>
</table>

<table>
<tr><td rowspan="12">实训过程评价</td><td>评价指标</td><td>自评</td><td>组内互评</td></tr>
<tr><td>达成本次实训项目目标（50 分）</td><td></td><td></td></tr>
<tr><td>能有效利用资源查找有效信息（5 分）</td><td></td><td></td></tr>
<tr><td>能通过自己的理解有条理地表述所学知识，较好地掌握专业知识点（5 分）</td><td></td><td></td></tr>
<tr><td>完成自己分工的工作，认同工作价值，并在工作中获得满足感（5 分）</td><td></td><td></td></tr>
<tr><td>同学之间相互尊重、保持信息交流，既有独立思考又有合作学习（5 分）</td><td></td><td></td></tr>
<tr><td>能提出有意义的问题或能发表个人见解（5 分）</td><td></td><td></td></tr>
<tr><td>具有较强的信息分析能力和理解能力，能够倾听、协作分享（5 分）</td><td></td><td></td></tr>
<tr><td>按时按质完成工作任务（5 分）</td><td></td><td></td></tr>
<tr><td>能发现问题、提出问题、分析问题、创新性地解决问题（5 分）</td><td></td><td></td></tr>
<tr><td>获得了进一步发展的能力（10 分）</td><td></td><td></td></tr>
<tr><td>总分</td><td></td><td></td></tr>
<tr><td>小组活动中有益的经验和做法</td><td colspan="3"></td></tr>
<tr><td>个人总结和反思</td><td colspan="3"></td></tr>
</table>

实训 1－7　项目总结

回答项目一“案例导入”的三个问题，并对项目一所学内容进行总结，填写表 1－7 的实训报告。

表 1－7　项目总结实训报告与评价

实训报告与评价 1－7				
实训属性	项目总结			
实训目的	检验项目一能力目标掌握程度			
项目小组成员	姓名	班级	学号	责任分工
实训方式和步骤	1. 研读项目案例，将本项目三个任务的学习内容运用于实际业务场景。 2. 各项目小组进行交流和互评。 3. 思考并总结，完成总结报告。			
实训成果	1. 案例中菏泽海关履行的是什么职责？体现出海关是什么性质的机构？ 2. 山东德新国际贸易有限公司经营进口的预包装食品、化妆品、保健品等是否在报关范围以内？为什么？ 3. 山东德新国际贸易有限公司属于哪种类型的报关单位？应如何办理报关单位备案？ 4. 项目总结。			

	评价指标	自评	组内互评
实训过程评价	达成本次实训项目目标（50分）		
	能有效利用资源查找有效信息（5分）		
	能通过自己的理解有条理地表述所学知识，较好地掌握专业知识点（5分）		
	完成自己分工的工作，认同工作价值，并在工作中获得满足感（5分）		
	同学之间相互尊重、保持信息交流，既有独立思考又有合作学习（5分）		
	能提出有意义的问题或能发表个人见解（5分）		
	具有较强的信息分析能力和理解能力，能够倾听、协作分享（5分）		
	按时按质完成工作任务（5分）		
	能发现问题、提出问题、分析问题、创新性地解决问题（5分）		
	获得了进一步发展的能力（10分）		
	总分		
小组活动中有益的经验和做法			
个人总结和反思			

实训 1-8　知识目标训练

完成以下知识目标训练，填写表 1-8 的实训报告。

一、不定项选择题

1. 海关总署向（　　）负责。

A. 全国人大　　B. 国务院　　C. 财政部　　D. 商务部

2. 关税的征收主体是（　　）。

A. 国家　　B. 海关总署

C. 国家税务总局　　D. 财政部

3. 海关的四项基本任务除了监管、缉私、统计外，还包括（　　）。

A. 查验　　B. 审单　　C. 征税　　D. 认证

4. 可以向我国海关申请备案保护的知识产权包括（　　）。

A. 商标专用权　　B. 著作权和与著作权有关的权利

C. 专有权　　D. 奥林匹克标志专有权

5. （　　）属于违反海关监管规定的行为。

A. 未经国务院或者国务院授权的机关批准，从未设立海关的地点运输、携带国家禁止或者限制进出境的货物、物品或者依法应当缴纳税款的货物、物品进出境的

B. 经过设立海关的地点，以藏匿、伪装、瞒报、伪报或者其他方式逃避海关监管，运输、携带、邮寄国家禁止或者限制进出境的货物、物品或者依法应当缴纳税款的货物、物品进出境的

C. 使用伪造、变造的手册、单证、印章、账册、电子数据或者以其他方式逃避海关监管，擅自将海关监管货物、物品、进境的境外运输工具在境内销售的

D. 进出口货物的规格、价格、贸易方式等应当申报的项目未申报或者申报不实，影响海关统计准确性的

6. 海关行政处罚的基本形式不包括（　　）。

A. 警告　　B. 罚款

C. 没收违法所得　　D. 报关差错记分

7. （　　）须报关。

A. 随展览品进境的小卖品　　B. 加工贸易进口的料件

C. 数量和价值均在限额以内的行李物品　　D. 通过管道进口的天然气

8. 个人寄自或寄往港澳台以外的其他国家和地区的物品，每次限值为（　　）元人民币。

A. 50　　B. 800　　C. 1 000　　D. 5 000

9. 从交易类型的视角，跨境电商可被划分为（　　）。

A. 出口型　　B. 进口型　　C. B2B　　D. C2C

10. 报关单位包括（　　）。

A. 进出口货物收发货人　　B. 报关企业

C. 进出境运输工具负责人或其代理人　　D. 进出境物品的所有人或其代理人

11. 进出口货物收发货人自行办理报关业务称为（　　）。

A. 代理报关　　B. 自理报关

C. 委托报关　　D. 属地报关

12. AEO 的含义是（　　）。

A. 高级认证企业　　B. 经认证的经营者

C. 国际海关认证企业　　D. 守法企业

13.（　　）应将跨境电商进出境货物、物品交易原始数据通过跨境电商通关服务平台与海关联网对接。

A. 跨境电商企业　　B. 跨境电商交易平台

C. 跨境电商支付企业　　D. 跨境电商物流企业

14. 海关对（　　）每 5 年复核一次。

A. 高级认证企业　　B. 一般认证企业

C. 其他企业　　D. 失信企业

二、判断题

1. 海关监督管理的对象是所有进出关境的运输工具、货物、物品和旅客。（　　）

2. 未经海关许可，擅自开拆、提取、交付、发运、调换、改装、抵押、转让海关监管货物或者海关未放行的进出境物品的，属于走私行为。（　　）

3. 实际进出境并引起境内物质存量增减的货物列入海关统计。（　　）

4. 海关实施稽查是为了监督被稽查人进出口活动的真实性和合法性，规范企业的进出口行为。（　　）

5. 我国海关实行集中统一管理的垂直领导体制。（　　）

6. 选择海关红色通道的进出境旅客，必须填写进出口货物报关单。（　　）

7. 跨境电商 B2C 进口模式采取“清单核放、汇总申报（或汇总统计）”模式办理报关手续。（　　）

8. 进出口货物收发货人自行办理报关手续，称为自理报关。 报关企业接受进出口收发货人的委托，代理办理报关手续，称为代理报关。（　　）

9. 报关人员是指经报关单位向海关备案，专门负责办理所在单位报关业务的人员。（　　）

10. 跨境电商零售进口业务中，境外跨境电商企业应委托境内代理人向该代理人所在地海关办理备案。（　　）

11. 海关对高级认证企业的进出口货物平均查验率低于实施常规管理措施企业平均查验率的 20%（法律、行政法规或者海关总署有特殊规定的除外）。（　　）

表 1-8　知识目标训练实训报告与评价

<table>
<tr><td colspan="5">实训报告与评价 1-8</td></tr>
<tr><td>实训属性</td><td colspan="4">知识目标训练</td></tr>
<tr><td>实训目的</td><td colspan="4">掌握项目一知识点</td></tr>
<tr><td rowspan="6">项目小组成员</td><td>姓名</td><td>班级</td><td>学号</td><td>责任分工</td></tr>
<tr><td></td><td></td><td></td><td></td></tr>
<tr><td></td><td></td><td></td><td></td></tr>
<tr><td></td><td></td><td></td><td></td></tr>
<tr><td></td><td></td><td></td><td></td></tr>
<tr><td></td><td></td><td></td><td></td></tr>
<tr><td>实训方式和步骤</td><td colspan="4">方式 1 随堂测：在规定的课堂时间内完成闭卷测试。
方式 2 小组 PK 赛：采用抢答形式，答对加 2 分，答错扣 1 分，小组成绩即为成员个人成绩。</td></tr>
<tr><td rowspan="2">实训成果</td><td colspan="4">随堂测正确率________/25 题</td></tr>
<tr><td colspan="4">小组 PK 赛成绩________分，名次______/共____组</td></tr>
<tr><td rowspan="12">实训过程评价</td><td colspan="2">评价指标</td><td>自评</td><td>组内互评</td></tr>
<tr><td colspan="2">达成本次实训项目目标（50 分）</td><td></td><td></td></tr>
<tr><td colspan="2">能有效利用资源查找有效信息（5 分）</td><td></td><td></td></tr>
<tr><td colspan="2">能通过自己的理解有条理地表述所学知识，较好地掌握专业知识点（5 分）</td><td></td><td></td></tr>
<tr><td colspan="2">完成自己分工的工作，认同工作价值，并在工作中获得满足感（5 分）</td><td></td><td></td></tr>
<tr><td colspan="2">同学之间相互尊重、保持信息交流，既有独立思考又有合作学习（5 分）</td><td></td><td></td></tr>
<tr><td colspan="2">能提出有意义的问题或能发表个人见解（5 分）</td><td></td><td></td></tr>
<tr><td colspan="2">具有较强的信息分析能力和理解能力，能够倾听、协作分享（5 分）</td><td></td><td></td></tr>
<tr><td colspan="2">按时按质完成工作任务（5 分）</td><td></td><td></td></tr>
<tr><td colspan="2">能发现问题、提出问题、分析问题、创新性地解决问题（5 分）</td><td></td><td></td></tr>
<tr><td colspan="2">获得了进一步发展的能力（10 分）</td><td></td><td></td></tr>
<tr><td colspan="2">总分</td><td></td><td></td></tr>
<tr><td>小组活动中有益的经验和做法</td><td colspan="4"></td></tr>
<tr><td>个人总结和反思</td><td colspan="4"></td></tr>
</table>

实训 1-9　能力拓展训练

阅读以下新闻报道，解释其中涉及的跨境电商业务模式，探讨对我国海关职责的认识，并填写表 1-9 的实训报告。

全国春节大长假，跨境电商不打烊。长假给广大群众带来放松“买买买”的时间，跨境电商飞速发展的背后，是有海关监管效能提升的支持。据 2021 年 2 月 13 日广州海关消息，2020 年全年，广州海关累计监管跨境电商进出口商品货值 898.4 亿元，同比增长 104.3%，实现翻倍增长。跨境电商成为外贸发展新动能。

一、海关监管效能提升，进口包裹加速通关

为适应境内消费者日益增长的消费需求，广州海关不断优化监管流程，以适应跨境电商碎片化、频次高的通关特点，持续提高通关效率。通过运用科技手段打造“智慧海关”，广州海关实现对企业的商品入区理货、商品库位情况、打包分拣等关键环节全流程监管，在“管得住”的同时进一步提高了通关效率。

“依托海运较低的物流成本优势，企业提前将进口商品存储在南沙综保区的仓库内，再根据消费者的订单情况进行打包、申报、装配、出区，消费者的购物体验与购买国内商品基本无异。”广州海关所属南沙海关跨境电商监管科负责人介绍，为支持跨境电商健康发展，海关指导企业在商品备货环节灵活运用“先入区后报关”“两步申报”等创新举措，提升商品入区效率；在商品放行出区环节，海关支持跨境公共分拨中心建成落地，联动区内多个仓库，实现“一站式”集中打包、自动化分拣作业。

二、克服疫情影响，出口电商发展迅猛

近年来，广州海关跨境电商进出口业务一直位于全国海关前列，通过不断强化科技创新，推动监管制度和模式创新，支持广州、佛山、肇庆等 3 个跨境电商综试区建设，跨境电商产业集聚效应明显。作为首批试点海关，广州海关在全国率先完成海、陆、空等渠道的跨境电商 B2B 货物出口监管。自 2020 年 7 月 1 日试点实施以来，广州海关共监管跨境电商 B2B 出口报关单及清单 162 万票。

“跨境电商 B2B 出口新业态因其独有的线上交易、非接触式交货、交易链条短等优势，已成为当下外贸企业谋求发展的重要途径。”广州海关行邮监管处相关负责人表示。海关正通过优化服务措施，加强政策宣讲和业务指导，支持企业通过 B2B 出口新业态做大做强。

三、创新监管措施，充分释放改革红利

为实现跨境商品“进得来、出得去、退得回”，广州海关则复制“跨境电商零售进口退货中心仓”模式，进一步提升企业作业效率。菜鸟国际供应链关务专家说：“在海关的支持下，我们可以在自有仓库内的退货专区对零售进口退货商品进行理货、分拣，有效降低我们在区外揽收退货、分拣的运营成本，提升作业效率。去年我们通过该模式累计处理进口商品退货超 1 万票。”

“打通跨境电商进出口退货渠道对于跨境电商企业拓展境内外市场有积极意义，企业可结合实际经营情况对原报关单（申报清单、备案清单）的全部或部分商品轻松办理退货，以更加契合企业的需求。”广州海关行邮监管处相关负责人表示。

表 1-9 能力拓展训练实训报告与评价

<table>
<tr><td colspan="5">实训报告与评价 1-9</td></tr>
<tr><td>实训属性</td><td colspan="4">能力拓展</td></tr>
<tr><td>实训目的</td><td colspan="4">转换问题情景，实现能力迁移</td></tr>
<tr><td rowspan="6">项目小组成员</td><td>姓名</td><td>班级</td><td>学号</td><td>责任分工</td></tr>
<tr><td></td><td></td><td></td><td></td></tr>
<tr><td></td><td></td><td></td><td></td></tr>
<tr><td></td><td></td><td></td><td></td></tr>
<tr><td></td><td></td><td></td><td></td></tr>
<tr><td></td><td></td><td></td><td></td></tr>
<tr><td>实训方式和步骤</td><td colspan="4">1. 回顾跨境电商业务模式和海关职责的相关内容，研读新闻报道。
2. 各项目小组进行交流和互评。
3. 思考并总结，完成实训报告。</td></tr>
<tr><td>实训成果</td><td colspan="4">1. 涉及的跨境电商业务模式。

2. 对我国海关职责的认识。</td></tr>
</table>

	评价指标	自评	组内互评
实训过程评价	达成本次实训项目目标（50分）		
	能有效利用资源查找有效信息（5分）		
	能通过自己的理解有条理地表述所学知识，较好地掌握专业知识点（5分）		
	完成自己分工的工作，认同工作价值，并在工作中获得满足感（5分）		
	同学之间相互尊重、保持信息交流，既有独立思考又有合作学习（5分）		
	能提出有意义的问题或能发表个人见解（5分）		
	具有较强的信息分析能力和理解能力，能够倾听、协作分享（5分）		
	按时按质完成工作任务（5分）		
	能发现问题、提出问题、分析问题、创新性地解决问题（5分）		
	获得了进一步发展的能力（10分）		
	总分		
小组活动中有益的经验和做法			
个人总结和反思			

项目二　通关与外贸管制
实训与评价

实训 2-1　课堂讨论

阅读任务一课堂讨论（课本 P33），填写表 2-1 的实训报告。

表 2-1　课堂讨论实训报告与评价

<table>
<tr><td colspan="5">实训报告与评价 2-1</td></tr>
<tr><td>实训属性</td><td colspan="4">课堂讨论</td></tr>
<tr><td>实训目的</td><td colspan="4">了解跨境贸易电子商务企业类型</td></tr>
<tr><td rowspan="6">项目小组成员</td><td>姓名</td><td>班级</td><td>学号</td><td>责任分工</td></tr>
<tr><td></td><td></td><td></td><td></td></tr>
<tr><td></td><td></td><td></td><td></td></tr>
<tr><td></td><td></td><td></td><td></td></tr>
<tr><td></td><td></td><td></td><td></td></tr>
<tr><td></td><td></td><td></td><td></td></tr>
<tr><td>实训方式和步骤</td><td colspan="4">1. 小组按照跨境电商平台、跨境电商企业、物流企业、支付企业分工寻找相关有代表性的企业，并开展讨论。
2. 各项目小组进行交流和互评。
3. 思考并总结，完成实训报告。</td></tr>
<tr><td>实训成果</td><td colspan="4">讨论并回答：
1. 进口跨境电商平台。

2. 出口跨境电商平台。

3. 跨境电商 B2C 进口企业。

4. 跨境电商 B2C 出口企业。

5. 跨境电商物流企业。

6. 跨境电商支付企业。</td></tr>
</table>

	评价指标	自评	组内互评
实训过程评价	达成本次实训项目目标（50分）		
	能有效利用资源查找有效信息（5分）		
	能通过自己的理解有条理地表述所学知识，较好地掌握专业知识点（5分）		
	完成自己分工的工作，认同工作价值，并在工作中获得满足感（5分）		
	同学之间相互尊重、保持信息交流，既有独立思考又有合作学习（5分）		
	能提出有意义的问题或能发表个人见解（5分）		
	具有较强的信息分析能力和理解能力，能够倾听、协作分享（5分）		
	按时按质完成工作任务（5分）		
	能发现问题、提出问题、分析问题、创新性地解决问题（5分）		
	获得了进一步发展的能力（10分）		
	总分		
小组活动中有益的经验和做法			
个人总结和反思			

实训 2-2　实战训练

阅读任务一实战训练（课本 P37），填写表 2-2 的实训报告。

表 2-2　实战训练实训报告与评价

<table>
<tr><td colspan="5">实训报告与评价 2-2</td></tr>
<tr><td>实训属性</td><td colspan="4">实战训练</td></tr>
<tr><td>实训目的</td><td colspan="4">掌握查询进出口许可证件的方法</td></tr>
<tr><td rowspan="6">项目小组成员</td><td>姓名</td><td>班级</td><td>学号</td><td>责任分工</td></tr>
<tr><td></td><td></td><td></td><td></td></tr>
<tr><td></td><td></td><td></td><td></td></tr>
<tr><td></td><td></td><td></td><td></td></tr>
<tr><td></td><td></td><td></td><td></td></tr>
<tr><td></td><td></td><td></td><td></td></tr>
<tr><td>实训方式和步骤</td><td colspan="4">1. 通过相关 HS 编码查询网站（扫描右侧二维码）查询西洋参的海关监管条件，并判断其中的进口监管证件代码，指出相应的进口许可证件名称。
2. 各项目小组进行交流和互评。
3. 思考并总结，完成实训报告。
HS 编码查询</td></tr>
<tr><td>实训成果</td><td colspan="4">1. 西洋参海关监管条件。

2. 我国对进口西洋参实施的进口许可证件管理。</td></tr>
</table>

	评价指标	自评	组内互评
实训过程评价	达成本次实训项目目标（50分）		
	能有效利用资源查找有效信息（5分）		
	能通过自己的理解有条理地表述所学知识，较好地掌握专业知识点（5分）		
	完成自己分工的工作，认同工作价值，并在工作中获得满足感（5分）		
	同学之间相互尊重、保持信息交流，既有独立思考又有合作学习（5分）		
	能提出有意义的问题或能发表个人见解（5分）		
	具有较强的信息分析能力和理解能力，能够倾听、协作分享（5分）		
	按时按质完成工作任务（5分）		
	能发现问题、提出问题、分析问题、创新性地解决问题（5分）		
	获得了进一步发展的能力（10分）		
	总分		
小组活动中有益的经验和做法			
个人总结和反思			

实训 2－3　实战训练

阅读任务二实战训练（课本 P47），填写表 2－3 的实训报告。

表 2－3　实战训练实训报告与评价

<table>
<tr><td colspan="5">实训报告与评价 2－3</td></tr>
<tr><td>实训属性</td><td colspan="4">实战训练</td></tr>
<tr><td>实训目的</td><td colspan="4">掌握进口药品通关单申领步骤</td></tr>
<tr><td rowspan="6">项目小组成员</td><td>姓名</td><td>班级</td><td>学号</td><td>责任分工</td></tr>
<tr><td></td><td></td><td></td><td></td></tr>
<tr><td></td><td></td><td></td><td></td></tr>
<tr><td></td><td></td><td></td><td></td></tr>
<tr><td></td><td></td><td></td><td></td></tr>
<tr><td></td><td></td><td></td><td></td></tr>
<tr><td>实训方式和步骤</td><td colspan="4">1. 在国家市场监督管理总局政府信息公开页面（扫描右侧二维码）查找《进口药材管理办法》（查找路径：法定主动公开内容—规章—总局组建后制定），研读相关内容。
2. 各项目小组进行交流和互评。
3. 思考并总结，完成实训报告。
国家市场监督管理总局政府信息公开</td></tr>
<tr><td>实训成果</td><td colspan="4">进口药品通关单申领步骤：</td></tr>
</table>

	评价指标	自评	组内互评
实训过程评价	达成本次实训项目目标（50分）		
	能有效利用资源查找有效信息（5分）		
	能通过自己的理解有条理地表述所学知识，较好地掌握专业知识点（5分）		
	完成自己分工的工作，认同工作价值，并在工作中获得满足感（5分）		
	同学之间相互尊重、保持信息交流，既有独立思考又有合作学习（5分）		
	能提出有意义的问题或能发表个人见解（5分）		
	具有较强的信息分析能力和理解能力，能够倾听、协作分享（5分）		
	按时按质完成工作任务（5分）		
	能发现问题、提出问题、分析问题、创新性地解决问题（5分）		
	获得了进一步发展的能力（10分）		
	总分		
小组活动中有益的经验和做法			
个人总结和反思			

实训 2－4　课堂讨论

阅读任务二课堂讨论（课本 P49），填写表 2－4 的实训报告。

表 2－4　课堂讨论实训报告与评价

<table>
<tr><td colspan="5">实训报告与评价 2－4</td></tr>
<tr><td>实训属性</td><td colspan="4">课堂讨论</td></tr>
<tr><td>实训目的</td><td colspan="4">了解进出口许可证件种类</td></tr>
<tr><td rowspan="6">项目小组成员</td><td>姓名</td><td>班级</td><td>学号</td><td>责任分工</td></tr>
<tr><td></td><td></td><td></td><td></td></tr>
<tr><td></td><td></td><td></td><td></td></tr>
<tr><td></td><td></td><td></td><td></td></tr>
<tr><td></td><td></td><td></td><td></td></tr>
<tr><td></td><td></td><td></td><td></td></tr>
<tr><td>实训方式和步骤</td><td colspan="4">1. 对照监管证件代码表（扫描右侧二维码），查找其中哪些进出口许可证件未实现电子数据联网，并探讨还有哪些无监管代码的进出口许可证件也未实现电子数据联网。
2. 各项目小组进行交流和互评。
3. 思考并总结，完成实训报告。
监管证件代码表</td></tr>
<tr><td>实训成果</td><td colspan="4">未实现电子数据联网的进出口许可证件：<table><tr><td>证件名称</td><td>证件代码</td></tr><tr><td></td><td></td></tr><tr><td></td><td></td></tr><tr><td></td><td></td></tr><tr><td></td><td></td></tr><tr><td></td><td></td></tr><tr><td></td><td></td></tr><tr><td></td><td></td></tr></table></td></tr>
</table>

	评价指标	自评	组内互评
实训过程评价	达成本次实训项目目标（50分）		
	能有效利用资源查找有效信息（5分）		
	能通过自己的理解有条理地表述所学知识，较好地掌握专业知识点（5分）		
	完成自己分工的工作，认同工作价值，并在工作中获得满足感（5分）		
	同学之间相互尊重、保持信息交流，既有独立思考又有合作学习（5分）		
	能提出有意义的问题或能发表个人见解（5分）		
	具有较强的信息分析能力和理解能力，能够倾听、协作分享（5分）		
	按时按质完成工作任务（5分）		
	能发现问题、提出问题、分析问题、创新性地解决问题（5分）		
	获得了进一步发展的能力（10分）		
	总分		
小组活动中有益的经验和做法			
个人总结和反思			

实训 2-5　实战训练

阅读任务三实战训练（课本 P55），填写表 2-5 的实训报告。

表 2-5　实战训练实训报告与评价

实训报告与评价 2-5				
实训属性	实战训练			
实训目的	了解入境动植物检验检疫内容			
项目小组成员	姓名	班级	学号	责任分工
实训方式和步骤	1. 查询《进出口西洋参检验规程》，归纳海关施检流程。 2. 各项目小组进行交流和互评。 3. 思考并总结，完成实训报告。			
实训成果	根据《进出口西洋参检验规程》，海关施检流程如下：			

	评价指标	自评	组内互评
实训过程评价	达成本次实训项目目标（50 分）		
	能有效利用资源查找有效信息（5 分）		
	能通过自己的理解有条理地表述所学知识，较好地掌握专业知识点（5 分）		
	完成自己分工的工作，认同工作价值，并在工作中获得满足感（5 分）		
	同学之间相互尊重、保持信息交流，既有独立思考又有合作学习（5 分）		
	能提出有意义的问题或能发表个人见解（5 分）		
	具有较强的信息分析能力和理解能力，能够倾听、协作分享（5 分）		
	按时按质完成工作任务（5 分）		
	能发现问题、提出问题、分析问题、创新性地解决问题（5 分）		
	获得了进一步发展的能力（10 分）		
	总分		
小组活动中有益的经验和做法			
个人总结和反思			

实训 2-6 课堂讨论

阅读任务三课堂讨论（课本 P56），填写表 2-6 的实训报告。

表 2-6 课堂讨论实训报告与评价

<table>
<tr><td colspan="5">实训报告与评价 2-6</td></tr>
<tr><td>实训属性</td><td colspan="4">课堂讨论</td></tr>
<tr><td>实训目的</td><td colspan="4">了解木质包装的范围</td></tr>
<tr><td rowspan="6">项目小组成员</td><td>姓名</td><td>班级</td><td>学号</td><td>责任分工</td></tr>
<tr><td></td><td></td><td></td><td></td></tr>
<tr><td></td><td></td><td></td><td></td></tr>
<tr><td></td><td></td><td></td><td></td></tr>
<tr><td></td><td></td><td></td><td></td></tr>
<tr><td></td><td></td><td></td><td></td></tr>
<tr><td>实训方式和步骤</td><td colspan="4">1. 查找《出境货物木质包装检疫处理管理办法》，讨论木质包装的范围。
2. 各项目小组进行交流和互评。
3. 思考并总结，完成实训报告。</td></tr>
<tr><td>实训成果</td><td colspan="4">讨论并回答：
木质包装的范围包括哪些？</td></tr>
</table>

	评价指标	自评	组内互评
实训过程评价	达成本次实训项目目标（50分）		
	能有效利用资源查找有效信息（5分）		
	能通过自己的理解有条理地表述所学知识，较好地掌握专业知识点（5分）		
	完成自己分工的工作，认同工作价值，并在工作中获得满足感（5分）		
	同学之间相互尊重、保持信息交流，既有独立思考又有合作学习（5分）		
	能提出有意义的问题或能发表个人见解（5分）		
	具有较强的信息分析能力和理解能力，能够倾听、协作分享（5分）		
	按时按质完成工作任务（5分）		
	能发现问题、提出问题、分析问题、创新性地解决问题（5分）		
	获得了进一步发展的能力（10分）		
	总分		
小组活动中有益的经验和做法			
个人总结和反思			

实训 2-7　项目总结

回答项目二“案例导入”的三个问题，并对项目二所学内容进行总结，填写表 2-7 的实训报告。

表 2-7　项目总结实训报告与评价

<table>
<tr><td colspan="5">实训报告与评价 2-7</td></tr>
<tr><td>实训属性</td><td colspan="4">项目总结</td></tr>
<tr><td>实训目的</td><td colspan="4">检验项目二能力目标掌握程度</td></tr>
<tr><td rowspan="6">项目小组成员</td><td>姓名</td><td>班级</td><td>学号</td><td>责任分工</td></tr>
<tr><td></td><td></td><td></td><td></td></tr>
<tr><td></td><td></td><td></td><td></td></tr>
<tr><td></td><td></td><td></td><td></td></tr>
<tr><td></td><td></td><td></td><td></td></tr>
<tr><td></td><td></td><td></td><td></td></tr>
<tr><td>实训方式和步骤</td><td colspan="4">1. 研读项目案例，将本项目三个任务的学习内容运用于实际业务场景。
2. 各项目小组进行交流和互评。
3. 思考并总结，完成总结报告。</td></tr>
<tr><td>实训成果</td><td colspan="4">1. 西洋参是否属于我国对外贸易管制类商品？为什么？

2. 案例中所说的“相关允许进出口证明书”具体是指哪种进出口许可证件？

3. 进口西洋参是否需要在入境前办理进境动植物检疫审批？为什么？进口通关经海关检疫合格，将签发何种证单？

4. 项目总结。</td></tr>
</table>

<table>
<tr><td rowspan="12">实训过程评价</td><td>评价指标</td><td>自评</td><td>组内互评</td></tr>
<tr><td>达成本次实训项目目标（50 分）</td><td></td><td></td></tr>
<tr><td>能有效利用资源查找有效信息（5 分）</td><td></td><td></td></tr>
<tr><td>能通过自己的理解有条理地表述所学知识，较好地掌握专业知识点（5 分）</td><td></td><td></td></tr>
<tr><td>完成自己分工的工作，认同工作价值，并在工作中获得满足感（5 分）</td><td></td><td></td></tr>
<tr><td>同学之间相互尊重、保持信息交流，既有独立思考又有合作学习（5 分）</td><td></td><td></td></tr>
<tr><td>能提出有意义的问题或能发表个人见解（5 分）</td><td></td><td></td></tr>
<tr><td>具有较强的信息分析能力和理解能力，能够倾听、协作分享（5 分）</td><td></td><td></td></tr>
<tr><td>按时按质完成工作任务（5 分）</td><td></td><td></td></tr>
<tr><td>能发现问题、提出问题、分析问题、创新性地解决问题（5 分）</td><td></td><td></td></tr>
<tr><td>获得了进一步发展的能力（10 分）</td><td></td><td></td></tr>
<tr><td>总分</td><td></td><td></td></tr>
<tr><td>小组活动中有益的经验和做法</td><td colspan="3"></td></tr>
<tr><td>个人总结和反思</td><td colspan="3"></td></tr>
</table>

实训 2－8　知识目标训练

完成以下知识目标训练，填写表 2－8 的实训报告。

一、不定项选择题

1.（　　）属于国际贸易领域中的非关税措施。

A. 进口配额制　　B. 许可证件制度

C. 自动出口限额制　　D. 歧视性的政府采购政策

2. 下列贸易救济措施中，（　　）针对的是“价格歧视”这种不公平的贸易行为。

A. 反倾销　　B. 反补贴

C. 临时保障措施　　D. 最终保障措施

3. 最终保障措施可以采取（　　）形式。

A. 提高关税　　B. 要求提供现金保证金

C. 纯粹的数量限制　　D. 关税配额

4. 实行“非一批一证”制的进口许可证和实行“非一批一证”制的自动进口许可证在有效期内均可累计使用，其使用次数最多分别为（　　）。

A. 6，6　　B. 6，12　　C. 12，6　　D. 12，12

5. 实行关税配额管理的产品没有（　　）。

A. 农产品　　B. 矿产品　　C. 化肥　　D. 机电产品

6. 用来证明对外贸易经营者经营列入《进出口野生动植物种商品目录》中属于《濒危野生动植物种国际贸易公约》成员国（地区）应履行保护义务的物种合法进出口的证明文件简称为（　　）。

A. 公约证明　　B. 非公约证明

C. 物种证明　　D. 非物种证明

7. 重点旧机电产品实行进口许可证管理，其发证机构为（　　）。

A. 商务部配额许可证事务局

B. 商务部驻各地特派员办事处

C. 各省、自治区、直辖市的商务主管部门

D. 计划单列市以及商务部授权的其他省会城市的商务主管部门

8. 关于两用物项和技术出口许可证报关规范的正确表述是（　　）。

A. 有效期一般不超过 6 个月

B. 实行“一批一证”制和“一证一关”制

C. 实行“非一批一证”制和“一证一关”制

D. 实行“非一批一证”制，最多可使用 6 次

9.（　　）不属于我国限制进口管理的许可证件。

A. 进口许可证　　B. 自动进口许可证

C. 进口药品通关单　　D. 黄金及其制品进口准许证

10. 以下海关监管证件代码中，（　　）代表自动进口许可证。

A. 1　　B. 2　　C. 7　　D. O

11. 对于进口复方甘草片（海关监管证件代码为 I），报关需要提交（　　）电子数据。

A. 进口药品通关单　　B. 进口许可证

C. 麻醉精神药品进口准许证　　D. 药品进口准许证

12. 我国目前农药进出口的国家主管部门是（　　）。

A. 农业农村部　　B. 海关总署

C. 商务部　　D. 国家药品监督管理局

13. 许可证件代码“1”对应的是（　　）。

A. 进口许可证　　B. 关税配额证明

C. 合法捕捞产品通关证明　　D. 有毒化学品环境管理放行通知单

14. 禁止以跨境电子商务形式入境的包裹包括（　　）。

A.《中华人民共和国进出境动植物检疫法》规定的禁止进境物

B. 未获得检验检疫准入的动植物源性食品

C. 除生物制品以外的微生物、人体组织、生物制品、血液及其制品等特殊物品

D.《中华人民共和国禁止携带、寄递进境的动植物及其产品和其他检疫物名录》所列进境物

15. 出口水果，应向海关办理（　　）。

A. 种植基地备案　　B. 果园、包装厂注册登记

C. 生产企业注册登记　　D. 储存库注册登记

16. 入境法定检验检疫货物经检验检疫合格，海关签发（　　）。

A. 检验证书　　B. 熏蒸/消毒证书

C. 检验检疫处理通知单　　D. 入境货物检验检疫证明

17. 对出境动植物、动植物产品及其他检疫物实施出口除害处理的方式包括（　　）。

A. 热处理　　B. 熏蒸处理　　C. 辐照处理　　D. 冷处理

二、判断题

1. 跨境贸易电子商务企业进行类型选择时，开展保税进口业务的物流、仓储企业选择“物流企业”。（　　）

2. 属于出口配额制管理的货物，经营者取得配额证明后，凭配额证明办理出口报关手续。（　　）

3. 反倾销、反补贴和保障措施均属于贸易救济措施，针对的都是价格歧视的不公平贸易行为。（　　）

4. 目前，我国对对外贸易经营者的管理实行备案登记制。（　　）

5. 跨境电商支付机构须办理名录登记，方可为跨境电商市场主体提供结售汇及相关资金收付服务。（　　）

6. 棉花出口企业凭配额招标中标证明文件申领出口许可证。（　　）

7. 加工贸易项下进口的成品油，可以免于交验自动进口许可证。（　　）

8. “物种证明”是用来证明《进出口野生动植物种商品目录》中属于我国自主规定管理的野生动植物及其产品合法进出口的文件。（　　）

9. 国家对进出境货物、物品有限制性规定，应当提供许可证件而不能提供的，如有银行提供担保，海关可以办理担保放行。（　　）

10. 海关对需要在进境口岸实施检疫及检疫处理工作的跨境电商零售进口商品，在口岸检疫完成后运至跨境电商监管作业场所。（　　）

11. 法定检验的进口一般商品原则上应当在卸货口岸检验。（　　）

表 2-8　知识目标训练实训报告与评价

<table>
<tr><td colspan="5">实训报告与评价 2-8</td></tr>
<tr><td>实训属性</td><td colspan="4">知识目标训练</td></tr>
<tr><td>实训目的</td><td colspan="4">掌握项目二知识点</td></tr>
<tr><td rowspan="6">项目小组成员</td><td>姓名</td><td>班级</td><td>学号</td><td>责任分工</td></tr>
<tr><td></td><td></td><td></td><td></td></tr>
<tr><td></td><td></td><td></td><td></td></tr>
<tr><td></td><td></td><td></td><td></td></tr>
<tr><td></td><td></td><td></td><td></td></tr>
<tr><td></td><td></td><td></td><td></td></tr>
<tr><td>实训方式和步骤</td><td colspan="4">方式 1 随堂测：在规定的课堂时间内完成闭卷测试；
方式 2 小组 PK 赛：采用抢答形式，答对加 2 分，答错扣 1 分，小组成绩即为成员个人成绩。</td></tr>
<tr><td rowspan="2">实训成果</td><td colspan="4">随堂测正确率＿＿＿＿＿＿/28 题</td></tr>
<tr><td colspan="4">小组 PK 赛成绩＿＿＿＿＿＿分，名次＿＿＿＿＿＿/共＿＿＿组</td></tr>
</table>

<table>
<tr><td rowspan="12">实训过程评价</td><td>评价指标</td><td>自评</td><td>组内互评</td></tr>
<tr><td>达成本次实训项目目标（50分）</td><td></td><td></td></tr>
<tr><td>能有效利用资源查找有效信息（5分）</td><td></td><td></td></tr>
<tr><td>能通过自己的理解有条理地表述所学知识，较好地掌握专业知识点（5分）</td><td></td><td></td></tr>
<tr><td>完成自己分工的工作，认同工作价值，并在工作中获得满足感（5分）</td><td></td><td></td></tr>
<tr><td>同学之间相互尊重、保持信息交流，既有独立思考又有合作学习（5分）</td><td></td><td></td></tr>
<tr><td>能提出有意义的问题或能发表个人见解（5分）</td><td></td><td></td></tr>
<tr><td>具有较强的信息分析能力和理解能力，能够倾听、协作分享（5分）</td><td></td><td></td></tr>
<tr><td>按时按质完成工作任务（5分）</td><td></td><td></td></tr>
<tr><td>能发现问题、提出问题、分析问题、创新性地解决问题（5分）</td><td></td><td></td></tr>
<tr><td>获得了进一步发展的能力（10分）</td><td></td><td></td></tr>
<tr><td>总分</td><td></td><td></td></tr>
<tr><td>小组活动中有益的经验和做法</td><td colspan="3"></td></tr>
<tr><td>个人总结和反思</td><td colspan="3"></td></tr>
</table>

实训 2-9 能力拓展训练

阅读以下案例，回答A公司的行为违反了哪些海关管理规定以及B海关将对A公司和王某如何进行处罚，并填写表2-9的实训报告。

A公司于2020年9月17日向B海关申报出口一批商品，报关单号为721720200172024548，数量：60 000千克。海关在审核报关材料时发现，该报关单项下的20-41-305146号出口许可证已被721720200172015146号报关单使用，且该出口许可证为“一批一证”证件。经查，A公司报关员王某主管和负责该票货物报关工作，其因工作疏忽将该出口许可证重复用于报关出口。

表2-9 能力拓展训练实训报告与评价

<table>
<tr><td colspan="5">实训报告与评价 2-9</td></tr>
<tr><td>实训属性</td><td colspan="4">能力拓展</td></tr>
<tr><td>实训目的</td><td colspan="4">转换问题情景，实现能力迁移</td></tr>
<tr><td rowspan="6">项目小组成员</td><td>姓名</td><td>班级</td><td>学号</td><td>责任分工</td></tr>
<tr><td></td><td></td><td></td><td></td></tr>
<tr><td></td><td></td><td></td><td></td></tr>
<tr><td></td><td></td><td></td><td></td></tr>
<tr><td></td><td></td><td></td><td></td></tr>
<tr><td></td><td></td><td></td><td></td></tr>
<tr><td>实训方式和步骤</td><td colspan="4">1. 对照案例，查询《中华人民共和国海关法》和《中华人民共和国海关行政处罚实施条例》相关条文。
2. 各项目小组进行交流和互评。
3. 思考并总结，完成实训报告。</td></tr>
<tr><td>实训成果</td><td colspan="4">1. A公司的行为违反了哪些海关管理规定？

2. B海关将对A公司和王某如何进行处罚？

</td></tr>
</table>

<table>
<tr><td rowspan="12">实训过程评价</td><td>评价指标</td><td>自评</td><td>组内互评</td></tr>
<tr><td>达成本次实训项目目标（50 分）</td><td></td><td></td></tr>
<tr><td>能有效利用资源查找有效信息（5 分）</td><td></td><td></td></tr>
<tr><td>能通过自己的理解有条理地表述所学知识，较好地掌握专业知识点（5 分）</td><td></td><td></td></tr>
<tr><td>完成自己分工的工作，认同工作价值，并在工作中获得满足感（5 分）</td><td></td><td></td></tr>
<tr><td>同学之间相互尊重、保持信息交流，既有独立思考又有合作学习（5 分）</td><td></td><td></td></tr>
<tr><td>能提出有意义的问题或能发表个人见解（5 分）</td><td></td><td></td></tr>
<tr><td>具有较强的信息分析能力和理解能力，能够倾听、协作分享（5 分）</td><td></td><td></td></tr>
<tr><td>按时按质完成工作任务（5 分）</td><td></td><td></td></tr>
<tr><td>能发现问题、提出问题、分析问题、创新性地解决问题（5 分）</td><td></td><td></td></tr>
<tr><td>获得了进一步发展的能力（10 分）</td><td></td><td></td></tr>
<tr><td>总分</td><td></td><td></td></tr>
<tr><td>小组活动中有益的经验和做法</td><td colspan="3"></td></tr>
<tr><td>个人总结和反思</td><td colspan="3"></td></tr>
</table>

项目三　申报与保税监管

实训与评价

实训 3-1　实战训练

阅读任务一实战训练（课本 P68），填写表 3-1 的实训报告。

表 3-1　实战训练实训报告与评价

实训报告与评价 3-1				
实训属性	实战训练			
实训目的	掌握两步申报的内容			
项目小组成员	姓名	班级	学号	责任分工
实训方式和步骤	1. 查询海关总署公告 2019 年第 127 号，了解概要申报要求。 2. 各项目小组进行交流和互评。 3. 思考并总结，完成实训报告。			
实训成果	1. “两步申报”的概要申报须填报哪 9 项信息？ 2. 概要申报必须满足什么条件？			

<table>
<tr><td rowspan="12">实训过程评价</td><td>评价指标</td><td>自评</td><td>组内互评</td></tr>
<tr><td>达成本次实训项目目标（50 分）</td><td></td><td></td></tr>
<tr><td>能有效利用资源查找有效信息（5 分）</td><td></td><td></td></tr>
<tr><td>能通过自己的理解有条理地表述所学知识，较好地掌握专业知识点（5 分）</td><td></td><td></td></tr>
<tr><td>完成自己分工的工作，认同工作价值，并在工作中获得满足感（5 分）</td><td></td><td></td></tr>
<tr><td>同学之间相互尊重、保持信息交流，既有独立思考又有合作学习（5 分）</td><td></td><td></td></tr>
<tr><td>能提出有意义的问题或能发表个人见解（5 分）</td><td></td><td></td></tr>
<tr><td>具有较强的信息分析能力和理解能力，能够倾听、协作分享（5 分）</td><td></td><td></td></tr>
<tr><td>按时按质完成工作任务（5 分）</td><td></td><td></td></tr>
<tr><td>能发现问题、提出问题、分析问题、创新性地解决问题（5 分）</td><td></td><td></td></tr>
<tr><td>获得了进一步发展的能力（10 分）</td><td></td><td></td></tr>
<tr><td>总分</td><td></td><td></td></tr>
<tr><td>小组活动中有益的经验和做法</td><td colspan="3"></td></tr>
<tr><td>个人总结和反思</td><td colspan="3"></td></tr>
</table>

实训 3－2　课堂讨论

阅读任务一课堂讨论（课本 P73），填写表 3－2 的实训报告。

表 3－2　课堂讨论实训报告与评价

<table>
<tr><td colspan="5">实训报告与评价 3－2</td></tr>
<tr><td>实训属性</td><td colspan="4">课堂讨论</td></tr>
<tr><td>实训目的</td><td colspan="4">掌握海关不予放行情况下的处置方法</td></tr>
<tr><td rowspan="6">项目小组成员</td><td>姓名</td><td>班级</td><td>学号</td><td>责任分工</td></tr>
<tr><td></td><td></td><td></td><td></td></tr>
<tr><td></td><td></td><td></td><td></td></tr>
<tr><td></td><td></td><td></td><td></td></tr>
<tr><td></td><td></td><td></td><td></td></tr>
<tr><td></td><td></td><td></td><td></td></tr>
<tr><td>实训方式和步骤</td><td colspan="4">1. 针对不同情况下海关不予放行的处置方法开展讨论。
2. 各项目小组进行交流和互评。
3. 思考并总结，完成实训报告。</td></tr>
<tr><td>实训成果</td><td colspan="4">讨论并回答：
1. 违反海关和其他进出境管理法律、法规，非法进出境的，海关不予放行，应如何处置？

2. 单证数据不齐或应税货物未办理纳税手续，且又未提供担保的，海关不予放行，应如何处置？

3. 包装不良，继续运输足以造成海关监管货物丢失的，海关不予放行，应如何处置？

4. 有其他未了事情尚待处理的（如违规罚款未交的）等，海关不予放行，应如何处置？</td></tr>
</table>

<table>
<tr><td rowspan="12">实训过程评价</td><td>评价指标</td><td>自评</td><td>组内互评</td></tr>
<tr><td>达成本次实训项目目标（50 分）</td><td></td><td></td></tr>
<tr><td>能有效利用资源查找有效信息（5 分）</td><td></td><td></td></tr>
<tr><td>能通过自己的理解有条理地表述所学知识，较好地掌握专业知识点（5 分）</td><td></td><td></td></tr>
<tr><td>完成自己分工的工作，认同工作价值，并在工作中获得满足感（5 分）</td><td></td><td></td></tr>
<tr><td>同学之间相互尊重、保持信息交流，既有独立思考又有合作学习（5 分）</td><td></td><td></td></tr>
<tr><td>能提出有意义的问题或能发表个人见解（5 分）</td><td></td><td></td></tr>
<tr><td>具有较强的信息分析能力和理解能力，能够倾听、协作分享（5 分）</td><td></td><td></td></tr>
<tr><td>按时按质完成工作任务（5 分）</td><td></td><td></td></tr>
<tr><td>能发现问题、提出问题、分析问题、创新性地解决问题（5 分）</td><td></td><td></td></tr>
<tr><td>获得了进一步发展的能力（10 分）</td><td></td><td></td></tr>
<tr><td>总分</td><td></td><td></td></tr>
<tr><td>小组活动中有益的经验和做法</td><td colspan="3"></td></tr>
<tr><td>个人总结和反思</td><td colspan="3"></td></tr>
</table>

实训 3-3　课堂讨论

阅读任务二课堂讨论（课本 P77），填写表 3-3 的实训报告。

表 3-3　课堂讨论实训报告与评价

<table>
<tr><td colspan="5">实训报告与评价 3-3</td></tr>
<tr><td>实训属性</td><td colspan="4">课堂讨论</td></tr>
<tr><td>实训目的</td><td colspan="4">了解集中申报的适用范围</td></tr>
<tr><td rowspan="6">项目小组成员</td><td>姓名</td><td>班级</td><td>学号</td><td>责任分工</td></tr>
<tr><td></td><td></td><td></td><td></td></tr>
<tr><td></td><td></td><td></td><td></td></tr>
<tr><td></td><td></td><td></td><td></td></tr>
<tr><td></td><td></td><td></td><td></td></tr>
<tr><td></td><td></td><td></td><td></td></tr>
<tr><td>实训方式和步骤</td><td colspan="4">1. 查询《中华人民共和国海关进出口货物集中申报管理办法》（扫描右侧二维码），讨论集中申报的适用范围。
2. 各项目小组进行交流和互评。
3. 思考并总结，完成实训报告。
《中华人民共和国海关进出口货物集中申报管理办法》</td></tr>
<tr><td>实训成果</td><td colspan="4">讨论并回答：
哪些进出口货物适用集中申报的通关方式？</td></tr>
</table>

<table>
<tr><td rowspan="12">实训过程评价</td><td>评价指标</td><td>自评</td><td>组内互评</td></tr>
<tr><td>达成本次实训项目目标（50 分）</td><td></td><td></td></tr>
<tr><td>能有效利用资源查找有效信息（5 分）</td><td></td><td></td></tr>
<tr><td>能通过自己的理解有条理地表述所学知识，较好地掌握专业知识点（5 分）</td><td></td><td></td></tr>
<tr><td>完成自己分工的工作，认同工作价值，并在工作中获得满足感（5 分）</td><td></td><td></td></tr>
<tr><td>同学之间相互尊重、保持信息交流，既有独立思考又有合作学习（5 分）</td><td></td><td></td></tr>
<tr><td>能提出有意义的问题或能发表个人见解（5 分）</td><td></td><td></td></tr>
<tr><td>具有较强的信息分析能力和理解能力，能够倾听、协作分享（5 分）</td><td></td><td></td></tr>
<tr><td>按时按质完成工作任务（5 分）</td><td></td><td></td></tr>
<tr><td>能发现问题、提出问题、分析问题、创新性地解决问题（5 分）</td><td></td><td></td></tr>
<tr><td>获得了进一步发展的能力（10 分）</td><td></td><td></td></tr>
<tr><td>总分</td><td></td><td></td></tr>
<tr><td>小组活动中有益的经验和做法</td><td colspan="3"></td></tr>
<tr><td>个人总结和反思</td><td colspan="3"></td></tr>
</table>

实训 3－4　实战训练

阅读任务二实战训练（课本 P103），填写表 3－4 的实训报告。

表 3－4　实战训练实训报告与评价

<table>
<tr><td colspan="5">实训报告与评价 3－4</td></tr>
<tr><td>实训属性</td><td colspan="4">实战训练</td></tr>
<tr><td>实训目的</td><td colspan="4">掌握进出口货物报关单填制规范</td></tr>
<tr><td rowspan="6">项目小组成员</td><td>姓名</td><td>班级</td><td>学号</td><td>责任分工</td></tr>
<tr><td></td><td></td><td></td><td></td></tr>
<tr><td></td><td></td><td></td><td></td></tr>
<tr><td></td><td></td><td></td><td></td></tr>
<tr><td></td><td></td><td></td><td></td></tr>
<tr><td></td><td></td><td></td><td></td></tr>
<tr><td>实训方式和步骤</td><td colspan="4">1. 研读进出口货物报关单填制规范，填写相关内容。
2. 各项目小组进行交流和互评。
3. 思考并总结，完成实训报告。</td></tr>
<tr><td>实训成果</td><td colspan="4">“境内收货人”：

“进口日期”：

“备案号”：

“运输方式”：

“货物存放地点”：

“消费使用单位”：

“监管方式”：

“许可证号”：

“启运国（地区）”：

“随附单证”：

“标记唛码及备注”：

“商品编号”：

“商品名称、规格型号”：</td></tr>
</table>

<table>
<tr><td>实训成果</td><td colspan="3">“最终目的国（地区）”：

“境内目的地”：</td></tr>
<tr><td rowspan="12">实训过程评价</td><td>评价指标</td><td>自评</td><td>组内互评</td></tr>
<tr><td>达成本次实训项目目标（50 分）</td><td></td><td></td></tr>
<tr><td>能有效利用资源查找有效信息（5 分）</td><td></td><td></td></tr>
<tr><td>能通过自己的理解有条理地表述所学知识，较好地掌握专业知识点（5 分）</td><td></td><td></td></tr>
<tr><td>完成自己分工的工作，认同工作价值，并在工作中获得满足感（5 分）</td><td></td><td></td></tr>
<tr><td>同学之间相互尊重、保持信息交流，既有独立思考又有合作学习（5 分）</td><td></td><td></td></tr>
<tr><td>能提出有意义的问题或能发表个人见解（5 分）</td><td></td><td></td></tr>
<tr><td>具有较强的信息分析能力和理解能力，能够倾听、协作分享（5 分）</td><td></td><td></td></tr>
<tr><td>按时按质完成工作任务（5 分）</td><td></td><td></td></tr>
<tr><td>能发现问题、提出问题、分析问题、创新性地解决问题（5 分）</td><td></td><td></td></tr>
<tr><td>获得了进一步发展的能力（10 分）</td><td></td><td></td></tr>
<tr><td>总分</td><td></td><td></td></tr>
<tr><td>小组活动中有益的经验和做法</td><td colspan="3"></td></tr>
<tr><td>个人总结和反思</td><td colspan="3"></td></tr>
</table>

实训 3-5　课堂讨论

阅读任务三课堂讨论（课本 P106），填写表 3-5 的实训报告。

表 3-5　课堂讨论实训报告与评价

<table>
<tr><td colspan="5">实训报告与评价 3-5</td></tr>
<tr><td>实训属性</td><td colspan="4">课堂讨论</td></tr>
<tr><td>实训目的</td><td colspan="4">了解保税物流中心 A 型和 B 型的区别</td></tr>
<tr><td rowspan="6">项目小组成员</td><td>姓名</td><td>班级</td><td>学号</td><td>责任分工</td></tr>
<tr><td></td><td></td><td></td><td></td></tr>
<tr><td></td><td></td><td></td><td></td></tr>
<tr><td></td><td></td><td></td><td></td></tr>
<tr><td></td><td></td><td></td><td></td></tr>
<tr><td></td><td></td><td></td><td></td></tr>
<tr><td>实训方式和步骤</td><td colspan="4">1. 讨论保税物流中心 A 型和 B 型的区别。
2. 各项目小组进行交流和互评。
3. 思考并总结，完成实训报告。</td></tr>
<tr><td>实训成果</td><td colspan="4">讨论并回答：
保税物流中心 A 型和 B 型有何区别？</td></tr>
</table>

	评价指标	自评	组内互评
实训过程评价	达成本次实训项目目标（50 分）		
	能有效利用资源查找有效信息（5 分）		
	能通过自己的理解有条理地表述所学知识，较好地掌握专业知识点（5 分）		
	完成自己分工的工作，认同工作价值，并在工作中获得满足感（5 分）		
	同学之间相互尊重、保持信息交流，既有独立思考又有合作学习（5 分）		
	能提出有意义的问题或能发表个人见解（5 分）		
	具有较强的信息分析能力和理解能力，能够倾听、协作分享（5 分）		
	按时按质完成工作任务（5 分）		
	能发现问题、提出问题、分析问题、创新性地解决问题（5 分）		
	获得了进一步发展的能力（10 分）		
	总分		
小组活动中有益的经验和做法			
个人总结和反思			

实训 3-6　实战训练

阅读任务三实战训练（课本 P110），填写表 3-6 的实训报告。

表 3-6　实战训练实训报告与评价

<table>
<tr><td colspan="5">实训报告与评价 3-6</td></tr>
<tr><td>实训属性</td><td colspan="4">实战训练</td></tr>
<tr><td>实训目的</td><td colspan="4">掌握保税核注清单海关监管规定</td></tr>
<tr><td rowspan="6">项目小组成员</td><td>姓名</td><td>班级</td><td>学号</td><td>责任分工</td></tr>
<tr><td></td><td></td><td></td><td></td></tr>
<tr><td></td><td></td><td></td><td></td></tr>
<tr><td></td><td></td><td></td><td></td></tr>
<tr><td></td><td></td><td></td><td></td></tr>
<tr><td></td><td></td><td></td><td></td></tr>
<tr><td>实训方式和步骤</td><td colspan="4">1. 查询海关总署公告 2018 年第 23 号，研读保税核注清单海关监管规定。
2. 各项目小组进行交流和互评。
3. 思考并总结，完成实训报告。</td></tr>
<tr><td>实训成果</td><td colspan="4">保税核注清单需要填写的栏目及部分栏目的填写内容：

保税核注清单需要修改或者撤销的，按以下方式处理：</td></tr>
</table>

<table>
<tr><td rowspan="12">实训过程评价</td><td>评价指标</td><td>自评</td><td>组内互评</td></tr>
<tr><td>达成本次实训项目目标（50 分）</td><td></td><td></td></tr>
<tr><td>能有效利用资源查找有效信息（5 分）</td><td></td><td></td></tr>
<tr><td>能通过自己的理解有条理地表述所学知识，较好地掌握专业知识点（5 分）</td><td></td><td></td></tr>
<tr><td>完成自己分工的工作，认同工作价值，并在工作中获得满足感（5 分）</td><td></td><td></td></tr>
<tr><td>同学之间相互尊重、保持信息交流，既有独立思考又有合作学习（5 分）</td><td></td><td></td></tr>
<tr><td>能提出有意义的问题或能发表个人见解（5 分）</td><td></td><td></td></tr>
<tr><td>具有较强的信息分析能力和理解能力，能够倾听、协作分享（5 分）</td><td></td><td></td></tr>
<tr><td>按时按质完成工作任务（5 分）</td><td></td><td></td></tr>
<tr><td>能发现问题、提出问题、分析问题、创新性地解决问题（5 分）</td><td></td><td></td></tr>
<tr><td>获得了进一步发展的能力（10 分）</td><td></td><td></td></tr>
<tr><td>总分</td><td></td><td></td></tr>
<tr><td>小组活动中有益的经验和做法</td><td colspan="3"></td></tr>
<tr><td>个人总结和反思</td><td colspan="3"></td></tr>
</table>

实训 3－7　项目总结

回答项目三“案例导入”的三个问题，并对项目三所学内容进行总结，填写表 3－7 的实训报告。

表 3－7　项目总结实训报告与评价

<table>
<tr><td colspan="5">实训报告与评价 3－7</td></tr>
<tr><td>实训属性</td><td colspan="4">项目总结</td></tr>
<tr><td>实训目的</td><td colspan="4">检验项目三能力目标掌握程度</td></tr>
<tr><td rowspan="6">项目小组成员</td><td>姓名</td><td>班级</td><td>学号</td><td>责任分工</td></tr>
<tr><td></td><td></td><td></td><td></td></tr>
<tr><td></td><td></td><td></td><td></td></tr>
<tr><td></td><td></td><td></td><td></td></tr>
<tr><td></td><td></td><td></td><td></td></tr>
<tr><td></td><td></td><td></td><td></td></tr>
<tr><td>实训方式和步骤</td><td colspan="4">1. 研读项目案例，将本项目三个任务的学习内容运用于实际业务场景。
2. 各项目小组进行交流和互评。
3. 思考并总结，完成总结报告。</td></tr>
<tr><td>实训成果</td><td colspan="4">1. 案例中进口通关流程是如何做到耗时仅 33 秒的？
2. 进境备案清单申报和进口货物报关单申报有何区别？
3. 该批货物存入综保区可以享受哪些海关优惠政策？
4. 项目总结。</td></tr>
</table>

	评价指标	自评	组内互评
实训过程评价	达成本次实训项目目标（50分）		
	能有效利用资源查找有效信息（5分）		
	能通过自己的理解有条理地表述所学知识，较好地掌握专业知识点（5分）		
	完成自己分工的工作，认同工作价值，并在工作中获得满足感（5分）		
	同学之间相互尊重、保持信息交流，既有独立思考又有合作学习（5分）		
	能提出有意义的问题或能发表个人见解（5分）		
	具有较强的信息分析能力和理解能力，能够倾听、协作分享（5分）		
	按时按质完成工作任务（5分）		
	能发现问题、提出问题、分析问题、创新性地解决问题（5分）		
	获得了进一步发展的能力（10分）		
	总分		
小组活动中有益的经验和做法			
个人总结和反思			

实训 3-8　知识目标训练

完成以下知识目标训练，填写表 3-8 的实训报告。

一、不定项选择题

1.（　　）不属于一般进出口货物。

A. 一般贸易进出口货物　　B. 盛装货物的包装材料

C. 易货贸易、补偿贸易进出口货物　　D. 随展览品进境的小卖品

2.《中华人民共和国海关法》规定，进口货物自进境起到办结海关手续止应当接受海关监管。“进口货物自进境起”是指（　　）。

A. 进口货物向海关申报之时起

B. 海关接受进口货物申报之时起

C. 载运进口货物的运输工具进入我国国境之时起

D. 载运进口货物的运输工具进入我国关境之时起

3. 提前申报出口货物应于货物运抵海关监管场所前（　　）内向海关申报。

A. 24 小时　　B. 3 日　　C. 14 日　　D. 1 个月

4. 进口货物在运输工具申报进境之日起超过（　　）个月未向海关申报，海关可依法提取变卖。

A. 1　　B. 2　　C. 3　　D. 4

5. 在“通关单无纸化”的方式下，（　　）等随附单证在进口申报时可不向海关提交。

A. 合同　　B. 发票

C. 装箱清单　　D. 装货清单（舱单）

6. 海关同意申报前看货取样的情形有（　　）。

A. 通过外观无法确定货物的品名　　B. 通过外观无法确定货物的规格

C. 通过外观无法确定货物的成分　　D. 通过外观无法确定货物的申报价格

7. 海关对于（　　），要求货物放行前必须先缴纳税费或提供足额担保。

A. 失信企业　　B. 其他企业

C. 一般认证企业　　D. 高级认证企业

8. 海关放行（　　）后，报关员应当向海关申请签发“进口货物证明书”。

A. 汽车、摩托车　　B. 食品

C. 贵重物品　　D. 动植物产品

9. 经平潭综合试验区二线指定申报通道海运至境内（区外）的货物，报关单“运输方式”栏应填写（　　）。

A. 海运　　B. 水路运输

C. 其他方式运输　　D. 综合试验区

10. 合同中贸易术语为 CPT，则报关单“成交方式”栏应填写（　　）。

A. FOB　　B. CPT　　C. C&F　　D. DAP

11. 报关单“规格型号”栏中，（　　）均用于进口和出口。

A. 境内自主品牌（1）　　B. 境内收购品牌（2）

C. 境外品牌（贴牌生产）（3）　　D. 境外品牌（其他）（4）

12. 海关特殊监管区域企业向海关申报货物进出区，应填制（　　）。

A. 进出口货物报关单　　B. 进出境货物备案清单

C. ATA 单证册　　D. 集中申报清单

13. 下列货物中，可适用集中申报的有（　　）。

A. 时事报刊　　B. 鲜花

C. 公路口岸进境的保税货物　　D. 供食用的活鱼

14. 保税仓库的设立由（　　）审批。

A. 国务院　　B. 海关总署　　C. 直属海关　　D. 隶属海关

15. 以下（　　）属于保税物流区域。

A. 保税仓库　　B. 出口监管仓库

C. 保税物流中心　　D. 综合保税区

16.（　　）从境外进入综合保税区，海关按照规定征收进口关税和进口环节海关代征税。

A. 区内生产性基础设施建设项目所需的机器、设备和建设生产厂房、仓储设施所需的基建物资

B. 区内企业生产所需的机器、设备、模具及其维修用零配件

C. 区内企业和行政管理机构自用合理数量的办公用品

D. 供区内企业行政管理机构自用的交通运输工具、生活消费用品

二、判断题

1. 报关企业以电子《代理报关委托书/委托报关协议》向海关申报的，可不提供纸质《代理报关委托书/委托协议》。（　　）

2. 对于“两步申报”通关模式下的应税货物，认证企业可向直属海关关税职能部门申请免除税款担保。（　　）

3. 一般出口货物经海关放行实际运离关境后，方视为结关。（　　）

4. 一份报关单只允许填报一个许可证号。（　　）

5. 报关单“件数”栏应填报货物的销售数量。（　　）

6. 报关单“商品编号”栏填报的商品编号由 8 位数字组成。（　　）

7. 低值货物类快件报关，应向海关提交 C 类快件报关单。（　　）

8. 出口监管仓库分为公用型和自用型。（　　）

9. 境内运入物流中心供中心内企业自用的进口的机器设备，海关不办理出口货物退

税证明手续。（　　）

10. 从境外进入保税物流中心、综合保税区的属于关税配额管理的农产品，应提交“农产品进口关税配额证”。（　　）

11. 海关对境外进入综合保税区的动植物产品实施“抽样后即放行”监管。（　　）

表 3-8　知识目标训练实训报告与评价

<table>
<tr><td colspan="5">实训报告与评价 3-8</td></tr>
<tr><td>实训属性</td><td colspan="4">知识目标训练</td></tr>
<tr><td>实训目的</td><td colspan="4">掌握项目三知识点</td></tr>
<tr><td rowspan="6">项目小组成员</td><td>姓名</td><td>班级</td><td>学号</td><td>责任分工</td></tr>
<tr><td></td><td></td><td></td><td></td></tr>
<tr><td></td><td></td><td></td><td></td></tr>
<tr><td></td><td></td><td></td><td></td></tr>
<tr><td></td><td></td><td></td><td></td></tr>
<tr><td></td><td></td><td></td><td></td></tr>
<tr><td>实训方式和步骤</td><td colspan="4">方式 1 随堂测：在规定的课堂时间内完成闭卷测试；
方式 2 小组 PK 赛：采用抢答形式，答对加 2 分，答错扣 1 分，小组成绩即为成员个人成绩。</td></tr>
<tr><td rowspan="2">实训成果</td><td colspan="4">随堂测正确率＿＿＿＿＿＿/27 题</td></tr>
<tr><td colspan="4">小组 PK 赛成绩＿＿＿＿＿＿分，名次＿＿＿＿＿＿/共＿＿＿组</td></tr>
</table>

<table>
<tr><td rowspan="12">实训过程评价</td><td>评价指标</td><td>自评</td><td>组内互评</td></tr>
<tr><td>达成本次实训项目目标（50 分）</td><td></td><td></td></tr>
<tr><td>能有效利用资源查找有效信息（5 分）</td><td></td><td></td></tr>
<tr><td>能通过自己的理解有条理地表述所学知识，较好地掌握专业知识点（5 分）</td><td></td><td></td></tr>
<tr><td>完成自己分工的工作，认同工作价值，并在工作中获得满足感（5 分）</td><td></td><td></td></tr>
<tr><td>同学之间相互尊重、保持信息交流，既有独立思考又有合作学习（5 分）</td><td></td><td></td></tr>
<tr><td>能提出有意义的问题或能发表个人见解（5 分）</td><td></td><td></td></tr>
<tr><td>具有较强的信息分析能力和理解能力，能够倾听、协作分享（5 分）</td><td></td><td></td></tr>
<tr><td>按时按质完成工作任务（5 分）</td><td></td><td></td></tr>
<tr><td>能发现问题、提出问题、分析问题、创新性地解决问题（5 分）</td><td></td><td></td></tr>
<tr><td>获得了进一步发展的能力（10 分）</td><td></td><td></td></tr>
<tr><td>总分</td><td></td><td></td></tr>
<tr><td>小组活动中有益的经验和做法</td><td colspan="3"></td></tr>
<tr><td>个人总结和反思</td><td colspan="3"></td></tr>
</table>

实训 3-9 能力拓展训练

根据业务资料（1）～（4）填制出口货物报关单（见表 3-9“实训成果”栏，业务资料中缺失的信息无须填写），并填写表 3-9 的实训报告。

业务资料（1）：业务背景

某进出口有限公司委托某报关公司申报出口“两门三抽柜”一批，产品为家居用，无牌，两门三抽柜，材质为中纤板+铁制，150cm×40cm×80cm；边柜材质为中纤板+白蜡木制，110cm×50cm×80cm；境内货源地：东莞，电子底账号：565400220005669000。抽柜的海关商品编码为 9403609990。

业务资料（2）：销售合同

销售合同

合同协议号：20WEDM003
日期 DATE：2020/4/3

买卖双方经协商同意按以下条款成交：
The undersigned Seller and Buyer have agreed to conclude the following transactions according to the ms and conditions set forth as below.

货物描述 DESCRIPTION	总数（箱） CTNS	总数量 QUANTITY	单位 UNIT	单价 UNIT PRICE	总金额 AMOUNT
两门三抽柜	107	107	件	US$180.600 0	US$19 324.20
边柜	30	30	件	US$180.030 0	US$5 400.90
		FOB 深圳		TOTAL:	US$24 725.10
	合计美元：	贰万肆仟柒佰贰拾伍元拾分			

1. 装运期限：收到订金后 45 天交货
Time of Shipment：45 days after the deposit
2. 付款方式：30%订金，收到副本提单后付清余款。
Way of payment：30% deposit，70% after received the copy of B/L.
3. 溢短装条款（more or less）5%
4. 包装/Packing：carton
5. 品质/数量异议（Quality/Quantity discrepancy）：
如买方提出索赔，凡属品质异议须于货到目的口岸之日起 30 天内提出，凡属数量异议须于货到目的口岸之日起 15 天内提出，对所装货物所提任何异议于保险公司、轮船公司、其他有关运输机构或邮递机构所负责者，卖方不负任何责任。
In case of quality discrepancy，claim should filed by the Buyer within 30 days after the arrival of the goods at port of destination，while for quatity discrepancy，claim should be filed by the Buyer within 15 days after the arrival of the goods at port of destination. It is understood that the Seller shall not be liable for any discrepancy of the goods shipped due to causes for which the Insurance Company，Shipping Company，other Transportation Organization/or Post Office are liable.
6. 本合同为中英文两种文本，两种文本具有同等效力。本合同一式__2__份。自双方签字（盖章）之日起生效。
This Contract is executed in two counterparts each in Chinese and English，each of which shall be deemed equally authentic. This Contract is in __2__ copies effective since being signed/sealed by both parties.

SELLER： BUYER：

业务资料（3）：发票

发票

INVOICE

致 TO：

日期 DATE：2020/4/7

发票编号 INVOICE NO.：20WEDM003

付款条件 TERMS OF PRICE：FOB SHENZHEN

TRANSPORT DETAILS：SEA FREIGHT COLLECT，FROM SHEKOU，CHINA TO ANTWERP，BELGIUM

货物描述 DESCRIPTION	总数量 QUANTITY	单位 UNIT	单价 UNIT PRICE	总金额 AMOUNT
两门三抽柜	107	件	US$180.60	US$19 324.20
边柜	30	件	US$180.03	US$5 400.90
			合计 TOTAL：	US$24 725.10
合计美元：	贰万肆仟柒佰贰拾伍元拾分			

业务资料（4）：装箱单

装箱单

PACKING LIST

致 TO：

日期 DATE：2020/4/7

发票编号 INVOICE NO.：20WEDM003

合同号 CONTRACT NO.：20WEDM003

付款条件 TERMS OF PRICE：FOB SHENZHEN

TRANSPORT DETAILS：SEA FREIGHT COLLECT，FROM SHEKOU，CHINA TO ANTWERP，BELGIUM

货物描述 DESCRIPTION	总数（箱） CTNS	总数量（件） QUANTITY	总毛重 G. W.（KG）	总净重 N. W.（KG）	HS CODE
两门三抽柜	107	107	6 408.00	5 510.50	9403609000
边柜	30	30	1 422.00	1 170.00	9403609000
合计 TOTAL	137	137	7 830.00	6 680.50	

表 3-9 能力拓展训练实训报告与评价

实训报告与评价 3-9				
实训属性	能力拓展			
实训目的	转换问题情景，实现能力迁移			
项目小组成员	姓名	班级	学号	责任分工

实训方式和步骤	1. 根据进出口货物报关单填制规范，完成出口货物报关单填制。 2. 各项目小组进行交流和互评。 3. 思考并总结，完成实训报告。
实训成果	（见下表）

中华人民共和国海关出口货物报关单

预录入编号：　　　　海关编号：　　　　页码/页数：

境内发货人	出境关别		出口日期		申报日期		备案号
境外收货人	运输方式		运输工具名称及航次号		提运单号		
生产销售单位	监管方式		征免性质		许可证号		
合同协议号	贸易国（地区）		运抵国（地区）		指运港		离境口岸
包装种类	件数	毛重（千克）	净重（千克）	成交方式	运费	保费	杂费
随附单证及编号							
标记唛码及备注							

项号	商品编号	商品名称及规格型号	数量及单位	单价/总价/币制	原产国（地区）	最终目的国（地区）	境内货源地	征免

特殊关系确认：　　价格影响确认：　　支付特许权使用费确认：　　自报自缴：

报关人员　　报关人员证号　　电话　　兹申明以上内容承担如实申报、依法纳税之法律责任 申报单位　　申报单位（签章）	海关批注及签章

实训过程评价	评价指标	自评	组内互评
	达成本次实训项目目标（50 分）		
	能有效利用资源查找有效信息（5 分）		
	能通过自己的理解有条理地表述所学知识，较好地掌握专业知识点（5 分）		
	完成自己分工的工作，认同工作价值，并在工作中获得满足感（5 分）		
	同学之间相互尊重、保持信息交流，既有独立思考又有合作学习（5 分）		
	能提出有意义的问题或能发表个人见解（5 分）		
	具有较强的信息分析能力和理解能力，能够倾听、协作分享（5 分）		
	按时按质完成工作任务（5 分）		
	能发现问题、提出问题、分析问题、创新性地解决问题（5 分）		
	获得了进一步发展的能力（10 分）		
	总分		
小组活动中有益的经验和做法			
个人总结和反思			

项目四　电商与通关政策

实训与评价

实训 4-1　课堂讨论

阅读任务一课堂讨论（课本 P118），填写表 4-1 的实训报告。

表 4-1　课堂讨论实训报告与评价

实训报告与评价 4-1				
实训属性	课堂讨论			
实训目的	了解跨境电商零售出口“免征不退”政策的意义			
项目小组成员	姓名	班级	学号	责任分工
实训方式和步骤	1. 针对“免征不退”政策对跨境电商企业的利好开展讨论。 2. 各项目小组进行交流和互评。 3. 思考并总结，完成实训报告。			
实训成果	讨论并回答： 跨境电商零售出口“免征不退”政策对跨境电商企业有哪些利好？			

	评价指标	自评	组内互评
实训过程评价	达成本次实训项目目标（50分）		
	能有效利用资源查找有效信息（5分）		
	能通过自己的理解有条理地表述所学知识，较好地掌握专业知识点（5分）		
	完成自己分工的工作，认同工作价值，并在工作中获得满足感（5分）		
	同学之间相互尊重、保持信息交流，既有独立思考又有合作学习（5分）		
	能提出有意义的问题或能发表个人见解（5分）		
	具有较强的信息分析能力和理解能力，能够倾听、协作分享（5分）		
	按时按质完成工作任务（5分）		
	能发现问题、提出问题、分析问题、创新性地解决问题（5分）		
	获得了进一步发展的能力（10分）		
	总分		
小组活动中有益的经验和做法			
个人总结和反思			

实训 4－2　实战训练

阅读任务一实战训练（课本 P123），填写表 4－2 的实训报告。

表 4－2　实战训练实训报告与评价

实训报告与评价 4－2				
实训属性	实战训练			
实训目的	掌握跨境电商零售出口申报清单填制规范			
项目小组成员	姓名	班级	学号	责任分工
实训方式和步骤	1. 根据跨境电商零售出口商品申报清单数据填制规范，填制跨境电商零售出口申报清单。 2. 各项目小组进行交流和互评。 3. 思考并总结，完成实训报告。			
实训成果	（见下方出口清单）			

出口清单　×

订单编号		清单编号			
电商平台代码		电商平台名称			
生产销售单位代码		生产销售单位代码			
物流企业代码	///	物流企业名称			
收发货人代码		收发货人名称			
账册编号		物流运单编号		进出口标志	∨
申报日期		出口日期		申报地海关代码	请选择… ∨
出口口岸代码	请选择… ∨	运抵国（地区）	请选择… ∨	指运港代码	请选择… ∨
申报企业代码		申报企业名称			
区内企业代码		区内企业名称			
监管方式	请选择… ∨	运输方式	请选择… ∨	运输工具编号	
航班航次号		总包号		监管场所代码	
许可证号		运费		保费	
币制	请选择… ∨	件数		毛重（千克）	
净重（千克）		包装种类	请选择… ∨	单证状态	

序号	商品货号	商品编码	商品名称	商品规格型号	单价	总价	数量及单位	最终目的国（地区）

+添加　编辑

保存　检查　帮助　关闭

	评价指标	自评	组内互评
实训过程评价	达成本次实训项目目标（50分）		
	能有效利用资源查找有效信息（5分）		
	能通过自己的理解有条理地表述所学知识，较好地掌握专业知识点（5分）		
	完成自己分工的工作，认同工作价值，并在工作中获得满足感（5分）		
	同学之间相互尊重、保持信息交流，既有独立思考又有合作学习（5分）		
	能提出有意义的问题或能发表个人见解（5分）		
	具有较强的信息分析能力和理解能力，能够倾听、协作分享（5分）		
	按时按质完成工作任务（5分）		
	能发现问题、提出问题、分析问题、创新性地解决问题（5分）		
	获得了进一步发展的能力（10分）		
	总分		
小组活动中有益的经验和做法			
个人总结和反思			

实训 4－3　课堂讨论

阅读任务二课堂讨论（课本 P126），填写表 4－3 的实训报告。

表 4－3　课堂讨论实训报告与评价

<table>
<tr><td colspan="5">实训报告与评价 4－3</td></tr>
<tr><td>实训属性</td><td colspan="4">课堂讨论</td></tr>
<tr><td>实训目的</td><td colspan="4">了解直购进口和网购保税进口的商品适用范围</td></tr>
<tr><td rowspan="6">项目小组成员</td><td>姓名</td><td>班级</td><td>学号</td><td>责任分工</td></tr>
<tr><td></td><td></td><td></td><td></td></tr>
<tr><td></td><td></td><td></td><td></td></tr>
<tr><td></td><td></td><td></td><td></td></tr>
<tr><td></td><td></td><td></td><td></td></tr>
<tr><td></td><td></td><td></td><td></td></tr>
<tr><td>实训方式和步骤</td><td colspan="4">1. 根据直购进口和网购保税进口的业务流程，讨论这两种跨境电商 B2C 进口模式的商品适用范围。
2. 各项目小组进行交流和互评。
3. 思考并总结，完成实训报告。</td></tr>
<tr><td>实训成果</td><td colspan="4">讨论并回答：
直购进口和网购保税进口这两种进口模式分别适用于哪些商品？</td></tr>
</table>

	评价指标	自评	组内互评
实训过程评价	达成本次实训项目目标（50分）		
	能有效利用资源查找有效信息（5分）		
	能通过自己的理解有条理地表述所学知识，较好地掌握专业知识点（5分）		
	完成自己分工的工作，认同工作价值，并在工作中获得满足感（5分）		
	同学之间相互尊重、保持信息交流，既有独立思考又有合作学习（5分）		
	能提出有意义的问题或能发表个人见解（5分）		
	具有较强的信息分析能力和理解能力，能够倾听、协作分享（5分）		
	按时按质完成工作任务（5分）		
	能发现问题、提出问题、分析问题、创新性地解决问题（5分）		
	获得了进一步发展的能力（10分）		
	总分		
小组活动中有益的经验和做法			
个人总结和反思			

实训 4-4　实战训练

阅读任务二实战训练（课本 P135），填写表 4-4 的实训报告。

表 4-4　实战训练实训报告与评价

实训报告与评价 4-4				
实训属性	实战训练			
实训目的	掌握跨境电商零售进口申报清单填制规范			
项目小组成员	姓名	班级	学号	责任分工
实训方式和步骤	1. 根据跨境电商零售进口商品申报清单数据填制规范，填制跨境电商零售进口申报清单。 2. 各项目小组进行交流和互评。 3. 思考并总结，完成实训报告。			
实训成果	（见下方进口清单）			

进口清单　×

订单编号		清单编号			
电商平台代码		电商平台名称			
电商企业代码		电商企业名称			
物流企业代码		物流企业名称			
账册编号		物流运单编号		担保企业编号	
进出口标志	∨	申报日期		申报地海关代码	请选择… ∨
订购人证件类型	∨	进口日期		进口口岸代码	请选择… ∨
订购人证件号码		订购人姓名		订购人电话	
收货人地址				启运国（地区）	请选择… ∨
申报企业代码		申报企业名称			
区内企业代码		区内企业名称			
监管方式	请选择… ∨	运输方式	请选择… ∨	运输工具编号	
航班航次号		监管场所代码		许可证号	
运费		保费		币制	请选择… ∨
件数		毛重（千克）		净重（千克）	
包装种类	请选择… ∨	单证状态			

序号	商品货号	商品编码	商品名称	商品规格型号	单价	总价	数量及单位	原产国（地区）

+添加　编辑

保存　检查　帮助　关闭

<table>
<tr><td rowspan="12">实训过程评价</td><td>评价指标</td><td>自评</td><td>组内互评</td></tr>
<tr><td>达成本次实训项目目标（50分）</td><td></td><td></td></tr>
<tr><td>能有效利用资源查找有效信息（5分）</td><td></td><td></td></tr>
<tr><td>能通过自己的理解有条理地表述所学知识，较好地掌握专业知识点（5分）</td><td></td><td></td></tr>
<tr><td>完成自己分工的工作，认同工作价值，并在工作中获得满足感（5分）</td><td></td><td></td></tr>
<tr><td>同学之间相互尊重、保持信息交流，既有独立思考又有合作学习（5分）</td><td></td><td></td></tr>
<tr><td>能提出有意义的问题或能发表个人见解（5分）</td><td></td><td></td></tr>
<tr><td>具有较强的信息分析能力和理解能力，能够倾听、协作分享（5分）</td><td></td><td></td></tr>
<tr><td>按时按质完成工作任务（5分）</td><td></td><td></td></tr>
<tr><td>能发现问题、提出问题、分析问题、创新性地解决问题（5分）</td><td></td><td></td></tr>
<tr><td>获得了进一步发展的能力（10分）</td><td></td><td></td></tr>
<tr><td>总分</td><td></td><td></td></tr>
<tr><td>小组活动中有益的经验和做法</td><td colspan="3"></td></tr>
<tr><td>个人总结和反思</td><td colspan="3"></td></tr>
</table>

实训 4-5　实战训练

阅读任务三实战训练（课本 P145），填写表 4-5 的实训报告。

表 4-5　实战训练实训报告与评价

<table>
<tr><td colspan="5">实训报告与评价 4-5</td></tr>
<tr><td>实训属性</td><td colspan="4">实战训练</td></tr>
<tr><td>实训目的</td><td colspan="4">掌握跨境电商 B2B 出口模式出口货物报关单填制要求</td></tr>
<tr><td rowspan="6">项目小组成员</td><td>姓名</td><td>班级</td><td>学号</td><td>责任分工</td></tr>
<tr><td></td><td></td><td></td><td></td></tr>
<tr><td></td><td></td><td></td><td></td></tr>
<tr><td></td><td></td><td></td><td></td></tr>
<tr><td></td><td></td><td></td><td></td></tr>
<tr><td></td><td></td><td></td><td></td></tr>
<tr><td>实训方式和步骤</td><td colspan="4">1. 根据跨境电商 B2B 出口业务特点填写出口货物报关单有关栏目。
2. 各项目小组进行交流和互评。
3. 思考并总结，完成实训报告。</td></tr>
<tr><td>实训成果</td><td colspan="4">1. 报关业务背景。

2. “备案号”“征免性质”“随附单证及编号”“征免”四个栏目的填写内容。

</td></tr>
</table>

<table>
<tr><td rowspan="12">实训过程评价</td><td>评价指标</td><td>自评</td><td>组内互评</td></tr>
<tr><td>达成本次实训项目目标（50 分）</td><td></td><td></td></tr>
<tr><td>能有效利用资源查找有效信息（5 分）</td><td></td><td></td></tr>
<tr><td>能通过自己的理解有条理地表述所学知识，较好地掌握专业知识点（5 分）</td><td></td><td></td></tr>
<tr><td>完成自己分工的工作，认同工作价值，并在工作中获得满足感（5 分）</td><td></td><td></td></tr>
<tr><td>同学之间相互尊重、保持信息交流，既有独立思考又有合作学习（5 分）</td><td></td><td></td></tr>
<tr><td>能提出有意义的问题或能发表个人见解（5 分）</td><td></td><td></td></tr>
<tr><td>具有较强的信息分析能力和理解能力，能够倾听、协作分享（5 分）</td><td></td><td></td></tr>
<tr><td>按时按质完成工作任务（5 分）</td><td></td><td></td></tr>
<tr><td>能发现问题、提出问题、分析问题、创新性地解决问题（5 分）</td><td></td><td></td></tr>
<tr><td>获得了进一步发展的能力（10 分）</td><td></td><td></td></tr>
<tr><td>总分</td><td></td><td></td></tr>
<tr><td>小组活动中有益的经验和做法</td><td colspan="3"></td></tr>
<tr><td>个人总结和反思</td><td colspan="3"></td></tr>
</table>

实训 4－6　课堂讨论

阅读任务三课堂讨论（课本 P145），填写表 4－6 的实训报告。

表 4－6　课堂讨论实训报告与评价

<table>
<tr><td colspan="5">实训报告与评价 4－6</td></tr>
<tr><td>实训属性</td><td colspan="4">课堂讨论</td></tr>
<tr><td>实训目的</td><td colspan="4">了解跨境电商转关</td></tr>
<tr><td rowspan="6">项目小组成员</td><td>姓名</td><td>班级</td><td>学号</td><td>责任分工</td></tr>
<tr><td></td><td></td><td></td><td></td></tr>
<tr><td></td><td></td><td></td><td></td></tr>
<tr><td></td><td></td><td></td><td></td></tr>
<tr><td></td><td></td><td></td><td></td></tr>
<tr><td></td><td></td><td></td><td></td></tr>
<tr><td>实训方式和步骤</td><td colspan="4">1. 讨论 B2B 出口货物按照“跨境电商”类型进行转关给出口商带来的便利。
2. 各项目小组进行交流和互评。
3. 思考并总结，完成实训报告。</td></tr>
<tr><td>实训成果</td><td colspan="4">讨论并回答：
B2B 出口货物按照“跨境电商”类型进行转关有哪些好处？</td></tr>
</table>

<table>
<tr><td rowspan="12">实训过程评价</td><td>评价指标</td><td>自评</td><td>组内互评</td></tr>
<tr><td>达成本次实训项目目标（50分）</td><td></td><td></td></tr>
<tr><td>能有效利用资源查找有效信息（5分）</td><td></td><td></td></tr>
<tr><td>能通过自己的理解有条理地表述所学知识，较好地掌握专业知识点（5分）</td><td></td><td></td></tr>
<tr><td>完成自己分工的工作，认同工作价值，并在工作中获得满足感（5分）</td><td></td><td></td></tr>
<tr><td>同学之间相互尊重、保持信息交流，既有独立思考又有合作学习（5分）</td><td></td><td></td></tr>
<tr><td>能提出有意义的问题或能发表个人见解（5分）</td><td></td><td></td></tr>
<tr><td>具有较强的信息分析能力和理解能力，能够倾听、协作分享（5分）</td><td></td><td></td></tr>
<tr><td>按时按质完成工作任务（5分）</td><td></td><td></td></tr>
<tr><td>能发现问题、提出问题、分析问题、创新性地解决问题（5分）</td><td></td><td></td></tr>
<tr><td>获得了进一步发展的能力（10分）</td><td></td><td></td></tr>
<tr><td>总分</td><td></td><td></td></tr>
<tr><td>小组活动中有益的经验和做法</td><td colspan="3"></td></tr>
<tr><td>个人总结和反思</td><td colspan="3"></td></tr>
</table>

实训 4-7　项目总结

回答项目四“案例导入”的三个问题，并对项目四所学内容进行总结，填写表 4-7 的实训报告。

表 4-7　项目总结实训报告与评价

<table>
<tr><td colspan="5">实训报告与评价 4-7</td></tr>
<tr><td>实训属性</td><td colspan="4">项目总结</td></tr>
<tr><td>实训目的</td><td colspan="4">检验项目四能力目标掌握程度</td></tr>
<tr><td rowspan="6">项目小组成员</td><td>姓名</td><td>班级</td><td>学号</td><td>责任分工</td></tr>
<tr><td></td><td></td><td></td><td></td></tr>
<tr><td></td><td></td><td></td><td></td></tr>
<tr><td></td><td></td><td></td><td></td></tr>
<tr><td></td><td></td><td></td><td></td></tr>
<tr><td></td><td></td><td></td><td></td></tr>
<tr><td>实训方式和步骤</td><td colspan="4">1. 研读项目案例，将本项目三个任务的学习内容运用于实际业务场景。
2. 各项目小组进行交流和互评。
3. 思考并总结，完成总结报告。</td></tr>
<tr><td>实训成果</td><td colspan="4">1. 临沂综合保税区开展 9610 通关模式的跨境电商零售出口业务，可采取哪种方式办理报关手续？这种方式有哪些特点？

2. 案例中提及跨境电商网购保税进口（1210）业务“具有时效快、成本低、全程海关监管、享受综合税率等优势”，为什么 1210 通关模式具有这些优势？

3. 9710、9810 通关模式适用于哪种跨境电商业务模式？两者有何区别？

4. 项目总结。</td></tr>
</table>

<table>
<tr><td rowspan="12">实训过程评价</td><td>评价指标</td><td>自评</td><td>组内互评</td></tr>
<tr><td>达成本次实训项目目标（50分）</td><td></td><td></td></tr>
<tr><td>能有效利用资源查找有效信息（5分）</td><td></td><td></td></tr>
<tr><td>能通过自己的理解有条理地表述所学知识，较好地掌握专业知识点（5分）</td><td></td><td></td></tr>
<tr><td>完成自己分工的工作，认同工作价值，并在工作中获得满足感（5分）</td><td></td><td></td></tr>
<tr><td>同学之间相互尊重、保持信息交流，既有独立思考又有合作学习（5分）</td><td></td><td></td></tr>
<tr><td>能提出有意义的问题或能发表个人见解（5分）</td><td></td><td></td></tr>
<tr><td>具有较强的信息分析能力和理解能力，能够倾听、协作分享（5分）</td><td></td><td></td></tr>
<tr><td>按时按质完成工作任务（5分）</td><td></td><td></td></tr>
<tr><td>能发现问题、提出问题、分析问题、创新性地解决问题（5分）</td><td></td><td></td></tr>
<tr><td>获得了进一步发展的能力（10分）</td><td></td><td></td></tr>
<tr><td>总分</td><td></td><td></td></tr>
<tr><td>小组活动中有益的经验和做法</td><td colspan="3"></td></tr>
<tr><td>个人总结和反思</td><td colspan="3"></td></tr>
</table>

实训 4－8 知识目标训练

完成以下知识目标训练，填写表 4－8 的实训报告。

一、不定项选择题

1. 跨境电商 B2C 出口贸易的通关，其监管方式代码为（　　）。

A. 0110　　B. 9610　　C. 1239　　D. 9710

2. 根据跨境电子商务零售出口商品申报清单数据填写规范，“运费标志”栏用（　　）表示总价。

A. 1　　B. 2

C. 3　　D. 4

3. 跨境电商零售进口业务适用的海关监管方式不包括（　　）。

A. 0110　　B. 9610

C. 1210　　D. 1239

4. 跨境电商 B2C 保税备货进口模式下，消费者个人在电商平台下单以后，电商企业、物流企业、支付企业将（　　）分别发送到“单一窗口”平台。

A. 订单　　B. 运单

C. 支付单　　D. 清单

5. 根据跨境电子商务零售进口商品申报清单数据填写规范，（　　）属于必填项。

A. 预录入编号　　B. 担保企业编号

C. 账册编号　　D. 申报企业名称

6. 根据跨境电子商务零售进口商品申报清单数据填写规范，（　　）栏填写海关注册登记（备案）编码（18 位）。

A. 电商平台代码　　B. 电商企业代码

C. 物流企业代码　　D. 申报企业代码

7. 跨境电子商务零售进口商品在海关放行后（　　）日内未发生退货或修撤单的，代收代缴义务人需向海关办理纳税手续。

A. 15　　B. 30

C. 31　　D. 45

8. 监管代码为（　　）的跨境电商 B2C 进口保税备货模式下，海关对进口商品按个人自用进境物品监管，不执行有关商品首次进口许可批件、注册或备案要求。

A. 0139　　B. 1210

C. 1239　　D. 9610

9. 跨境电商零售进口税的纳税义务人是（　　）。

A. 跨境电商平台企业　　B. 跨境电商企业境内代理人

C. 跨境电商支付企业　　D. 跨境电商零售进口商品消费者

二、判断题

1. B2C 出口电商企业或其代理人应向海关提交申报清单，办理出口报关手续。( )

2. B2C 跨境电子商务通关服务平台根据电商平台的订单信息生成申报清单，并将对应的三单作为随附单据信息。( )

3. 跨境电商综合试验区内符合条件的跨境电商零售商品出口报关，不再汇总形成出口货物报关单。( )

4. 以保税模式从事跨境电商零售进口业务的，只能在海关特殊监管区域内开展。( )

5. 对跨境电商网购保税进口（监管方式代码 1239）商品，按照个人自用进境物品监管。( )

6. 失信企业不得开展出口海外仓业务。( )

7. 对于单票金额超过人民币 5 000 元的跨境电商 B2B 出口货物，企业可选择通过跨境电商出口统一版系统办理通关手续。( )

8. 海关对跨境电商 B2B 出口货物可优先安排查验。( )

表 4-8 知识目标训练实训报告与评价

<table>
<tr><td colspan="5">实训报告与评价 4-8</td></tr>
<tr><td>实训属性</td><td colspan="4">知识目标训练</td></tr>
<tr><td>实训目的</td><td colspan="4">掌握项目四知识点</td></tr>
<tr><td rowspan="6">项目小组成员</td><td>姓名</td><td>班级</td><td>学号</td><td>责任分工</td></tr>
<tr><td></td><td></td><td></td><td></td></tr>
<tr><td></td><td></td><td></td><td></td></tr>
<tr><td></td><td></td><td></td><td></td></tr>
<tr><td></td><td></td><td></td><td></td></tr>
<tr><td></td><td></td><td></td><td></td></tr>
<tr><td>实训方式和步骤</td><td colspan="4">方式 1 随堂测：在规定的课堂时间内完成闭卷测试；
方式 2 小组 PK 赛：采用抢答形式，答对加 2 分，答错扣 1 分，小组成绩即为成员个人成绩。</td></tr>
<tr><td rowspan="2">实训成果</td><td colspan="4">随堂测正确率＿＿＿＿＿＿/17 题</td></tr>
<tr><td colspan="4">小组 PK 赛成绩＿＿＿＿＿＿分，名次＿＿＿＿＿＿/共＿＿＿组</td></tr>
</table>

	评价指标	自评	组内互评
实训过程评价	达成本次实训项目目标（50 分）		
	能有效利用资源查找有效信息（5 分）		
	能通过自己的理解有条理地表述所学知识，较好地掌握专业知识点（5 分）		
	完成自己分工的工作，认同工作价值，并在工作中获得满足感（5 分）		
	同学之间相互尊重、保持信息交流，既有独立思考又有合作学习（5 分）		
	能提出有意义的问题或能发表个人见解（5 分）		
	具有较强的信息分析能力和理解能力，能够倾听、协作分享（5 分）		
	按时按质完成工作任务（5 分）		
	能发现问题、提出问题、分析问题、创新性地解决问题（5 分）		
	获得了进一步发展的能力（10 分）		
	总分		
小组活动中有益的经验和做法			
个人总结和反思			

实训 4－9 能力拓展训练

根据业务资料（1）～（5）填制进境货物备案清单（见表 4－9“实训成果”栏。业务资料中缺失的信息无须填写），并填写表 4－9 的实训报告。

业务资料（1）：业务背景

天津某供应链管理有限公司采用保税电商监管方式于天津机场口岸进口一批货物，货物抵达天津机场后，委托某货运代理有限公司在天津东疆保税港区①进行申报，货物进口后存放地点为东疆，报关清单类型为：一般备案清单。

货物信息如下：

品名	申报要素	HS 编码	数量	申报单位
妙思乐婴儿洗发沐浴露二合一 500ml	品名：Mustela 妙思乐婴儿洗发沐浴露二合一 500ml；用途：洗发沐浴；包装：500ml/瓶；品牌：Mustela/妙思乐	3307300000	1 728	瓶
妙思乐思拓敏滋润膏 200ml	品名：Mustela 妙思乐思拓敏滋润膏 200ml 宝宝面霜；用途：护肤保湿；包装：200ml/支；品牌：Mustela/妙思乐	3304990039	72	支
妙思乐婴儿按摩油 100ml	品名：Mustela 妙思乐婴儿按摩油 100ml；用途：按摩；包装：110ml/瓶；品牌：Mustela/妙思乐	3304990039	72	瓶
妙思乐婴儿润肤露 300ml	品名：Mustela 妙思乐婴儿润肤露 300ml；用途：洗发沐浴；包装：200ml/支；品牌：Mustela/妙思乐	3304990039	24	瓶

① 现为天津东疆综合保税区。

业务资料（2）：合同

合同
CONTRACT

兹经买卖双方同意，由买方购进如下货物，并按照下列条款签订本合同：

This contract is made by and between the Buyers and Sellers, whereby the Buyers agree to buy and the Sellers agree to sell the undermentioned commodity according to the terms and conditions stipulated below:

No	条码	货物品名及规格 Description & Specification	数量 Quantity	单位 Unit	单价（EUR） Unit Price	总价（EUR） Amount
1	3504105028374	妙思乐婴儿洗发沐浴露二合一 500ml	1 728	瓶		
2	3504105028978	妙思乐拓敏滋润膏 200ml	72	支		
3	3504105028411	妙思乐婴儿按摩油 100ml	72	瓶		
4	3504105028527	妙思乐婴儿润肤露 300ml	24	瓶		
		合计	1 896			10 003. 20

1. 价格条款
Terms: CIF TIANJIN

2. 包装
Packing:

3. 装运唛头
Shipping Mark:

4. 装运口岸
Loading Port: PARIS

5. 目的地口岸
Destination: TIANJIN

6. 装运期限
Shipping Date:

7. 保险：卖方承担
Insurance: Paid by Seller

8. 付款条件
Terms of Payment: T/T

9. 合同有效期：经双方签字盖章后生效。
This contract, when duly signed by both parties, shall come into effect, expiry date shall be Dec. 8th, 2018.

10. 本合同一式两份，双方各执一份。
This contract is in two copies.

业务资料（3）：发票

Commercial Invoice(发票)

	Invoice No.: 20190116-1
	Invoice Date: 2019/1/16
	Incoterms: CIF TIANJIN
	Terms of Payment: T/T
	Terms of Delivery: BY AIR

Port of Loading: PARIS	Final Destination: TIANJIN	Remark: 天猫国际官方直营—— LBX0224102746548747
Vessel Name: OZ588	Depart Date: 2019/1/17	

No	品牌	商品名称(中文)	原产国	Quantity	单价(EUR) Unit Price	总价(EUR) Amount
1	Mustela 妙思乐	妙思乐婴儿洗发沐浴露二合一 500ml	法国	1 728		
2	Mustela 妙思乐	妙思乐拓敏滋润膏 200ml	法国	72		
3	Mustela 妙思乐	妙思乐婴儿按摩油 100ml	法国	72		
4	Mustela 妙思乐	妙思乐婴儿润肤露 300ml	法国	24		
		合计		1 896		

贸易国(地区):HONG KONG

Signed By ________________

业务资料（4）：装箱单

Packing List(装箱单)

					Invoice No. : 20190116-1		
					Invoice Date: 2019/1/16		
					Incoterms: CIF TIANJIN		
					Terms of Payment: T/T		
					Terms of Delivery: BY AIR		
Port of Loading: PARIS		Final Destination: TIANJIN			Remark: 天猫国际官方直营—— LBX0224102746548747		
Vessel Name: OZ588		Depart Date: 2019/1/17					
No	品牌	原产国	商品名称(中文)	Cartons	Quantity	Net Weight (Kgs)	Gross Weight (Kgs)
1	Mustela 妙思乐	法国	妙思乐婴儿洗发沐浴露二合一 500ml	72	1 728	864.000	1 100
2	Mustela 妙思乐	法国	妙思乐拓敏滋润膏 200ml	2	72	14.400	20
3	Mustela 妙思乐	法国	妙思乐婴儿按摩油 100ml	3	72	7.200	10
4	Mustela 妙思乐	法国	妙思乐婴儿润肤露 300ml	1	24	7.200	9
			合计	78	1 896	892.80	1 139

FCL/LCL

柜型柜量

包装情况： 3 pallets (78 cartons)

托盘材质	木质托盘 IPPC
托盘数量	3
托盘＋货物尺寸（长×宽×高）	120cm×100cm×105cm

Signed By __________

业务资料（5）：航空运单

988 | CDG | 94357281　　　　988－94357281

Shipper's Name and Address	Shipper's Account Number	Not Negotiable AIR WAYBILL Issued by　Asiana Airlines
		Copies 1, 2 and 3 of this Air Waybill are originals and have the same validity.
Consignee's Name and Address	Consignee's Account Number	It is agreed that the goods described herein are accepted for carriage in apparent good order And condition (except as noted) and SUBJECT TO THE CONDITIONS OF CONTRACT ON THE REVERSE HEREOF. ALL GOODS MAY BE CARRIED BY AND OTHER MEANS INCLUDING ROAD OR ANY OTHER CARRIER UNLESS SPECIFIC CONTRARY INSTRUCTIONS ARE GIVEN HEREON BY THE SHIPPER. THE SHIPPER'S ATTENTION IS DRAWN TO THE NOTICE CONCERNING CARRIER'S LIMITATION OF LIABILITY. Shipper may increase such limitation of liability by declaring a higher value for carriage and paying a supplemental charge if required.
Issuing Carrier's Agent Name and City		Accounting Information
Agent's IATA Code 20—4—7158/9515	Account No.	AGENT HABILITE FR/RA/04012—01 SPX
Airport of Departure (Addr. of First Carrier) and Requested Routing ROISSY CDG		

To	By First Carrier / Routing and Destination	to	by	to	by	Currency	CHGS Code	WT/VAL PPD	WT/VAL COLL	Other PPD	Other COLL	Declared Value for Carriage	Declared Value for Customs
ICN	ASIANA AIRLINES	TSN	OZ			EUR	PX	×		×		NVD	NCV

Airport of Destination	Flight/Date	For carrier Use Only / Flight/Date	Amount of Insurance	INSURANCE — If Carrier offers insurance, and such insurance is requested in accordance with the conditions thereof, indicate amount to be insured in figures in box marked "Amount of Insurance."
TIANJIN	OZ588/17	OZ99719	NIL	

Handling Information

RH1　SCI ×

(For USA only) These commodities licensed by U.S. for ultimate destination .... Diversion contrary to U.S. law is prohibited

No. of Pieces RCP	Gross Weight	kg lb	Rate Class	Commodity Item No.	Chargeable Weight	Rate / Charge	Total	Nature and Quantity of Goods (incl. Dimensions or Volume)
3	1139	K	Q		1 139.0	4.57	5 205.23	COSMETIC PRODUCTS INVOICE NR 8988086 "NOT RESTRICTED GOODS"
3	1139						5 205.23	

Prepaid	Weight Charge	Collect	Other Charges
5 205.23			CHC 25.00　IRC 170.85　MYC 1082.05　SCC 21.00 AWA 18.00
	Valuation Charge		
	Tax		
	Total other Charges Due Agent		Shipper certifies that the particulars on the face hereof are correct and that insofar as any part of the consignment contains dangerous goods, such part is properly described by name and is in proper condition for carriage by air according to the applicable Dangerous Goods Regulations.
18.00			
	Total other Charges Due Carrier		
1 298.90			
			Signature of Shipper or his Agent
Total Prepaid		Total Collect	16/01/19　　ROISSY CDG
6 522.13			Executed on (date)　at(place)　Signature of Issuing Carrier or its Agent
Currency Conversion Rates		CC Charges in Dest. Currency	
For Carrier's Use only at Destination		Charges at Destination	Total Collect Charges　988－94357281

表 4－9　能力拓展训练实训报告与评价

实训报告与评价 4－9				
实训属性	能力拓展			
实训目的	转换问题情景，实现能力迁移			
项目小组成员	姓名	班级	学号	责任分工
实训方式和步骤	1. 根据进出口货物报关单填制规范，完成跨境电商 B2C 进口网购保税模式进境货物备案清单填制。 2. 各项目小组进行交流和互评。 3. 思考并总结，完成实训报告。			
实训成果				

中华人民共和国海关进境货物备案清单

预录入编号：　　海关编号：　　页码/页数：

境内收货人	进境关别	进口日期		申报日期		备案号	
境外发货人	运输方式	运输工具名称及航次号		提运单号		货物存放地点	
消费使用单位	监管方式			许可证号		启运港	
合同协议号	贸易国(地区)	启运国(地区)		经停港		入境口岸	
包装种类	件数	毛重(千克)	净重(千克)	成交方式	运费	保费	杂费
随附单证及编号							
标记唛码及备注							
项号 商品编号 商品名称及规格型号 数量及单位 单价/总价/币制 原产国(地区) 最终目的国(地区) 境内目的地							
特殊关系确认：　价格影响确认：　支付特许权使用费确认：　自报自缴：							
报关人员　报关人员证号　电话　兹申明以上内容承担如实申报、依法纳税之法律责任						海关批注及签章	
申报单位　申报单位(签章)							

<table>
<tr><td rowspan="12">实训过程评价</td><td>评价指标</td><td>自评</td><td>组内互评</td></tr>
<tr><td>达成本次实训项目目标（50分）</td><td></td><td></td></tr>
<tr><td>能有效利用资源查找有效信息（5分）</td><td></td><td></td></tr>
<tr><td>能通过自己的理解有条理地表述所学知识，较好地掌握专业知识点（5分）</td><td></td><td></td></tr>
<tr><td>完成自己分工的工作，认同工作价值，并在工作中获得满足感（5分）</td><td></td><td></td></tr>
<tr><td>同学之间相互尊重、保持信息交流，既有独立思考又有合作学习（5分）</td><td></td><td></td></tr>
<tr><td>能提出有意义的问题或能发表个人见解（5分）</td><td></td><td></td></tr>
<tr><td>具有较强的信息分析能力和理解能力，能够倾听、协作分享（5分）</td><td></td><td></td></tr>
<tr><td>按时按质完成工作任务（5分）</td><td></td><td></td></tr>
<tr><td>能发现问题、提出问题、分析问题、创新性地解决问题（5分）</td><td></td><td></td></tr>
<tr><td>获得了进一步发展的能力（10分）</td><td></td><td></td></tr>
<tr><td>总分</td><td></td><td></td></tr>
<tr><td>小组活动中有益的经验和做法</td><td colspan="3"></td></tr>
<tr><td>个人总结和反思</td><td colspan="3"></td></tr>
</table>

项目五　税费与归类基础
实训与评价

实训 5-1　实战训练

阅读任务一实战训练（课本 P151），填写表 5-1 的实训报告。

表 5-1　实战训练实训报告与评价

实训报告与评价 5-1				
实训属性	实战训练			
实训目的	掌握两步申报的内容			
项目小组成员	姓名	班级	学号	责任分工
实训方式和步骤	1. 查询《中华人民共和国进出口税则（2022）》（扫描右侧二维码），根据给出的税号查找进口关税的有关税率。 2. 各项目小组进行交流和互评。 3. 思考并总结，完成实训报告。 《中华人民共和国进出口税则（2022）》			
实训成果	1. 普通税率。 2. 最惠国税率。			

<table>
<tr><td rowspan="9">实训成果</td><td colspan="3">3. 协定税率。</td></tr>
<tr><td>自贸协定名称</td><td>原产国（地区）</td><td>协定税率</td></tr>
<tr><td></td><td></td><td></td></tr>
<tr><td></td><td></td><td></td></tr>
<tr><td></td><td></td><td></td></tr>
<tr><td></td><td></td><td></td></tr>
<tr><td></td><td></td><td></td></tr>
<tr><td colspan="3">4. 特惠税率。</td></tr>
<tr><td colspan="3"></td></tr>
</table>

<table>
<tr><td rowspan="13">实训过程评价</td><td>评价指标</td><td>自评</td><td>组内互评</td></tr>
<tr><td>达成本次实训项目目标（50 分）</td><td></td><td></td></tr>
<tr><td>能有效利用资源查找有效信息（5 分）</td><td></td><td></td></tr>
<tr><td>能通过自己的理解有条理地表述所学知识，较好地掌握专业知识点（5 分）</td><td></td><td></td></tr>
<tr><td>完成自己分工的工作，认同工作价值，并在工作中获得满足感（5 分）</td><td></td><td></td></tr>
<tr><td>同学之间相互尊重、保持信息交流，既有独立思考又有合作学习（5 分）</td><td></td><td></td></tr>
<tr><td>能提出有意义的问题或能发表个人见解（5 分）</td><td></td><td></td></tr>
<tr><td>具有较强的信息分析能力和理解能力，能够倾听、协作分享（5 分）</td><td></td><td></td></tr>
<tr><td>按时按质完成工作任务（5 分）</td><td></td><td></td></tr>
<tr><td>能发现问题、提出问题、分析问题、创新性地解决问题（5 分）</td><td></td><td></td></tr>
<tr><td>获得了进一步发展的能力（10 分）</td><td></td><td></td></tr>
<tr><td>总分</td><td></td><td></td></tr>
<tr><td></td><td></td><td></td></tr>
<tr><td>小组活动中有益的经验和做法</td><td colspan="3"></td></tr>
<tr><td>个人总结和反思</td><td colspan="3"></td></tr>
</table>

实训 5－2　课堂讨论

阅读任务一课堂讨论（课本 P159），填写表 5－2 的实训报告。

表 5－2　课堂讨论实训报告与评价

<table>
<tr><td colspan="5">实训报告与评价 5－2</td></tr>
<tr><td>实训属性</td><td colspan="4">课堂讨论</td></tr>
<tr><td>实训目的</td><td colspan="4">掌握滞纳金缴款期限的计算方法</td></tr>
<tr><td rowspan="6">项目小组成员</td><td>姓名</td><td>班级</td><td>学号</td><td>责任分工</td></tr>
<tr><td></td><td></td><td></td><td></td></tr>
<tr><td></td><td></td><td></td><td></td></tr>
<tr><td></td><td></td><td></td><td></td></tr>
<tr><td></td><td></td><td></td><td></td></tr>
<tr><td></td><td></td><td></td><td></td></tr>
<tr><td>实训方式和步骤</td><td colspan="4">1. 以上课当天作为海关填发税款缴款书的日期，讨论最迟交款期限及征收滞纳金日期。
2. 各项目小组进行交流和互评。
3. 思考并总结，完成实训报告。</td></tr>
<tr><td>实训成果</td><td colspan="4">讨论并回答：
1. 进口货物收货人或其代理人最迟应于哪一天缴纳税款？

2. 自哪一天起，海关将征收滞纳金？</td></tr>
</table>

<table>
<tr><td rowspan="12">实训过程评价</td><td>评价指标</td><td>自评</td><td>组内互评</td></tr>
<tr><td>达成本次实训项目目标（50 分）</td><td></td><td></td></tr>
<tr><td>能有效利用资源查找有效信息（5 分）</td><td></td><td></td></tr>
<tr><td>能通过自己的理解有条理地表述所学知识，较好地掌握专业知识点（5 分）</td><td></td><td></td></tr>
<tr><td>完成自己分工的工作，认同工作价值，并在工作中获得满足感（5 分）</td><td></td><td></td></tr>
<tr><td>同学之间相互尊重、保持信息交流，既有独立思考又有合作学习（5 分）</td><td></td><td></td></tr>
<tr><td>能提出有意义的问题或能发表个人见解（5 分）</td><td></td><td></td></tr>
<tr><td>具有较强的信息分析能力和理解能力，能够倾听、协作分享（5 分）</td><td></td><td></td></tr>
<tr><td>按时按质完成工作任务（5 分）</td><td></td><td></td></tr>
<tr><td>能发现问题、提出问题、分析问题、创新性地解决问题（5 分）</td><td></td><td></td></tr>
<tr><td>获得了进一步发展的能力（10 分）</td><td></td><td></td></tr>
<tr><td>总分</td><td></td><td></td></tr>
<tr><td>小组活动中有益的经验和做法</td><td colspan="3"></td></tr>
<tr><td>个人总结和反思</td><td colspan="3"></td></tr>
</table>

实训 5-3　实战训练

阅读任务二实战训练（课本 P164），填写表 5-3 的实训报告。

表 5-3　实战训练实训报告与评价

<table>
<tr><td colspan="5">实训报告与评价 5-3</td></tr>
<tr><td>实训属性</td><td colspan="4">实战训练</td></tr>
<tr><td>实训目的</td><td colspan="4">掌握进口关税和进口环节增值税税额的计算</td></tr>
<tr><td rowspan="6">项目小组成员</td><td>姓名</td><td>班级</td><td>学号</td><td>责任分工</td></tr>
<tr><td></td><td></td><td></td><td></td></tr>
<tr><td></td><td></td><td></td><td></td></tr>
<tr><td></td><td></td><td></td><td></td></tr>
<tr><td></td><td></td><td></td><td></td></tr>
<tr><td></td><td></td><td></td><td></td></tr>
<tr><td>实训方式和步骤</td><td colspan="4">1. 根据进口关税和进口增值税税率以及计算公式，计算相应税额。
2. 各项目小组进行交流和互评。
3. 思考并总结，完成实训报告。</td></tr>
<tr><td>实训成果</td><td colspan="4">1. 相关税率

2. 关税税额

3. 增值税组成计税价格

4. 进口环节增值税税额</td></tr>
</table>

	评价指标	自评	组内互评
实训过程评价	达成本次实训项目目标（50分）		
	能有效利用资源查找有效信息（5分）		
	能通过自己的理解有条理地表述所学知识，较好地掌握专业知识点（5分）		
	完成自己分工的工作，认同工作价值，并在工作中获得满足感（5分）		
	同学之间相互尊重、保持信息交流，既有独立思考又有合作学习（5分）		
	能提出有意义的问题或能发表个人见解（5分）		
	具有较强的信息分析能力和理解能力，能够倾听、协作分享（5分）		
	按时按质完成工作任务（5分）		
	能发现问题、提出问题、分析问题、创新性地解决问题（5分）		
	获得了进一步发展的能力（10分）		
	总分		
小组活动中有益的经验和做法			
个人总结和反思			

实训 5－4　课堂讨论

阅读任务二课堂讨论（课本 P166），填写表 5－4 的实训报告。

表 5－4　课堂讨论实训报告与评价

<table>
<tr><td colspan="5">实训报告与评价 5－4</td></tr>
<tr><td>实训属性</td><td colspan="4">课堂讨论</td></tr>
<tr><td>实训目的</td><td colspan="4">了解进境物品完税价格和税率的查找方法</td></tr>
<tr><td rowspan="6">项目小组成员</td><td>姓名</td><td>班级</td><td>学号</td><td>责任分工</td></tr>
<tr><td></td><td></td><td></td><td></td></tr>
<tr><td></td><td></td><td></td><td></td></tr>
<tr><td></td><td></td><td></td><td></td></tr>
<tr><td></td><td></td><td></td><td></td></tr>
<tr><td></td><td></td><td></td><td></td></tr>
<tr><td>实训方式和步骤</td><td colspan="4">1. 分工查找《中华人民共和国进境物品完税价格表》，讨论相关物品的完税价格和税率。
2. 各项目小组进行交流和互评。
3. 思考并总结，完成实训报告。</td></tr>
<tr><td>实训成果</td><td colspan="4">讨论并回答：
<table>
<tr><td>物品名称</td><td>完税价格（人民币）</td><td>税率</td></tr>
<tr><td rowspan="2">葡萄汽酒</td><td></td><td rowspan="2"></td></tr>
<tr><td></td></tr>
<tr><td rowspan="2">麦芽酿造的啤酒</td><td></td><td rowspan="2"></td></tr>
<tr><td></td></tr>
<tr><td>望远镜</td><td></td><td></td></tr>
<tr><td rowspan="2">电子游戏机</td><td></td><td rowspan="2"></td></tr>
<tr><td></td></tr>
<tr><td>滑雪靴</td><td></td><td></td></tr>
<tr><td>旱冰鞋</td><td></td><td></td></tr>
<tr><td>蒸汽眼罩</td><td></td><td></td></tr>
</table>
</td></tr>
</table>

<table>
<tr><td rowspan="12">实训过程评价</td><td>评价指标</td><td>自评</td><td>组内互评</td></tr>
<tr><td>达成本次实训项目目标（50分）</td><td></td><td></td></tr>
<tr><td>能有效利用资源查找有效信息（5分）</td><td></td><td></td></tr>
<tr><td>能通过自己的理解有条理地表述所学知识，较好地掌握专业知识点（5分）</td><td></td><td></td></tr>
<tr><td>完成自己分工的工作，认同工作价值，并在工作中获得满足感（5分）</td><td></td><td></td></tr>
<tr><td>同学之间相互尊重、保持信息交流，既有独立思考又有合作学习（5分）</td><td></td><td></td></tr>
<tr><td>能提出有意义的问题或能发表个人见解（5分）</td><td></td><td></td></tr>
<tr><td>具有较强的信息分析能力和理解能力，能够倾听、协作分享（5分）</td><td></td><td></td></tr>
<tr><td>按时按质完成工作任务（5分）</td><td></td><td></td></tr>
<tr><td>能发现问题、提出问题、分析问题、创新性地解决问题（5分）</td><td></td><td></td></tr>
<tr><td>获得了进一步发展的能力（10分）</td><td></td><td></td></tr>
<tr><td>总分</td><td></td><td></td></tr>
<tr><td>小组活动中有益的经验和做法</td><td colspan="3"></td></tr>
<tr><td>个人总结和反思</td><td colspan="3"></td></tr>
</table>

实训 5－5　课堂讨论

阅读任务三课堂讨论（课本 P177），填写表 5－5 的实训报告。

表 5－5　课堂讨论实训报告与评价

<table>
<tr><td colspan="5">实训报告与评价 5－5</td></tr>
<tr><td>实训属性</td><td colspan="4">课堂讨论</td></tr>
<tr><td>实训目的</td><td colspan="4">了解进出口商品归类的重要性</td></tr>
<tr><td rowspan="6">项目小组成员</td><td>姓名</td><td>班级</td><td>学号</td><td>责任分工</td></tr>
<tr><td></td><td></td><td></td><td></td></tr>
<tr><td></td><td></td><td></td><td></td></tr>
<tr><td></td><td></td><td></td><td></td></tr>
<tr><td></td><td></td><td></td><td></td></tr>
<tr><td></td><td></td><td></td><td></td></tr>
<tr><td>实训方式和步骤</td><td colspan="4">1. 讨论进出口商品归类错误的后果以及面临的处罚。
2. 各项目小组进行交流和互评。
3. 思考并总结，完成实训报告。</td></tr>
<tr><td>实训成果</td><td colspan="4">讨论并回答：
进出口商品归类错误会带来哪些后果？

海关将如何处罚？</td></tr>
</table>

	评价指标	自评	组内互评
实训过程评价	达成本次实训项目目标（50分）		
	能有效利用资源查找有效信息（5分）		
	能通过自己的理解有条理地表述所学知识，较好地掌握专业知识点（5分）		
	完成自己分工的工作，认同工作价值，并在工作中获得满足感（5分）		
	同学之间相互尊重、保持信息交流，既有独立思考又有合作学习（5分）		
	能提出有意义的问题或能发表个人见解（5分）		
	具有较强的信息分析能力和理解能力，能够倾听、协作分享（5分）		
	按时按质完成工作任务（5分）		
	能发现问题、提出问题、分析问题、创新性地解决问题（5分）		
	获得了进一步发展的能力（10分）		
	总分		
小组活动中有益的经验和做法			
个人总结和反思			

实训 5-6　实战训练

阅读任务三实战训练（课本 P183），填写表 5-6 的实训报告。

表 5-6　实战训练实训报告与评价

<table>
<tr><td colspan="5">实训报告与评价 5-6</td></tr>
<tr><td>实训属性</td><td colspan="4">实战训练</td></tr>
<tr><td>实训目的</td><td colspan="4">掌握常见跨境电商商品的税号</td></tr>
<tr><td rowspan="6">项目小组成员</td><td>姓名</td><td>班级</td><td>学号</td><td>责任分工</td></tr>
<tr><td></td><td></td><td></td><td></td></tr>
<tr><td></td><td></td><td></td><td></td></tr>
<tr><td></td><td></td><td></td><td></td></tr>
<tr><td></td><td></td><td></td><td></td></tr>
<tr><td></td><td></td><td></td><td></td></tr>
<tr><td>实训方式和步骤</td><td colspan="4">1. 查询《中华人民共和国进出口税则（2022）》，确定相关商品的 8 位税号。
2. 各项目小组进行交流和互评。
3. 思考并总结，完成实训报告。</td></tr>
<tr><td rowspan="5">实训成果</td><td>货物名称</td><td>8 位税号</td><td>货物名称</td><td>8 位税号</td></tr>
<tr><td>葡萄汽酒</td><td></td><td>滑雪靴</td><td></td></tr>
<tr><td>麦芽酿造的啤酒</td><td></td><td>旱冰鞋</td><td></td></tr>
<tr><td>望远镜</td><td></td><td>蒸汽眼罩</td><td></td></tr>
<tr><td>电子游戏机</td><td></td><td></td><td></td></tr>
</table>

<table>
<tr><td rowspan="12">实训过程评价</td><td>评价指标</td><td>自评</td><td>组内互评</td></tr>
<tr><td>达成本次实训项目目标（50 分）</td><td></td><td></td></tr>
<tr><td>能有效利用资源查找有效信息（5 分）</td><td></td><td></td></tr>
<tr><td>能通过自己的理解有条理地表述所学知识，较好地掌握专业知识点（5 分）</td><td></td><td></td></tr>
<tr><td>完成自己分工的工作，认同工作价值，并在工作中获得满足感（5 分）</td><td></td><td></td></tr>
<tr><td>同学之间相互尊重、保持信息交流，既有独立思考又有合作学习（5 分）</td><td></td><td></td></tr>
<tr><td>能提出有意义的问题或能发表个人见解（5 分）</td><td></td><td></td></tr>
<tr><td>具有较强的信息分析能力和理解能力，能够倾听、协作分享（5 分）</td><td></td><td></td></tr>
<tr><td>按时按质完成工作任务（5 分）</td><td></td><td></td></tr>
<tr><td>能发现问题、提出问题、分析问题、创新性地解决问题（5 分）</td><td></td><td></td></tr>
<tr><td>获得了进一步发展的能力（10 分）</td><td></td><td></td></tr>
<tr><td>总分</td><td></td><td></td></tr>
<tr><td>小组活动中有益的经验和做法</td><td colspan="3"></td></tr>
<tr><td>个人总结和反思</td><td colspan="3"></td></tr>
</table>

实训 5-7　项目总结

回答项目五"案例导入"的三个问题，并对项目五所学内容进行总结，填写表 5-7 的实训报告。

表 5-7　项目总结实训报告与评价

<table>
<tr><td colspan="5">实训报告与评价 5-7</td></tr>
<tr><td>实训属性</td><td colspan="4">项目总结</td></tr>
<tr><td>实训目的</td><td colspan="4">检验项目五能力目标掌握程度</td></tr>
<tr><td rowspan="6">项目小组成员</td><td>姓名</td><td>班级</td><td>学号</td><td>责任分工</td></tr>
<tr><td></td><td></td><td></td><td></td></tr>
<tr><td></td><td></td><td></td><td></td></tr>
<tr><td></td><td></td><td></td><td></td></tr>
<tr><td></td><td></td><td></td><td></td></tr>
<tr><td></td><td></td><td></td><td></td></tr>
<tr><td>实训方式和步骤</td><td colspan="4">1. 研读项目案例，将本项目三个任务的学习内容运用于实际业务场景。
2. 各项目小组进行交流和互评。
3. 思考并总结，完成总结报告。</td></tr>
<tr><td>实训成果</td><td colspan="4">1. 如果以一般贸易方式从英国进口戴森吸尘器，如何确定关税税率及完税价格？

2. 如何计算从跨境电商零售进口渠道进口的戴森吸尘器的进境物品进口税？

3. 如何查询吸尘器的税号？

4. 项目总结。

</td></tr>
</table>

<table>
<tr><td rowspan="12">实训过程评价</td><td>评价指标</td><td>自评</td><td>组内互评</td></tr>
<tr><td>达成本次实训项目目标（50 分）</td><td></td><td></td></tr>
<tr><td>能有效利用资源查找有效信息（5 分）</td><td></td><td></td></tr>
<tr><td>能通过自己的理解有条理地表述所学知识，较好地掌握专业知识点（5 分）</td><td></td><td></td></tr>
<tr><td>完成自己分工的工作，认同工作价值，并在工作中获得满足感（5 分）</td><td></td><td></td></tr>
<tr><td>同学之间相互尊重、保持信息交流，既有独立思考又有合作学习（5 分）</td><td></td><td></td></tr>
<tr><td>能提出有意义的问题或能发表个人见解（5 分）</td><td></td><td></td></tr>
<tr><td>具有较强的信息分析能力和理解能力，能够倾听、协作分享（5 分）</td><td></td><td></td></tr>
<tr><td>按时按质完成工作任务（5 分）</td><td></td><td></td></tr>
<tr><td>能发现问题、提出问题、分析问题、创新性地解决问题（5 分）</td><td></td><td></td></tr>
<tr><td>获得了进一步发展的能力（10 分）</td><td></td><td></td></tr>
<tr><td>总分</td><td></td><td></td></tr>
<tr><td>小组活动中有益的经验和做法</td><td colspan="3"></td></tr>
<tr><td>个人总结和反思</td><td colspan="3"></td></tr>
</table>

实训 5-8　知识目标训练

完成以下知识目标训练，填写表 5-8 的实训报告。

一、不定项选择题

1. 海关法律规定的纳税义务人包括（　　）。

A. 进口货物的收货人

B. 出口货物的发货人

C. 接受进出口货物收发货人的委托，以委托人的名义办理报关纳税手续的报关企业

D. 接受进出口货物收发货人的委托，以自己的名义办理报关纳税手续的报关企业

2. 进入我国关境内的（　　），属于关税征收对象。

A. 货物　　B. 物品

C. 载运货物的运输工具　　D. 人员

3. 目前我国对关税税额在人民币（　　）元以下的一票货物法定免税。

A. 10　　B. 25　　C. 50　　D. 100

4. 我国对进出口货物征收关税主要采用（　　）计税标准。

A. 从价　　B. 从量　　C. 复合　　D. 滑准

5. 下列关于税率适用原则的表述，错误的是（　　）。

A. 适用最惠国税率的进口货物有暂定税率的，应当适用暂定税率

B. 适用协定税率的进口货物有暂定税率的，应当从低适用税率

C. 适用特惠税率的进口货物有暂定税率的，应当适用特惠税率

D. 适用普通税率的进口货物有暂定税率的，应当适用普通税率

6. 协定或特惠税率作为计征税率须满足的程序性要求是（　　）。

A. 提交符合规定的原产地证书

B. 提交符合规定的商业、运输等单证

C. 货物运输符合“直接运输”的规定

D. 按照报关单填制规范正确向海关申报

7. 下列商品中，在进口时需要缴纳消费税的有（　　）。

A. 鞭炮　　B. 高档化妆品

C. 汽车轮胎　　D. 煤气

8. 海关以进口货物成交价格确定进口货物完税价格时，（　　）属于调整因素中的扣减项目。

A. 进口关税　　B. 包装费

C. 货物的国内运输费　　D. 特许权使用费

9. 国内某服装厂以 CIF 价格从美国购进一批缝编机，发票列明：缝编机 USD20 000，

进口后的安装费 USD1 000，培训费 USD1 000，卖方佣金 USD500。该缝编机海关审定的成交价格应为（　　）。

A. USD20 000　　B. USD20 500
C. USD22 500　　D. USD22 000

10. 某批进口货物合同成交方式为 FOB 神户 2 000 美元，保费 10 美元，海运费 220 美元。该批货物完税价格应该为（　　）。

A. 2 000 美元　　B. 2 010 美元
C. 2 220 美元　　D. 2 230 美元

11. 优惠原产地标准中的实质性改变标准包括（　　）。

A. 税则改变标准　　B. 区域价值成分
C. 制造加工工序　　D. 完全获得标准

12. 以下优惠贸易协定中，（　　）已实现成员国与我国原产地电子信息交换。

A. 中国-巴基斯坦自由贸易协定　　B. 中国-新加坡自由贸易协定
C. 中国-韩国自由贸易协定　　D. 中国-毛里求斯自由贸易协定

13. 进口货物不适用协定税率的情形包括（　　）。

A. 在报关单上未申明协定税率的
B. 未提交符合规定的原产地证书、原产地声明的
C. 经查验或者核查，确认货物原产地与申报内容不符的
D. 经查验或者核查，无法确定货物真实原产地的

14. 从价计征进口货物税款时，应考虑（　　）等因素。

A. 汇率　　B. 价格　　C. 原产地　　D. 税号

15. 关于进口货物税费的计算，下列表述正确的是（　　）。

A. 海关按照该货物适用税率之日所适用的计征汇率折合为人民币计算完税价格
B. 关税税额采用四舍五入法计算至人民币“分”
C. 完税价格采用四舍五入法计算至人民币“元”
D. 滞纳金的起征点为人民币 50 元

16. 下列关于我国增值税和消费税的表述，正确的是（　　）。

A. 进口环节的增值税、消费税由海关征收，其他环节的增值税、消费税由税务机关征收
B. 增值税、消费税均从价计征
C. 对于进口货物税、费的计算，一般计算过程为：先计算进口关税税额，再计算消费税税额，最后计算增值税税额
D. 消费税组成计税价格＝关税完税价格＋关税税额/（1－消费税税率）

17. 小王通过 www. amazon. it 购买了一双价值 500 元人民币的鞋子（随附购物发票），店家寄到国内。她收到国内邮局“国际邮件手续通知单”，要求她去办理个人物品纳税手续。这种情况下小王应该办理的海关手续是（　　）。

A. 按照电子商务（代码 9610）申报进口

B. 按照保税电商（代码 1210）申报进口

C. 按照保税电商 A（代码 1239）申报进口

D. 缴纳个人物品税金提取包裹

18. 下列选项中，关于跨境电商零售进口商品海关管理规定正确的是（ ）。

A. 仅征收关税　　B. 纳税义务人是电子商务企业

C. 完税价格即货物零售价格　　D. 单次交易限值为人民币 5 000 元

19. 跨境电子商务零售进口商品，其完税价格包括（ ）。

A. 实际交易价格

B. 实际交易价格＋国内运费＋国内保险费

C. 货物采购价格＋国内运费＋国内保险费

D. 货物零售价格＋国内运费＋国内保险费

20.《协调制度》中的税（品）目中所列货品，除完整品或制成品外，还应包括（ ）。

A. 在进出口时具有完整品基本特征的不完整品

B. 在进出口时具有制成品基本特征的未制成品

C. 完整品或制成品在进出口时未组装件或拆散件

D. 具有完整品或制成品基本特征的不完整品或未制成品在进出口时的未组装件或拆散件

21. 个人擦鞋用的成套旅行用具（由鞋刷、鞋油、擦鞋布组成，装于皮包内共同报验）应按（ ）归类。

A. 鞋刷　　B. 鞋油　　C. 擦鞋布　　D. 皮包

22. 下列货品属于 HS 归类总规则中所规定的“零售的成套货品”的是（ ）。

A. 一个礼盒，内有咖啡一瓶、咖啡伴侣一瓶、塑料杯子两只

B. 一个礼盒，内有一瓶白兰地酒、一只打火机

C. 一个礼盒，内有一包巧克力、一个塑料玩具

D. 一碗方便面，内有一块面饼、两包调味料、一把塑料小叉

23. 下列商品不属于品目 85.09 的是（ ）。

A. 电动牙刷（0.2kg/台）　　B. 家用空气增湿机（21kg/台）

C. 地板打蜡机（25kg/台）　　D. 电动水果榨汁机（5kg/台）

二、判断题

1. 进口环节增值税基本税率为 13%。（ ）

2. 进口货物完税价格审定时，倒扣价格法和计算价格法经纳税义务人申请，海关同意，可以颠倒适用次序。（ ）

3. 进出口货物的纳税义务人应当自海关填发税款缴款书之日起 14 日内交缴税款。

（ ）

4. 进口货物关税滞纳金的日征收金额为进口货物完税价格的0.5‰。（ ）

5. 消费税组成计税价格的计算方法为：（进口关税完税价格+进口关税税额）÷（1+消费税税率）。（ ）

6. 进境旅客行李物品超出规定限值的，应办理退运手续或者按照货物规定办理通关手续。（ ）

7. 进境物品中的手机进口税税率为13%。（ ）

8. 海关根据物品所有人提供的购物发票或收据确定应税物品完税价格。（ ）

9. 跨境电子商务零售进口税收政策只适用于通过与海关联网的电子商务交易平台交易的跨境电商零售进口商品。（ ）

10. 跨境电商零售进口年度交易总额超过年度交易限值的，应按一般贸易管理。（ ）

11. 海关归类预裁定结果具有法律效力。（ ）

表5-8 知识目标训练实训报告与评价

实训报告与评价5-8				
实训属性	知识目标训练			
实训目的	掌握项目五知识点			
项目小组成员	姓名	班级	学号	责任分工
实训方式和步骤	方式1随堂测：在规定的课堂时间内完成闭卷测试； 方式2小组PK赛：采用抢答形式，答对加2分，答错扣1分，小组成绩即为成员个人成绩。			
实训成果	随堂测正确率__________/34题			
	小组PK赛成绩__________分，名次__________/共_____组			

<table>
<tr><td rowspan="12">实训过程评价</td><td>评价指标</td><td>自评</td><td>组内互评</td></tr>
<tr><td>达成本次实训项目目标（50 分）</td><td></td><td></td></tr>
<tr><td>能有效利用资源查找有效信息（5 分）</td><td></td><td></td></tr>
<tr><td>能通过自己的理解有条理地表述所学知识，较好地掌握专业知识点（5 分）</td><td></td><td></td></tr>
<tr><td>完成自己分工的工作，认同工作价值，并在工作中获得满足感（5 分）</td><td></td><td></td></tr>
<tr><td>同学之间相互尊重、保持信息交流，既有独立思考又有合作学习（5 分）</td><td></td><td></td></tr>
<tr><td>能提出有意义的问题或能发表个人见解（5 分）</td><td></td><td></td></tr>
<tr><td>具有较强的信息分析能力和理解能力，能够倾听、协作分享（5 分）</td><td></td><td></td></tr>
<tr><td>按时按质完成工作任务（5 分）</td><td></td><td></td></tr>
<tr><td>能发现问题、提出问题、分析问题、创新性地解决问题（5 分）</td><td></td><td></td></tr>
<tr><td>获得了进一步发展的能力（10 分）</td><td></td><td></td></tr>
<tr><td>总分</td><td></td><td></td></tr>
<tr><td>小组活动中有益的经验和做法</td><td colspan="3"></td></tr>
<tr><td>个人总结和反思</td><td colspan="3"></td></tr>
</table>

实训 5-9 能力拓展训练

完成以下能力拓展训练，并填写表 5-9 的实训报告。

1. A 公司以一般贸易方式从加拿大进口一批猫粮，每袋进口完税价格为人民币 400 元。

（1）查询该猫粮的税号，写出查询步骤。

（2）查询相关的进口税率，计算每袋猫粮进口税费总额。

2. B 公司以跨境电商零售进口方式在国内某电商平台销售同样的猫粮。

（1）说明该商品是否属于《跨境电子商务零售进口商品清单》范围内，应采用直购进口模式还是网购保税备货模式。

（2）该猫粮在电商平台上的销售价格是每袋人民币 400 元，计算每袋猫粮应缴纳的跨境电子商务零售进口税。

3. 查询以下跨境电商零售进口商品税号。

（1）1.5 升塑料桶装食用调和油，按重量计成分含量为：一级精炼大豆油 65%、一级压榨花生油 20%、菜籽油 10%、芝麻香油 5%。

（2）棒棒糖。

（3）五香蚕豆，200g/袋。

（4）混合果汁，规格：75ml/瓶（4 瓶/箱），包装：玻璃瓶灌装。成分含量：39%的混合果汁（主要包括阿萨伊果浆 14%、苹果汁 8%、梨汁 7%、葡萄汁 2.5%、其他混合果汁 7.5%）、59%的纯净水、0.3%的柠檬酸、1.7%的添加剂。加工方法：按配方比例充分均匀混合—灭菌—灌装。用途：可直接饮用。

（5）女童套头衫。该商品是女童套头衫，织造方式为针织，材质为 100%涤纶，衣长为 40cm。该商品款式为无领短袖，未开襟，袖口收紧并缝制蝴蝶结装饰，底部包含橡皮筋并缝制装饰性下摆。

（6）带风帽的女式羽绒短上衣，以 100%尼龙的机织物作面料，前胸全开襟（由拉链闭合），带衬里，面料与衬里之间经羽绒填充，长袖，袖口及下摆以松紧带形式收紧。

（7）腈纶无纺布制的外科手术服。

（8）家用全自动洗碗机，尺寸为：长 595mm，宽 500mm，最大高度 650mm。

（9）家用全自动面包机。

（10）蓝牙耳机。

（11）塑料制游泳眼镜。

（12）白鸭绒冬被，以 100%棉机织物作为面料，以 100%白鸭绒作为填充物，填充量 1 150 克，净重 2 500 克，尺寸：200cm×230cm。

（13）旱冰鞋，直排轮，用铆钉将托盘镶在冰鞋底部，将轮子用螺丝母拧在托盘的轴承上，连鞋带轮全套出售。

（14）哑铃，铸铁内胆，表层浸塑，2kg/个。

（15）相机用三脚架，该三脚架除主要用于数码相机外，还通用于各种照相机。

表 5-9 能力拓展训练实训报告与评价

实训报告与评价 5-9				
实训属性	能力拓展			
实训目的	转换问题情景，实现能力迁移			
项目小组成员	姓名	班级	学号	责任分工
实训方式和步骤	1. 完成税号查询以及税额计算。 2. 各项目小组进行交流和互评。 3. 思考并总结，完成实训报告。			
实训成果	1. 查询该猫粮的税号，并计算每袋猫粮进口税费总额。 2. 查询该猫粮是否属于《跨境电子商务零售进口商品清单》范围内，确定其跨境电商零售进口模式，并计算其跨境电商零售进口税。 3. 15 种跨境电商零售进口商品税号如下：			

题号	税号	题号	税号	题号	税号
(1)		(6)		(11)	
(2)		(7)		(12)	
(3)		(8)		(13)	
(4)		(9)		(14)	
(5)		(10)		(15)	

	评价指标	自评	组内互评
实训过程评价	达成本次实训项目目标（50分）		
	能有效利用资源查找有效信息（5分）		
	能通过自己的理解有条理地表述所学知识，较好地掌握专业知识点（5分）		
	完成自己分工的工作，认同工作价值，并在工作中获得满足感（5分）		
	同学之间相互尊重、保持信息交流，既有独立思考又有合作学习（5分）		
	能提出有意义的问题或能发表个人见解（5分）		
	具有较强的信息分析能力和理解能力，能够倾听、协作分享（5分）		
	按时按质完成工作任务（5分）		
	能发现问题、提出问题、分析问题、创新性地解决问题（5分）		
	获得了进一步发展的能力（10分）		
	总分		
小组活动中有益的经验和做法			
个人总结和反思			

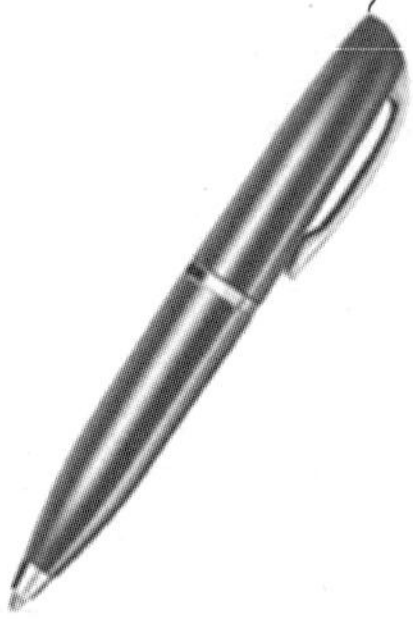